U0946009

真水无香
2010.3.28.

真水无香

汤锐纪念文集

方卫平 庞旸 陈方歌 主编

图书在版编目（CIP）数据

真水无香 ：汤锐纪念文集 / 方卫平，庞旸，陈方歌主编. -- 南宁 ：接力出版社，2025. 8. -- ISBN 978-7-5448-9278-0

Ⅰ. K825.6-53

中国国家版本馆 CIP 数据核字第 2025AC5007 号

真水无香——汤锐纪念文集

ZHEN SHUI WU XIANG —— TANG RUI JINIAN WENJI

责任编辑：王琪瑮　　文字编辑：杨文怡　　美术编辑：王雪纯
责任校对：阮萍　高雅　　责任监印：刘宝琪
出版人：白冰　雷鸣
出版发行：接力出版社　　社址：广西南宁市园湖南路 9 号　　邮编：530022
电话：010-65546561（发行部）　传真：010-65545210（发行部）
网址：http://www.jielibj.com　　电子邮箱：jieli@jielibook.com
经销：新华书店　　印制：北京顶佳世纪印刷有限公司
开本：710 毫米 ×1000 毫米　1/16　　印张：18.75　　字数：266 千字
版次：2025 年 8 月第 1 版　　印次：2025 年 8 月第 1 次印刷
定价：99.00 元

序

陈方歌

2023年的秋天，我请了年假回国。熬过三年疫情，回家的路程终于又回到了一张机票那么短。沉重地推开家门，一切都像去年夏天留下的那样熟悉，但寂静却让我怀念的思绪无处可藏——妈妈优雅的身影和温柔的声音，已经永远留在了那遥远的、美丽的小海蒂的故乡。

这次回国是有“任务”的，我希望能整理妈妈的手稿、笔记、书信等，带回美国的家中珍藏。妈妈收藏的书信能追溯到二十世纪八十年代初期，每一张泛黄的信纸，都平平整整的，保存得完好，满是主人珍惜的心意。妈妈和各位友人的笔迹，就像金波爷爷在怀念文章中所写，是有生命、有温度的。从豆蔻年华到意气风发，妈妈点点滴滴的思绪、期待、情感、智慧，都在娟秀的字迹中保存了下来。同时保存下来的，还有跨越了四十年岁月的珍贵友情。

翻开藏书的扉页，翻看照片、书信，一个个龙飞凤舞的签名出现在眼前——是我从小就耳熟能详的亲切悦耳的名字。他们是德高望重的作家、教授、专家，在我的心里，更是我从小就听妈妈挂在嘴边的爷爷伯伯、叔叔阿姨。通过妈妈的挚友庞旸阿姨，我有幸于2023年10月底联系到了其中的一位——方卫平叔叔。

与方叔叔刚一联系上，我们就聊了将近一个小时的电话。虽然素未谋面，但方叔叔是我从小就听妈妈讲起的至交好友，心里自然有种无比亲切的熟悉感，好像早就认识一样。在电话中，方叔叔提出想为我妈妈编一本纪念文集，我惊喜交加，简直不敢相信自己的耳朵。挂了电话之后，我整晚辗转反侧，久久地看着妈妈的照片，沉浸在她安详的微笑中，满心都是感动与欣慰。

身为学者、作家的方叔叔，不愧是有领袖力、影响力的行动派。短短一个多月，他就联系好了出版社，敲定了书的基本结构，并向妈妈在文学界、教育界、出版界、学术界的好友们约稿。他亲自精心挑选了评论妈妈专业工作的文章，以及她生前颇有代表性的作品，把它们编入书中，让妈妈毕生的心血也能永久地保留下来。方叔叔还邀请了身为作家、资深编辑的庞旸阿姨一同进行约稿、审稿的工作。两位专家挑大梁，这本真情满满的书由此缘起，像一朵花一样生根发芽了。

我想衷心地感谢在百忙之中为本书撰稿的每一位作者老师。从小到大，我对诸位充满了敬佩、向往和喜爱，更是常常听妈妈讲起每一位。谢谢各位老师在妈妈辞世后，为她写下如此感人至深的一字一句。情义与文字重如泰山，收到的每一篇文章，我都读了再读，并打印出来放在妈妈的照片旁边，希望她能在天堂看到穿越时空的友情与思念。在泪水和微笑的交织中，我更是惊喜地重新认识了我的母亲——她勤奋、谦虚、活泼、才华横溢、善良可爱；她是大家眼中孜孜不倦的学者、两肋插刀的朋友、以笔会友的同僚。原来妈妈还有这么多我不知道的趣事，有这么多我没有见过的样子；原来她影响过、热爱过这么多人和事！从珍贵的文字里，我不光看到了自己熟悉的母亲，更看到了一个更加鲜活、完整、精彩的人——汤锐。

非常感谢妈妈的好友、接力出版社资深总编辑白冰先生，接力出版社少儿分社李雅宁社长，编辑部的王琪瑮老师、杨文怡老师等。感谢出版社的全力支持、帮助和辛勤工作，使这本书得以问世。

最后，我要再次深切地感谢两位真挚温暖的良师——本书的发起者方卫平叔叔，还有庞旸阿姨。没有您二位的无私付出、指导和心血，就没有这本有意义、有分量的纪念文集。

忆起妈妈在出版社工作时，素净的办公室墙上有一幅挂了多年的书法作品——“真水无香”。那是妈妈的朋友兼同事、书法家林阳叔叔为她题写的，她非常喜爱。她曾对我说，“真水无香”是她向往的人生境界：上善若水、智慧如水、宛然自在、谦逊包容，如水一般润泽助长万物。

妈妈，这一生，您做到了！

水看似柔弱，却有着不可思议的力量。在妈妈温婉柔和的外表下藏着的，是坚韧的品性和有些“叛逆”的内心。在人生的最后，她的勇气和风度再一次震惊了我们。作为女儿，能够紧紧握着妈妈的手，陪她走过人生最后一段旅程，我深感幸运和慰藉。愿我最爱的妈妈安息，愿她的灵魂永远得到安宁和祝福，愿她能在天堂感受到这本珍贵的书中印证的刻骨铭心的友情、怀念与爱。

2024 年 5 月 27 日于美国缅因州

目录

第三辑　遗墨清芬 _133

论文与评论

儿童诗与散文

第一辑

思念无边

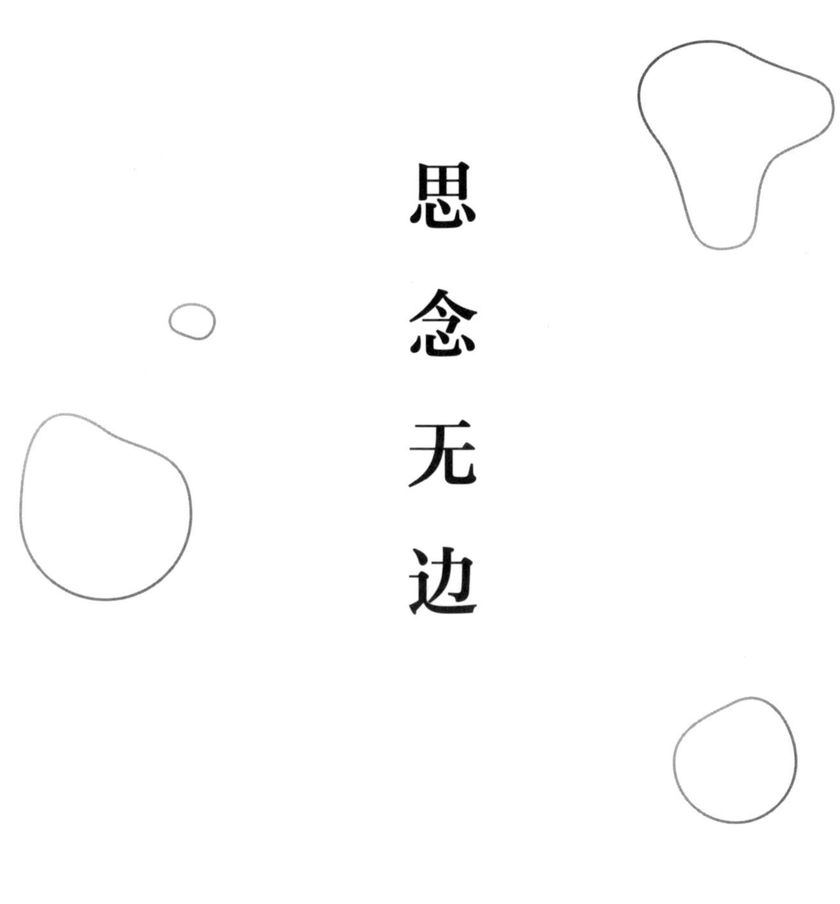

汤锐是个好园丁

束沛德

汤锐离开我们已一年多了。每当想起她清醒、勇敢而又无可奈何地选择走上不归路，一缕哀伤、痛惜的情绪就涌上心头。

一个多月前，汤锐的女儿方歌从美国回到北京，她把从她妈妈的遗物中找到的在刘海栖作品研讨会上的发言手稿交还海栖保存。由此我打听到方歌的通信地址、电话和微信，请长江少年儿童出版社的责编把收入了汤锐的两篇文章的《评说束沛德》一书的样书、稿酬立即寄给方歌。方歌对此表示感谢，并说一定珍藏这本书。她在回复我的微信中还谈起："我从小就常听妈妈提起您，很敬重您！"这不由得使我回忆起与汤锐相识、相交、相知的过程。

二十世纪八十年代中期，汤锐读完大学本科，又攻读儿童文学硕士研究生，毕业后被分配到中国少年儿童出版社《儿童文学》编辑部工作。那时我就和她相识了，但相互有更多、更深的了解，是在三十二年前的 1991 年 1 月，我和她一起赴济南参加刘海栖作品研讨会。在会上我做了题为《山东儿童文学的新收获》的发言，汤锐发言的题目是《走向开放——读刘海栖儿童文学新作》。会议之余，邱勋等文友陪同我和汤锐游了大明湖、趵突泉，还到曲阜参观了孔庙、孔府、孔林。与汤锐相处四五天，我有机会和她从容地聊天、谈心。我得知她上小学、中学后，还曾到京郊农村插队落户。她则了解到我多年来一直在文学团体、宣传部门做秘书工作、文学组织工作，以及我在文坛风雨中的遭遇。有一个晚上，她特别动情地谈起上大学时，苦于找不到有关儿童文学评论的学习资料，当她在北师大图书馆善本室里发现了我写的《情趣从何而来——谈谈柯岩的儿童诗》一文时，如获至宝，反复精读。善本室的资料不能借出来复印，她把这篇上万字的文章从头到尾逐字逐句抄在自己的本子里。她说，这篇文章“对我走上儿童文学研究的道路曾起到重要的引路作用”。我说，这是我年轻时的一篇习作，如果说它有什么优点，那主要是做到了真正有话要说、有感而发，并用心发现、分析作品的艺术特色。这次谈话把我俩的关系一下子拉近了，我为结识这么一位钟爱儿童文学研究的知己、知音而感到格外高兴。

汤锐是一位有眼光、有水平、有才华的儿童文学理论批评家。她学术功底较为深厚，又密切关注儿童文学现状和发展趋势，敏于发现新事物、新现象。她的专著《比较儿童文学初探》《现代儿童文学本体论》和评论集《呵护人间诗意——汤锐文论集》问世后，都受到广泛的好评。她写过两篇关于拙作的评论，一篇是《做堂堂正正的人，写朴朴实实的文——评束沛德〈追求真善美〉》，另一篇是《站在中国儿童文学的制高点上——读束沛德同志理论新著〈束沛德谈儿童文学〉》。她在两篇评论文章中，都引用了我写在一本书卷首的座右铭：“凡事讲究一个‘真’字，读书、做事要认真，待人、处世要真诚，言谈、写作要真挚。”她从文本出发，言之有物，从我的书中列举大量例证，鲜明有力地论证了“文如其人”，赞扬了我的真诚亲切、严谨平实，颇有说服力。我注意到，汤锐写的作品评论，往往把作品的艺术特色与作者的兴趣爱好、性格特征结合起来评述，从而一言中的，切中肯綮，读来令人感到亲切、生动。

汤锐也是一个优秀的编辑和选家。当年《儿童文学》主编王一地不止一次对我说起，汤锐工作认真负责，作风也细致，读稿、审稿、选稿有自己的见地、主张，比较准确，她担负当下的任务，可说是游刃有余。我表示应当让她挑更重的担子。我和一地都认为她是刊物接班人的一个合适人选。再说《文艺报》的“儿童文学评论版”，它是1987年1月创办的，至今已三十六年，共出了557期，成了当前儿童文学评论的一个重要阵地。也许没有多少人知道，在创办这个专版的最初一段日子，《文艺报》编辑部曾约请汤锐来组稿、审稿、编稿。她为此付出的心血、精力和智慧应当记上一笔，不该被遗忘。还有，中国作家协会举办的全国优秀儿童文学奖，在我主持这个奖项期间，汤锐就担任过前三届的初评小组成员和第四届评委会委员，我退下来后，她又担任了第八届、第十届评委会委员，可说她与作协评奖有着深深的缘分。参加这项活动时，她特别注意作品质量，奖掖文学新人，并坚持坦率、实事求是地表达自己的意见。同事、文友都愿意倾听并尊重她的看法和意见。前些年，在编选新中国六十周年、七十周年儿童文学选集或文献资料时，我脑子里往往会闪过一个念头："如果有汤锐参与，那就更周全、完美了。"

在我的心目中，汤锐聪颖、善良、勤奋、踏实，是个人品、文品兼优的难得的人才。她做什么工作都尽心尽力，力求完美。她编刊物是个好编辑，教书是个好老师，做研究是个专家，做出版是个能手。我国儿童文学园地多么需要像她这样热爱文学、热爱儿童、忠于职守、勤于耕耘的好园丁啊！可惜呀，她悄悄地走了，走得太早了！从此再也看不到她清丽端庄的身影，再也听不到她轻盈清脆的声音，只能把深深的思念埋藏在心底。

2023 年 12 月 17 日

怀念汤锐

金波

汤锐走了，走得很突然。我们很悲痛，总觉得她在走之前，应该给我们一些信息，让我们有个劝慰的机会，说不定能把她挽留在这个世界上。

这些日子，我一直想着这件事。在记忆中，我搜寻着与她的交往，好像每件往事都可以让时光倒流，一起回到从前。

（一）

她研究生毕业后，被分配到《儿童文学》编辑部工作。她说她发出的第一封约稿信是约我写诗。那封信我一直珍藏着。她写了两页，字很工整。我记得我及时写了稿寄给她。诗稿发表了。现在我读着她手写的约稿信，有一种异样的感觉。那字是她亲笔写的，是属于她一个人的，是独一无二的，一笔一画，似乎都有呼吸，都有心跳，字字句句都带着感情。手写的信是有生命的。现在我把手心按放在她的约稿信上，我感觉到了温度。我重读她的约稿信，写下了这样一段话："只要是纸，纸上有字，那便是生命了。无论那是平整的一张，还是破损的，甚至是碎片纸屑，我似乎都能听得见字的生命的声音。那声音，无论是高亢的，还是低沉的，甚至是呻吟的，我都会捧在手上——敬惜字纸。"现在，我把她来信的手迹看作她生命的呈现。我把手掌按贴在信纸上，感受到了一个生命的心跳。

（二）

后来汤锐去大学任教，我们熟识起来是因为经常一起参加研讨会、新书发布会等活动，我听过不少她的发言。她发言，轻声慢语，给人一种心平气和的感觉。听她的发言，很容易入静，感受到一种有话语声音的宁静。你不得不静下来。静下来，是为了更好地谛听，仔细地听，不落下一个字。今天重温她对我的创作的评论，那是一种唤醒我的自觉意识的声音。我一向重视诗的音乐美、形式美，主张不妨讲究一下诗的"格律"。我的那些只言片语，缺乏提炼，缺乏条分缕析。就在一次研讨会上，我听到了汤锐的发言，她说："这种坚持格律的理念，与中国传统诗文一脉相承，同时也与中国民间童谣一脉相承，从前者汲取'精致'，从后者汲取'天籁'。"她的发言，让我有了一种宝贵的自我意识，促进了我作为作者的自觉的艺术追求。这仅仅是一次小小的追忆。

我还想起了我们的一次合作：《金波论儿童诗》（金波著，汤锐笺）。书里选编了我从1981年至2008年写的关于儿童诗的评论、随笔、序、跋。汤锐对这些诗论一一做了笺注。她不仅有解释，更生发开来，做了引申和归纳。我把原文和笺注互相参照着读了一遍，大大提升了我的认知，激发了我的思考。更可贵的是我们也有研讨。她对我的某些观点持有不同的见解。我曾经写过一篇创作随笔，谈我从写诗到写童话的过程，"我的许多童话是从诗的感觉开始的，有的童话就是由诗改成的"，因此我还说如果把我的诗和童话两相对照，"你可以看得出，我是把'酒'稀释成了'果汁'"。对此，汤锐在笺注中说："此文中有关'把"酒"稀释成了"果汁"'的说法，我认为是值得商榷的。"对此，我曾经多次想过，什么时候我们能面对面地讨论一下，但终因"来日方长"而没有及时进行。现在，这已经是无法弥补的遗憾了。我想起她在我这本书的序言中引用了她在二十世纪八十年代初给我的一封信中写过的这样几句话："我觉得在您的诗中，我又看到了我那清纯如水而又蒙上了一层淡灰色的童年，又看到了那个喜欢仰望夏夜晴空，喜欢独自在陌生的街道上一边漫步一边给自己编故事的有点儿傻气的小女孩。”她能在我们合作的书中写下这样的一些文字，让我从内心感受到遇见知音般的欣慰。我认定汤锐作为一个理论批评家，她不仅在理性上有鞭辟入里的分析，还从感性的角度表达了自己的艺术感受。她的评论是严密的，是真诚的。

（三）

有一段时间，我和之路、汤锐常常相邀聚餐。由于我比他们虚长一二十岁，为了照顾我少跑路，饭局总在我家附近的餐馆。因为是京味餐馆，自然又是我常来点菜。谈什么话题，没有预先安排，都是即兴聊天，聊到哪儿算哪儿。

我们最爱听的是之路谈他的小说构思。听他讲故事，真是享受。我呢，谈的常常是构思的情节发展不下去了，就向他们求助。记得我们还谈过对小说细节的阅读感受，不同的作家朋友有不同的艺术风格，以及艺术风格形成的原因，还有书名的选择，等等。我记得汤锐给我的一本小说取过一个书名叫《我的蝈蝈也姓王》。由于这本小说我没能写出来，就荒废了这个好书名。

每次聊天，汤锐的话不多。但她那认真倾听的样子，很感人。所以如果她谈到什么话题，我们也会格外关注。记得有一次她谈到做理论研究，写评论很累。我就建议她写些散文、随笔。我还以她编辑出版的一本记录童年干校生活的散文集为例，说明她有丰富的生活积累，写散文最相宜。她听了有些心动，但又不住地问“我行吗”。我和之路都鼓励她要有信心，先写起来，越写越有的写。我告诉她“先自己写着玩，别当任务”“争取一个月一篇”。后来她回复我：“让您煽呼得我还真想试试了。”此后在每次的饭局上我都会问她“写了吗”，她照例又会问一遍“我行吗”。我会说：“你当然行。”我还补充：“你写诗也行啊！”我就举例说：“你写的那首《等我也长了胡子》还被收入语文教材了呢！”

她淡淡地一笑，不表态。

后来我读过她写的一篇散文，这样描述我们的饭局："金波先生的友情饭局上有一位有趣的常客，著名儿童小说家张之路。说他有趣，一是因为他总带来有趣的聊天话题，二是人少时，他便会跟金波先生一起把饭局变成改稿会，对各自正在写作中的半成品交换意见，互相帮忙，出出主意，解解扣儿或改改标题什么的，知无不言，坦诚相见，'头脑风暴'之余也会天南地北地闲聊，以致离题万里。"

可惜的是，这种值得怀念的聚会后来因为我和汤锐都从京城的二环路北迁到了四环路、五环路之外而停止了。我记得在那段时间里，在母亲节到来之际，我把我写的《献给母亲的康乃馨》朗诵一遍，通过微信发给她听。五分钟之后，她回复我："听您读诗，让我热泪盈眶。"在寒冬，我用微信传去冬蝈蝈的叫声。三分钟之后，她回复我："天籁之音，太好听了。"

（四）

渐渐地，汤锐走路开始不方便了。即便如此，每次开会她还是如约出席。看她走路的样子，疾徐快慢，平稳均匀，还是自由自在的姿态，完全看不出疾病侵入她的肢体，也看不到她的步履艰难。但是，有一次在南京开会，该她上台发言时，她忽然迈不开步了。她完全没有精神准备。但她没有慌乱，平静地说："我就在座位上发言吧！"会后我们走出会场时，她挽着我的臂弯，一起上了车。

从那时起，每次开会，她都会挎着我的臂弯，一路前行。她悄悄地和我说："别人还以为我搀扶着您，是怕您摔倒呢！"是的，那时候，每次开会，总是有年轻人搀扶着我，我也常常会对年轻人说："谢谢你的扶老携幼啊！"现在，汤锐对我的每一次搀扶，都让我感觉到了自身的力量。我对她说："我做你的拐杖。”是的，我愿意通过她的搀扶，给她一臂之力，让她得到一点儿支撑。

后来，我住进了养老院。她在庞旸的陪伴下还来看望过我。她的精神状态很好。我鼓励她：“开始攒钱吧，以后也来住养老院。”

她的病情时好时坏，让许多朋友牵挂。后来，她住进了医院，用一种新药治疗，我们都祝愿她重获健康，痊愈回家。在医院里，她还发微信给我：“等我出医院，即使还是走不了路，只要庞旸肯带我，坐轮椅也去看您。”（2020 年 1 月 5 日微信）但是，我们终于没能再见面。

（五）

我一直思考着汤锐的离去。在我的心中，她因为这样的离去而获得重生。她生前的点点滴滴，都因她的离去而有了新的意义。我和她的好友庞旸说：“我一直在想汤锐的离世，虽然给我们带来了巨大的悲伤，但也因此使我们对她更了解了，更理解了，更亲近了。汤锐是一位思想者。她的思考和智慧把人生诠释得很通透。”

今夜，我重读又重听汤锐的留言和语音，我把上述那段话，也静静地讲给她听了。我还和往常一样，道一声：“汤锐，你好。”不知怎的，我即兴又加了一句：“你听到天籁之音了吧！”

2024 年 3 月 31 日

怀念好友汤锐

张之路

2022年，汤锐突然离开了大家，让朋友们除了悲痛，还多了一份难以言说的思念。

汤锐是个评论家,她多次参加过我的作品研讨会,多次为我的作品写过评论。我们还经常一起参加与儿童文学有关的活动和笔会。多年的相识，多年的友情，我很敬重她，也非常感谢她。她是我们非常要好的朋友。

打开电脑，想找寻一下往日的岁月。汤锐为我的作品写的一篇评论神奇地出现在屏幕上。那是2017年，汤锐为我的新作——《霹雳贝贝》的续集《霹雳贝贝2之乖马时间》写的评论。她在评论最后有这样一段话：“爱不是功利的，爱是无条件的、纯粹的。希望每一个孩子、每一个人都能获得无条件的、纯粹的爱。希望不忘初心，永葆善良、纯真的天性。”

这段话是汤锐对新书的总结，也是汤锐对生活的态度。汤锐对周围的人就是这样一种爱，就是这样一种真诚的付出。她为人善良，和蔼可亲，睿智而不彰显……与汤锐的资历和社会职务相比，她的谦虚是最令人印象深刻的。她是恢复高考制度后的第一批本科生，她毕业于北京师范大学，又读了浙江师范大学的研究生，1984年就取得了文学硕士学位。试问，二十世纪八十年代，有几位有这样的经历？几十年来，她曾任连环画出版社总编辑，也是著名的评论家，可是待人接物上她总是像个普普通通的编辑。当年作家金波还住在三里河的时候，因为他的威望和他的影响，许多朋友经常在他家附近的餐馆聚会，其中有从全国各地远道而来的，甚至有从国外来的。在这些朋友的聚会中经常少不了两个人，除了金波，另一个就是汤锐。原因是汤锐的人缘好，在儿童文学的圈子里大家几乎都认识她，方方面面的人都把她当成朋友。她如果能参加聚会，大家便觉得多了许多乐趣。而且这种聚会，如果时间允许的话，总会聊到某一个儿童文学的专题，或者每个人的新作。聊到后来，那收获居然不亚于一个研讨会带来的，而且在这个“研讨会”上还能听到非常中肯的意见……汤锐虽然不会与别人有激烈的争论，但是她的学识和真诚会让朋友们都非常愿意见到她，倾听她的意见……

现在，金波搬离了三里河，汤锐也不在了，三里河成了记忆友谊的一个地方。二十世纪八九十年代，正是中国儿童文学理论初建的节点，汤锐出版了《比较儿童文学初探》《酒神的困惑》《现代儿童文学本体论》《北欧儿童文学述略》等专著，这些论著的学术价值赢得了儿童文学界的重视和尊重。汤锐先后在中国少年儿童出版社、北京师范大学从事与儿童文学有关的工作。1987 年，她还为《文艺报》的“儿童文学评论版”筹划组稿。汤锐多次参加儿童文学重要奖项的评奖，儿童文学的队伍里，我们始终可以看到汤锐娴静婉约的身影，听见她睿智而平静的声音……汤锐默默地为中国的儿童文学事业做出了重大的贡献。

谨以此文，怀念我的好友汤锐。

亭亭玉立的汤锐

吴其南

印象中，汤锐永远是亭亭玉立的。她话不多，不熟悉的人会觉得她有点儿矜持，但熟悉了，就会发现她还是很热情的，笑起来也灿烂。

她到浙江师范大学读研时，我刚毕业留校。“文革”后我校第一届研究生只有我一人，到毕业时我都快四十岁了；第二届研究生，是汤锐和王泉根二人。王泉根，按他自己的说法，东西南北中都到过，工农商学兵都干过，红黄蓝白黑都见过，阅历十分丰富。比较之下，汤锐的知识结构完全是“文革”后的底色，单纯而富有活力，探讨也富有青春的气息。那时，关于儿童文学方向的研究已有一个单独的资料室，组里的老师常常在那儿相遇，我和王泉根、汤锐等也常常在那里讨论一些问题。我毕业时，浙师大还没有硕士学位授予权，两年后我和汤锐、王泉根一起到杭州大学中文系申请现代文学硕士学位，请系里的王嘉良老师来辅导现代文学，我们三个一起上过一段时间的课。回忆起来，那是一段很让人怀念的日子。

我们有时也会说起各自过去的生活。我出生在农村，好容易考上大学却没有读，很长一段时间都在东跑西颠。汤锐没有这些经历，有时对我讲的事还挺好奇的。她说有一次她和同学去景山玩，玩起兴致，互相追逐，把公园的花草（也可能是公物）给弄坏了，被叫到了派出所。她说：“像我这样的人还会被带到派出所，想不到吧？”

最让人对汤锐刮目相看的，是她的毕业论文。她的毕业论文是探讨张天翼前期作品的，具体内容我记不清了，记忆最深的是其文字相当老到。我本科不是学中文的，读硕士时转到中文系，首先遇到的问题就是文字表达。汤锐的文字不仅鲜活，而且老辣，我记得当时看完，我不仅佩服，还有一些震撼。

汤锐毕业后去了中国少年儿童出版社，后来又去了北师大。距离远了，联系也就少了许多。有一次，我去北京，她说带我去旅游。记得那天她换了一身休闲的衣服，戴一顶便帽，穿球鞋，一副准备跋山涉水的样子。她说去长城，我说我去过长城，提议在城内转转算了。她说也好，于是我们去了故宫，去了中南海，去了人民大会堂，去了毛主席纪念堂。北京我去过几次，但这几个地方还是第一次去。我现在还记得，在中南海毛主席故居，透过窗口看到毛主席就寝的地方，一张很大的床，床上三分之一的地方码着书，总有一二百本吧？我心想毛主席真是伟人，睡觉还要看这么多书。一路上，汤锐导游，不仅引导着旅游线路，还讲解着文化史实。回忆起来，那是我生命中过得最充实的一天。

汤锐毕业后，做教师，做编辑，兢兢业业，还积极从事儿童文学的研究工作。《现代儿童文学本体论》是“文革”后最早出版的儿童文学理论研究成果之一。关于她那段时间的研究，我在 1997 年出版的《转型期少儿文学思潮史》中谈过自己的看法：

汤锐也在学院工作。从某些人的眼光看，大概也可归入学院派一类。但她很少那种否定意义上的学院气。她似乎有意识地追求尼采那种有理论也有文采、将理论融入激情的叙事风格，并已取得某种成功。她研究张天翼前期童话，评论曹文轩小说的浪漫特征，将八十年代一些少儿文学的激情风格概括为酒神的困惑，都很有特色。最近出版的《现代儿童文学本体论》，从作家创作心理的角度研究儿童文学，论证缜密，很见深度。汤锐的审美情趣也偏向浪漫一路。她有较好的艺术感觉和叙事能力，文笔清丽而老到。她的一些基本论点，如认为西方儿童文学的主旨是游戏，中国儿童文学是树人，儿童文学的创作动力是作家的童年情结等，怕不是每个人都同意的吧，但她提出的问题及论证的方式都给人以很深的印象。

因为只是以作者最初的一些论著为对象，评论不可能有太多的概括深度和广度。最后的那句话，还多少显示出些保留的态度，因为在二十世纪末，我经过一段时间的摸索和挣扎，已渐渐想拉开与本质论的距离。那段时间，学术界谈本质论、本体论的文章很多，多少有些鱼龙混杂，本质论和本体论的界限区分得不是很清楚。儿童文学理论中，一些文章谈本体论，意思和本质论差不多，其实二者是很不同的。本质论和本体论都是关于物之为物、某物之为某物的理论，但本质论偏重抽象，偏重质的规定性，本体论偏重“世界”。汤锐还是努力将对象放到世界之中去思考的。不过，本体论在文学批评中的运用主要存在于二十世纪末的一段时间，过了那段时间，提起的人就不多了。

我最后一次见到汤锐是2015年到大连参加儿童文学方面的评奖的时候，那时，她大概已经生病了吧？但她依然精神，依然优雅，依然亭亭玉立。汤锐就是以这样的形象留在我的记忆里。

轻描淡写

梅子涵

与美好的人交往，安静、平淡，只要想起、见到，就总舒舒服服。轻描淡写，小溪流水。

评论家在当编辑的时候，轻描淡写地邀请过我写小说。她说：“你写个小说吧。”

我也不热烈地答应：“好的。”

她高兴地笑笑。

她说话和笑，都是同样温和，轻描淡写，不会多说一两句话，只说非说不可的那几句话。

后来，我就写了一篇小说，刊登在她编辑的读物上。她又轻描淡写地说再写一篇，我就又写了一篇。她没有对我说写得好不好，是我问她：“写得还可以吗？”她笑笑说：“那当然了。”

我们不常见面，见面好像都是在会上。她的发言都写在稿子上，她认真看着稿子说，温和、婉转，音调从不升高，没有摆弄的语句，句句不惊人，完全消融了评论家的样子，就好像非常知道文学在生活里也要像生活，吃相应该平常，就如夹一小筷菜放进自己碗里，放进嘴中，不重音朗诵赞美诗，也不眉头皱拢，露出嫌弃，恰如其分的笑意总在神情中，是一派善意的美学。

我对她说：“你温和得真恰当，我们都要认真地想一想文学言说的吃相了。”

她笑笑说：“是吗？都像我这样也不好。”

后来，她当总编了，出版了新书会寄给我，也说要请我吃饭。后来真的吃了一次饭，副总编和她一起来。那真是请我吃饭，她不怎么吃，也不说可以不说的话。我不认识副总编，副总编和我说着话，她听着，就好像是副总编请我吃饭，她陪着副总编一起来，坐得如同椅子一样安静。

安静的交往。交往得看不出交往。对每一次都有记忆，又不容易总找到记忆。相处的确有些平淡，但我认为她是朋友！从来也没有想过要热络，但只要想起、见到，就总舒舒服服，面对面的时候，不需要摆姿势，找语句。

她送了我一本她自己写的评论，书里夹了条子："请注意……页……页"，那儿有她对我小说的评论。我为她的刊物写过两篇小说。第一篇小说写的是混乱年月的混乱，火车晚点大半天也犹如准点到达，一切的混乱都大摇大摆，行驶没有时刻表，因为混乱的心里没有表，没有钟。第二篇小说写的是两个不熟悉的中学生——一男一女在咖啡馆遇见，大大方方聊天，聊完了说再见，没有别的插曲。

它们分别叫《我们没有表》《咖啡馆纪事》。

秋天了，在最重要的城市的那幢重要的大楼里，依然是开会和发言，发完了言到大楼对面吃饭。我站在大门口想着是吃饭呢，还是回酒店休息，她慢慢走过来。我问："吃饭吗？"

她笑笑说："回家去了。"她住在这个最重要的城市。

我说："吃完饭走吧。"

她笑笑说："走了。"她笑得无力。

她右转弯，腿迈得很慢，我喊了一声："身体不舒服吗？"

她没有回头，举起右手挥了挥。

她走得很慢，走了。

这便是我们的交往，风格很特别。我也只能这样记叙她，以很平淡的记叙文，轻描淡写，小溪流水。

我没有告诉过她，学习儿童文学时，我和她一起听过课，她是课代表。好多年之前，我在她就读的大学进修，我总是坐在大教室的最后一排，和她听的是同一位老师的课。如果告诉她，她是不是会笑笑说："我看见过你。"她当了评论家，我写小说，都在儿童文学的名义下。

记一个人，叙二三事，是小学生开始写作文的练习，也是文学创作的基础艺术。我继续记另外一个人。

他留着很长很密的胡子，和很长的头发合拢在一起。

他能歌会舞，从小便是文艺人。他唱船工号子，也唱《心雨》。他唱《我的太阳》时，我很想建议他把胡子和头发都剪掉一些，不要缠得太密，帕瓦罗蒂的没有这么密。不过我没有说，因为唱《我的太阳》和胡子、头发没有关系。我敢上台唱歌，是他鼓励的，他非常会鼓励人，他鼓励人的时候像一个很结实的大提篮，有坐垫，有靠垫，你不心慌，他拎着你一起上去。

他爱喝一点儿酒，酒后风度很好。

他必须准时吃饭，过了时间，连胡子也会气喘吁吁。

他写儿童文学。他常搁下自己的日程，接受出版社的盛情邀请，把盛情列为日程。邀请他的都是朋友，他珍惜朋友，他是一个把朋友放在心中的人，所以总能给出完美的答复。朋友心花怒放，他安心地看着这心花怒放。

他柔情得很。

他粗犷在外，胡子和头发太多，眼睛深陷其中，会被忽略了目光里的柔情。

他喜欢上海，母亲年轻时在上海住过。走在上海的路上，他脚步流连，像踩在母亲的脚印里。他总是自言自语："我母亲喜欢上海。"我们陪着他流连。

他不是一个滔滔不绝的人，有时喊你一声，却没有下文，下文是你心里的微微温暖。他专心地听人说话，眼神凝定，从不东张西望。东张西望、心不在焉的人太多了。

难得开开玩笑，也是好小孩般的纯粹，他会学我说带上海口音的普通话，我听着却觉得他是羡慕我带上海口音的普通话讲得好听。

那一回，我乘船去出版社催促一本书的出版，心情不晴朗。他住在出版社所在的那个城市，来陪着我吃饭。吃了饭，我打车去码头，刚坐下，他敲敲车窗。我摇下窗，他递给我五十元。我说："我有钱的！"他说："拿着！"

他的手掌很厚。一整张五十元，很多年前的价值。

车开了，我回头看他，他朝我挥手，手掌很厚。

我一直没有对他说谢谢。

我的心里一直有泪水。

多年后，我们的分别也是在开会之后。

从会场出来，他往左转，我往右转，我们住的不是一个酒店。

那是夜晚，我仍旧看得清他的温暖、柔情的目光。他说："那就再见了。"

我说："再见。"

后来，就真的再见了。

我依然记得很平淡，轻描淡写，小溪流水。

我们都是在文学里结识，但是，他们是评论家、作家不是我要记叙的原因。虽轻描淡写，没有写出多少话，却是准备了不少日子，因为，他们都是美好的人。

美好的人，右拐，左转，都走不失。

质本洁来还洁去

——痛别汤锐同学

王泉根

此刻在电脑上写下这篇文章，手腕真有千斤之重，泪眼模糊对着显示屏，耳畔还回响着九十七岁的蒋风老师在金华那头电话中的声音：“白发人送黑发人，没有比这更伤心的了。汤锐怎么会走呢……”

是啊，汤锐怎么可能已经走了呢？上月我还与她通话，告诉她已联系好了火箭军总医院一位中医针灸名匠。汤锐其时正在西郊八大处的北京康复医院理疗，因疫情管控不能出来。我还在期待着奇迹的出现，虽然明知道就连大医院都束手无策，但万一银针扎出了神效呢？

现实是残酷的：汤锐真的走了！在 8 月的艳阳天，在遥远的山那边，挥挥手安然远行……

泪眼蒙眬中，难忘第一次见到汤锐。

那是 1982 年春天，我与汤锐来到浙江师范大学读研。我们都是恢复高考制度后的第一批本科生（77 级），汤锐毕业于北京师范大学中文系，我毕业于西南师范大学中文系，我们也冥冥之中成了中国教育史上第一批现代文学专业儿童文学方向的硕士研究生。读本科之前，初中毕业的我先后当了十多年的知青、军人、铁路工人，且有家室之累，可谓已是“饱经风霜”。那天，我在蒋风老师的浙师大教工宿舍里第一次见到扎着马尾的汤锐，听她介绍高中毕业后去京郊当过短时间的知青，还跟着在商业部工作的父母住过“五七干校”。望着汤锐轻声细语、说话腼腆的样子，我差点儿把她看成了一位高中生。

那一年，浙师大全校就我们两位研究生，而且都来自部属高校，学校视我们如珍宝，给我们教师级别的待遇——住在教工宿舍，吃饭在教工食堂，可以进图书馆找书，政治学习、党团活动与中文系教师在一起，教工发电影票我们也有份，而且外出开会、游学按讲师待遇报销差旅费，还有出差补贴。浙师大待我们真是优厚有加。

当时还是票证年代，按教师标准，每月粮食定量只有 27 斤，汤锐完全够吃，我却不够。我写信回重庆，问我刚读研的三弟。三弟回信说重庆研究生粮食定量按学生标准，每月 35 斤。于是我去找学校后勤、校长办公室，又往金华市粮食局跑了很多次，最后终于办成了学生定量，还要补发粮票。那天中午，我在教工食堂排队打饭，汤锐过来对我说：“师兄，膳食科叫我们去领补发的粮票，你知道吗？”我一脸苦笑，我腿都快要跑断了，怎么对这位师妹说呢？她还说现在变成 35 斤定量了，吃不了这么多的。

很快，我与汤锐在蒋风老师指导下投入了读研生活。蒋风老师为我们提供了他能给的最好的学习条件，其中之一是外出游学，那真是求之不得。蒋老师的良苦用心是要把我们引领到文学的第一线，直接面对文学现场，尽快进入研究课题。

6 月初，我们游学的第一站是去上海图书馆和高校查阅资料。《儿童时代》杂志社的陈丹燕帮忙联系安排住处，记得那天在杂志社还见到了王安忆。在上海我们与周晓波（诗人圣野的女儿）会合，一起坐火车去沈阳，蒋风老师已提前飞到了那里。

我们在沈阳空军招待所，全程参加了由文化部举办的“东北华北地区儿童文学讲习班”，近七十位中青年作家参加，其中有张之路、夏有志、蒋韵、庞天舒等。陈伯吹、叶君健、郭风、任溶溶、蒋风、洪汛涛、葛翠琳、郑文光等前辈组成的讲师团为大家授课。这是我国第一次举办如此大规模的儿童文学讲习班，我们实在受益匪浅。

在浙师大，蒋风老师还安排我与汤锐直接为“全国幼师、普师儿童文学研究班”的学员们上课。他们都是来自各省的一线骨干教师，年龄普遍比我们大。1983年冬，蒋风老师主编《中国现代儿童文学史》，将浙师大儿童文学研究室的老师与我们两位研究生整合在一起，大家兵分三路，分领章节后外出查阅资料。黄云生与吴其南一组，周晓波与汤锐一组，韦苇与我一组。《中国现代儿童文学史》于1986年由河北少年儿童出版社出版，我与汤锐承担了三分之一的章节。

当时浙师大还没有资质独立授予硕士学位，因而是与杭州大学中文系联合培养硕士生。1984年12月24日，吴其南、汤锐和我经过规定的研究生课程考试后，杭州大学中文系举行了我国首次儿童文学硕士研究生论文答辩，答辩委员会由吕漠野、郑择魁、陈坚等五位教授组成，答辩通过后，由杭州大学授予我们文学硕士学位。难忘那一天，我们在杭州太平洋电影院看完《胜利大逃亡》后，握手告别。汤锐回北京，到中国少年儿童出版社工作，我被分配回重庆，到西南师范大学中文系（今西南大学文学院）任教，吴其南后来去了温州大学。我们虽天各一方，但似乎都憋了一股劲，要为新时期中国儿童文学的理论建设与学科建设贡献绵力。

二十世纪八九十年代是儿童文学理论建构与创新的重要节点，汤锐先后出版了《比较儿童文学初探》（1990）、《酒神的困惑》（1994）、《现代儿童文学本体论》（1995）、《北欧儿童文学述略》（1999）等专著，提出了儿童文学的双逻辑支点、比较儿童文学的中国表达等重要观点，产生了积极的学术价值与影响，赢得了儿童文学界的普遍尊重。汤锐还为《文艺报》出谋划策，1987年1月24日《文艺报》创设“儿童文学评论版”，它的最初几期都是由汤锐帮助组稿的。汤锐先在中少社《儿童文学》编辑部工作，后来又成为北师大中文系副教授。在国内重要的儿童文学评奖、研讨、交流等活动中，人们都可以见到汤锐娴静温婉的身影，听到她轻声睿智的发言，汤锐已然成了儿童文学界的一道“美的风景线”。

世纪之交，汤锐调任连环画出版社总编辑，几乎同时，我从重庆调到北师大中文系工作。虽然同在京城，但因都处在最忙碌的人生阶段，我们更多是在会场上相聚。2004年，北师大成立中国儿童文学研究中心，邀请汤锐任特聘研究员。凡是北师大儿童文学方向的博士生、硕士生的学位论文答辩，北师大举办的儿童文学研讨活动，我一个电话打过去，只要不出差在外，汤锐总是准时赶来，但往往快到吃饭时间，她又忙着回单位去了。汤锐与北师大儿童文学学科有着深厚的渊源与情谊，同学们都亲切地称她“汤老师”，视同一门。

之后，汤锐又担任了中国美术出版总社的领导职务，工作更忙了。但在繁忙之中，她先后撰写出版了《复调时代》（2009）、《浮躁与坚守：汤锐儿童文学论集》（2011）、《童话应该这样读》（2012）、《呵护人间诗意——汤锐文论集》（2013）等著作，她的心永远系在儿童文学这条美丽的“光带”（安徒生语）上。

新时期、新世纪、新时代以来，数不清有多少次有关中国儿童文学的会议、评奖、交流，我与汤锐，还与同样具有浙师大教育背景的吴其南、方卫平、周晓波、汤素兰等教授们相聚在一起，那是多么值得怀念的时光。

汤锐对我的帮助支持是多方面的，其中特别难忘的是“大白鲸原创幻想儿童文学”（以下简称“大白鲸”）的征集、评奖工作。这一活动由大连出版社牵头举办，于2013年启动，每年举办一次，以“保卫想象力”为主旨，全程匿名评审，只看作品，不问作者。截至2018年，活动先后征集到来自全球近二十个国家的三千多部作品，有百余部佳作获奖，发掘了王林柏、赵华、麦子、龙向梅、马传思等一批青年才俊。三十多种“大白鲸”优秀作品获各种殊荣，包括中国作协全国优秀儿童文学奖、全球华语科幻星云奖金奖等。汤锐一直是终评评委会中的一员，有了她在场，我作为主评委，心里就特别有底。她的意见和评析，总是那么中肯犀利、逻辑严密，常常为我们“一锤定音”。

汤锐冰雪聪明、心境清澈、胸次玲珑，她的言谈与批评，总会让人感到儿童文学的高贵，从事儿童文学实在是人生的幸福选择。但汤锐的身体却是越来越差，终于到了需要有人搀扶的地步。

2019 年 4 月，我们先在大连参加了第七届“大白鲸”终评活动，接着去天津参加汤素兰新作《犇向绿心》的研讨会，刘明辉社长特地为我们买了高铁头等座。那一天，汤锐、汤素兰、刘颋、李利芳、崔昕平、李红叶、舒伟、姚海军、陈香等同车前往，一路上欢声笑语，同框合照。汤锐的笑容仍是那么娴静温婉、从容淡雅。谁知道那一幕竟成了最后的记忆……

就在昨晚，曹文轩在与我的电话中几度哽咽：“汤锐是唯一为我小说作序的人，她有一次讲述早年与父母在‘五七干校’的经历，如电光石火，瞬间接通了我创作《青铜葵花》的灵感。”如春风般和暖，如微风般离开。汤锐同学，一个临别也不愿惊扰朋友的人，更让朋友们如此伤痛而怀念……

2022 年 8 月 31 日

行走在庐山的云雾中

高洪波

汤锐是一位我熟悉而又略感陌生的朋友。说熟悉，那是因为她从浙师大儿童文学专业硕士毕业不久我们就相识了。她以当时儿童文学理论界的最高学历主持《文艺报》的“儿童文学评论版”，而我作为《文艺报》的编辑和记者，已在儿童文学领域工作多年。

初识汤锐，她非常年轻、文静且有锐气，她以极高的专业素质完成着她的本职工作。她似乎永远沉静地微笑着，聆听着，也思考着。我记得在二十世纪八十年代中期那次著名的庐山“新潮儿童文学创作会议”上，她就是以这样的形象出现在我们面前，也行走在庐山的云雾中。

与汤锐虽相熟，不过泛泛之交。要说陌生，也有几分准确。因为虽然我与她一同参加过若干次研讨会、座谈会和中国作协儿委会年会，但是除了会议上的碰面之外，我们几乎没有私下的交往和深谈。我对她的家庭生活，还有她的女儿，一无所知。唯一一次见到她的女儿是在久远以前的某场中学生作文的现场评奖会上，当时汤锐带着她还在上小学的女儿一起出席了我们那次匆忙且紧张的评奖。小小的女孩子坐在座位上做着自己的作业，而妈妈在点评着一篇又一篇孩子们的作品。安静的小女孩让我感到惊讶，我对汤锐说，你女儿真的很有定力，在这样的场合还能完成作业。好像从那以后，我就再也没有见过汤锐的女儿。

熟悉而又陌生的汤锐在一个特殊的日子，以一种特殊的方式离开了朋友们。她的决绝和果断让我感到震惊，也让我心中生出一种敬佩。她的选择无可厚非，而且在那个特殊的时刻，她留下了一段文字给曹文轩。我记得那是一个夏季的深夜，文轩突然给我打来电话，电话里的哽咽带着一种悲凉，他告诉我说，汤锐走了，他还说，看到她的遗言，开始还以为就是普通的信息，仔细一看，才知道那是她和我们做的最后诀别。接到文轩的电话后，那一夜无尽苍凉，我脑海里浮现出无数次与汤锐一起开会的情形，我想起她在最后一次参加陈伯吹国际儿童文学奖颁奖礼时，拄着手杖，坚强地独自上台的身影。

汤锐是一位学养深厚、修养极佳的儿童文学理论工作者，她对当代中国的童话、小说以及儿童诗歌都有独到见解。她评论过的作家大多成了她的朋友，他们都感念着汤锐，包括今年九十三岁的束沛德先生，不久前写下了一篇深情怀念汤锐的文章。现在许多朋友的文章都刊载出来了，逐篇逐字流淌出炙热混杂着悲凉的心情。这种矛盾的心情也体现在我的这篇文章里，我们匆匆忙忙来到人世间，又以各种不同的方式匆匆离开。

仅仅在这几年里，我们告别了年长的徐怀中、葛翠琳、任溶溶、孙毅，也告别了比他们年纪略小的刘先平、张秋生以及和我同龄的董宏猷、李迪、何申，可是汤锐却是我们“五〇后”作家里的小字辈呀。她一直是我心中安静的小妹妹，可是现在她决然地先我们离去，到另一个世界，去继续她的儿童文学研究，用她惯有的宁静和安详的微笑，注视着她所喜爱的儿童文学作家队伍和一部一部朋友们的作品。

汤锐留在世间的文字，那些她用心血和智慧写下的逻辑鲜明、感情充沛的文字告诉我们一个事实：一个优秀的批评家，一个认真的儿童文学理论工作者的离去是儿童文学界的重大损失。但是她的文章又留给我们若干的思索和启迪，使当代中国的儿童文学事业向着阳光、向着未来展翅腾飞，从这个意义来说，汤锐并没有走远，她还在我们中间，这是我最想表达的一句话。

中国儿童文学的盛世之花

班马

那时，晚清和“五四”，涉此理论者甚多，然而少有女性。

那时，“文革”后和新时期，涉此理论者更多，已不乏女性。

不要拿性别来议事。是的，其实我在此更多是突显这“盛世”，在中国儿童文学的盛世中又出现了女学者。她清丽高洁，她鼓舞人心，她发声之时满堂生辉——这在当下年代，恐难复现。她掀起盛世之中那一股清新凛冽之风。中国儿童文学理论在二十世纪八十年代中期的研究盛况，曾对学界起到极大的精神引领作用。那时，汤锐出现在她的师兄弟之间，可谓儿童文学界的一朵“盛世之花”，艳丽、触目。

我在北京工作过近三年，住在达官营，靠近老宣武区。那会儿我常常会在大街上、市场中生出“偶遇汤锐”的场景想象（因为她老家就在宣武区）：一抬头，那不是汤锐吗？哟，班马？那声“哟”，是汤锐特有的语气。不过，奇了怪了，我脑海中的汤锐怎么定格在一个穿“蓝呢大衣”的清丽身影？但我们一次也没有相遇过。汤锐，是不会出现在闹哄哄的“市场”的。

中国当代儿童文学的盛世一过，“理论”和“女学者”就都退隐了。汤锐便是如此。精神与风气一过，流派林立，山头不少，理论分裂，人事纷争。汤锐的退去，显然是出于她的秉性。

但越是如此，她偶尔表现出的“犀利”甚至“突进”，就越让我印象深刻。在汤锐刚进入出版这一行时，她的表现相当出人意料和精彩——她以前卫的眼光推出了互联网时代的新型文学作品《你好，花脸道！》。这一动作领先同行多少年？其理论内涵有多深？

汤锐的离去，竟然也是在新一轮人工智能大潮及文学网络化和跨界化的出现之际，当然令我感伤。对《你好，花脸道！》的媒体属性、网络语体等的研讨与评价，仍未过时。可是汤锐走了，不参加热闹了。这真是她的风格。

一个干干净净的人

曹文轩

汤锐离开这个世界，是在前年8月。那时，我在鄂尔多斯草原上。天气已经寒凉，草原正从绿色往枯黄色转变。此后的几天时间里，我一直处在悲哀之中，一想起她，就会心里发酸。空旷的草原，一方面让人感到开阔、豁亮，一方面让人感到空旷和苍凉。给老师们讲课时，我会忽然走神儿；当车连夜从一个旗赶往另一个旗时，我会情不自禁地与陪同我的出版社的朋友说起她，但说着说着就说不下去了，就将脸转向窗外一望无际的草原——尽管草原在月色之中依然苍茫可见，但看着看着就是模糊一片。

我和汤锐是几十年的好朋友。每次见她，眼前总是一个微带腼腆、从头到脚干干净净的形象。她没有贵重的着装，但永远得体，一尘不染，素面朝天、朝人、朝天下万物。与她吃饭、喝茶、聊天，与她一起参加各种笔会之类的活动，她永远微笑着，谦逊地沉默着，或者语调平稳，用略带不自信的口吻发表她的看法。她有褒贬，但从来没有爱憎分明的极端话语。人多时，她总是默默地处在人后，她个子也高，似乎在说：我能看到。她是一个不知道中心在何处的人。但我们却总能将她看在眼里，放在心头。她的出现，带来的是和谐与安静，喧闹仿佛因为她的到来而像海潮般退去。于她，好像这个世界上没有什么可以争辩的事情。其实，她的是非观非常明确，但经她表述之后，就会觉得这个世界上也没有什么大不了的事情。疫情之前，我去看过她，那个家，就如同她在你面前的形象：干干净净。屋里没有一样多余的东西，更没有奢华的摆设。朴素、简洁，让人觉得一屋子清净。喝茶，说话，时间的流淌无声无息。出来，走上喧哗的街道，不禁回望那扇她让我看向外面的窗户。

后来过年时，我还想去看她，但怕不慎将四处飘散的病毒带进那片纯净卫生的空间，让她孱弱的身体染疾。我没有想到，再过两三年，她就会给我们留下永恒的安静。这成了我一生中的遗憾和不安。

在她离去之后，许多往事会不时地出现在记忆的天空下——

我写的作品大概也不算少了，一共出了多少本书，我也没有计算过。一家实力雄厚的出版社说要出我的文集，我说："不用，量有点儿大，要一大笔经费，以后再说——尽管你们出得起。"但这么多年写了这么多书，我却只请过一个人给我写序。那就是汤锐的《印象：一束浪漫主义者的心灵之光》。后来之所以没有请任何人写序，一是"翅膀硬了"，用不着别人举荐了，但这绝对不是根本的原因——根本的原因是：我有这样一篇序，就足够了。每次想起她这篇在我的写作还未成气候时写下的序，心里一定会发一声慨叹：知我者，汤锐也！

在政治、思想、文学的基本理念等方面，我无疑是一个坚定的现实主义者。我会高度认同文学的现实主义精神，但我骨子里总有浪漫主义的浸润。我的作品写到今天，之所以是那样一种美学风格，其原因就在于我对浪漫主义的本能偏爱，仿佛那是与生俱来的一种精神，一种趣味，它自然流淌在我文学作品的字里行间，表现在语言、情节、人物、风景、意境、意象等各个方面。它几乎是无法逆转更是无法摆脱的。而我本人并无意识，其他评论家大概也没有看出。汤锐凭她的直觉，凭她的知识与理性，在我的创作尚在"初出茅庐"阶段时就看出来了："事实上，制造一种情调、一段旋律、一团感情印象，也许恰恰是他看重的。人物、情节、细节、背景……在他看来，其价值不在于完全逼真，而在于是否能构成一种情调，像中国的写意画，准确描出的不是皮毛，而是神韵。显然，他在追求着创作个性中与众不同的质感。如果在情节与情调之间选择，他无意宠爱后者。”她以“激情”“天真”“神秘感”“梦幻”和“忧郁”作为关键词，对我的创作进行了细致入微的分析，论证了我的作品与浪漫主义之间的关系，非常精准。最后那句话我永远记着：“不论他以后是否仍与儿童文学有缘，但愿那一束光永不泯灭。”她一定看到了她的祝愿成了我再也无法改变的事实：我的文学始终被这束光照耀着。我何尝不能说：她的这篇序犹如一束光始终照耀着我的漫漫写作长路。

而浪漫主义其实还与另外一些词相关：纯净、纯粹、清洁……而这些词，也正是我们想起汤锐时就会想到的词。

说说《青铜葵花》吧——

这本书已经重印了三百多次，被翻译成二十多种文字，获得不少国际奖项，最近由我国台湾著名导演陈坤厚先生拍成电影。它给我带来很多荣誉。但无人知道这部长篇小说与汤锐的关系——如果没有汤锐提供的故事，就根本没有《青铜葵花》。那年，我们一同去外地参加笔会，路上她给我讲起她的童年故事。她说，她的父亲当时在商业部工作，后来到商业部设在河北固安的“五七干校”劳动去了。她去看她的父亲，而她的父亲根本没有时间和她在一起，因为父亲必须从早到晚在地里劳动。她感到很孤独，就去了干校附近的一个小村庄。在那里，她结识了乡下的男孩和女孩。她和他们在田野上疯跑，在树林里捉迷藏，和他们玩一种“扔羊拐”的游戏。她给我讲了很多“在乡下”的故事。这些故事让我想到了盐城的芦苇荡——盐城的芦苇荡里也曾经有过城里人的干校。于是，一个念头就开始在我心中形成：在一个中国特定的背景下，写一个城里女孩与乡下男孩的故事。汤锐的故事发生地，在我心中很快搬家——从固安搬到盐城芦苇荡，因为我更熟悉那里的风土人情。在后来的几次聊天中，我又从她那里得到很多精彩的细节。在动手创作这部长篇小说之前，我将我的构思讲给她听，她高兴地笑着。那笑容成了永恒。只有一点我没有向她说出：我在写葵花时，脑海中经常会出现她的形象——一个干干净净的形象。尽管我没有看到过小时候的汤锐，但我就是觉得仿佛看到过。如今，她已经走向远方，我也无法告诉她了，但我也知道，即使她还在我们的身边，我也不会告诉她的。说来可笑，这次导演选择饰演葵花——大葵花、小葵花的演员时，我又几次想到了这个故事的提供者、我想象中的小时候的汤锐。后来，经过层层筛选，最后确定下了小葵花和大葵花的演员人选。我看到这两个女孩，自然想到了那几个词：安静、干净、温和、纯真、谦让、优雅。

我本想对汤锐的学术发表我的看法，但作罢，因为卫平兄的一篇《我们思想舞台上的优雅舞者》将我的感觉都淋漓尽致地表达了，并且说得远比我透彻、理性。我惊讶地发现，卫平心目中汤锐的形象竟与我心目中的如此高度一致。这篇长文的文字底下，似乎也有这些词语像清澈的高山溪水在无声地流淌。

2024 年 3 月 19 日于橡树湾

美好的朋友，难忘的旅程

秦文君

汤锐是我失散远走、再也回不来的朋友。想到她时，我会陷入长久的停顿、恍惚，有对朋友生命消逝的惋惜，还有沉了又沉的痛楚。在我心中，汤锐是学问渊博的知书能文之高人，也是一位高洁的奇女子。

我认识汤锐的时间较长，我还是青年作家时，她在《儿童文学》编辑部任编辑，来上海组稿。这人知性优雅，话语精练，让我眼前一亮，因为她有着我喜欢的不沾人间烟火般的才女气质。约稿时，她一条一条叮咛得细致，跟拟了约稿信似的。她提到几篇由她编发的风头正劲的短篇小说，脸上现出低调而热切的微笑。

那次会面，我们俩畅谈了蛮长时间，注意力落在稿件、儿童文学创作上。谈话投机，所见略同，直到相互留名片时，才感觉到彼此是既熟悉又生分。汤锐和我相差两岁，我们都有读书人清澈的孤傲，都不是那种飞快地能和别人打成一片的人。

答应给汤锐写稿的，可那一阵儿，我以极大的热情投入创作《男生贾里》等中长篇小说，因而迟迟没和她联系。每月看到新出的《儿童文学》，我会仔细翻阅，找找有没有带有汤锐喜欢的朝气、锐气的短篇小说。终于有一天，我完成了一篇自己满意的短篇小说，忙打电话到编辑部，才知汤锐已离开编辑部，去北京师范大学教书了。

之后，大约在1991年4月，我和汤锐在云南方面组织的滇西笔会中再次相遇，这次笔会有束沛德、王泉根等众多学者参与。一路上我、汤锐、李玲自发组成“三人小组”，有几天还同住一舍。笔会历时二十天，我们白天一起采风，参加傣族泼水节，沉醉于山水之间，夜间一起聊天，有灵感迭出，也有揶揄、调侃，无拘无束，流露三十多岁女性爽利的真性情。在那一次，我还见识了汤锐的童真气和女性特质。一个那么专注学术的人，竟爱美成痴，一路添置了多套新装，每晚要试穿第二天要穿的衣服，小姑娘似的不停地问哪一款好看。云南的这一段旅途，是我所见、所闻中的汤锐最快乐、奔放的时光，至今我依旧记得一群女文人走出书斋，寄情山水时焕发出的熠熠风采。

和汤锐相熟、相知应该在 1993 年，那次我应邀赴日本参加在福冈召开的亚洲儿童文学大会，孙幼军老师、汤锐都是受邀的代表。能在日本相遇，真是意外之喜。会议期间，我们相互等来等去，约在一起吃早餐、午餐、晚餐，形影不离。

当时大会的组织者之一——中由美子，承担了繁重的会务工作。她累得嗓子嘶哑，却提出要陪我和汤锐两位来自中国的女士逛一次街。

我们三人手挽手走在福冈洁净的大街小巷，一路上景色宜人，街边有特色小店，但我们都没有驻足，仿佛这不是重点。三个离开大会的女子仿佛逃课的女生，找到放飞的感觉，一路上嘻嘻哈哈，神采飞扬，谈话也渐渐自在、坦诚、松弛。穿过一条小巷，浓烈的咖啡香扑面而来，三人不约而同地放慢脚步。

我们在咖啡店坐了一个多小时，这家店的咖啡杯很有特色，没有两个是相同的，都精致绝伦。我选了和身上衣裙颜色相符的杯碟，紫罗兰色的，她们也各自选了可心的咖啡杯。三个人捧着精致、温热的瓷杯，心生感动，聊着文学、生活，也聊起家庭、儿女情长等话题。不知怎的，这异国他乡的小而美的咖啡店，令三个矜持的女子推心置腹。汤锐平时一贯柔和，说话深思熟虑，这次冷不丁冒出不少“冷幽默”。不仅是她，我们彼此都吐露知心闺蜜间才说的真言，感念着女性间的惺惺相惜。

尔后和汤锐的交往，并不繁密，但从不间断。不久，汤锐放不下心中的出版梦想，从大学调到中国美术出版总社，之后又任总社旗下连环画出版社的总编辑。她再一次向我约稿，这次我放下其他杂事，飞快履约，弥补上一次的拖延。汤锐安排好发表事宜，她无论处在哪个岗位，都特别周到、靠谱、有条不紊，绝对是个有心的、求完美的人。

后来我在上海创办了“小香咕阅读之家”，请她来参与，她欣然应允，日程问得格外仔细，活动那天比我们都到得早。

她是个意志力强的女子，更是一个珍惜名誉、信念、事业的纯粹文人。在繁忙的公务中，她从来没有停止过作为独立评论家的治学和研究，我不时拜读她一本又一本的理论新作。外表和风细雨、无比温婉的她，在其专著和理论批评文章中却一如既往的新潮、犀利、果敢、理性至上。

2015 年 11 月 14 日，上海国际童书展期间，明天出版社副总编刘蕾在上海少年儿童图书馆举办“于细微处看见美好——‘秦文君温暖绘本’新书首发仪式”。活动请来海栖、卫平、汤锐，当时我和汤锐挨着坐，第一次发现她在起身上台时，略有一些费力。

那天汤锐发言，在绘本的主题表达、语言张力等方面的见解显出她极高的水平。活动结束了，她主动和我说起她的腿很麻烦，一旦坐久了，想站立起来，就要挣扎一番，今天算是好的，之前担心出岔子，她拒绝了不少活动。我很担心，叮嘱她不要久坐，要给她买我家人用过的治疗腿疼的良药。她摇摇头，说她病情比这严重，回京后会进一步治疗。

我和汤锐时有电话联系，一次去北京，我和她说想去看看她，她委婉地说，过段时间再说。因为忙，探望这件事就搁浅了，匆匆而过。

2019 年 9 月 11 日，接力出版社在北京中国现代文学馆举办“幼儿文学的边界与特征——中国原创幼儿文学理论研讨会”，来了二十余位专家学者、画家，汤锐也来了，竟拄拐杖了。我看了心里一沉，说不出的难过、失落，直到和她面对面聊天，见她妆容精致、侃侃而谈，悬着的一颗心才放下来。

后来又有一次，我和她一起参加接力出版社组织的“接力杯曹文轩儿童小说奖”“接力杯金波幼儿文学奖”的评奖活动，眼前的汤锐走路蹒跚。终评会后，我陪她慢慢地走回住处，她避开众人，和我说起她的病症，叮嘱我千万不要和别人提起。她异常平静地告诉我，这个怪病不可能痊愈，好在发展很缓慢。我说：“越缓慢越好，现在新药多，说不定哪天研制出特效药，一下治愈。”

汤锐含笑看着我，没有指出我的后知后觉。她对谁都温文尔雅，那么宽容和富有耐心，善解人意。这次一别，不知不觉又过去了一年多。2021 年初，李朵她们计划为“小香咕全传”出版二十周年举办研讨会，商定专家人选时，我想到汤锐在北京，我真心喜欢她的文章，也想见她这个人，就决定邀请她。电话打过去，谈了好久，这一次她坦然提到病痛的折磨，不能自由行动的窘迫，依靠他人护理的难堪、无助，还说她不能来现场，不想让人看到她。我很理解，询问她现在住何处，想知道能为她做些什么。她说需要时会联系我，还一再地提醒我不要和别的朋友说起她的情况。

几天后，汤锐发给了我她为“小香咕”写的评论文章《童年的天空多姿多彩》，文章特棒，视角、格局独特，对“小香咕”等四个女孩心理的分析也是那么令人叹服。李朵请人在研讨会上宣读汤锐的文章，我把现场的照片截屏转给了汤锐，她回复了几个欢乐的表情。

后来我才从卫平那里得知，《童年的天空多姿多彩》可能是汤锐生前写的最后一篇评论文章，她在严酷的病痛中，深情地感叹一个快乐美好的文学世界。

汤锐走了，再也听不到她温婉的嗓音，谦和、憨直的讲述，睿智的学术见解。在当今快捷、瞬息万变的世界里，如汤锐这般纯粹、纯真、酷爱书斋生活的奇女子或许少有了。我念及她的敏锐直感，严以治学的女性学者风范，纯真大气的姿态，还有唯女性特有的丰富、丰沛、干净。她也让我确信在女性的巨大潜能中，有大地一般的温暖，大海一般的神秘，天空一般的浩瀚文采。

教人无法忘记的朋友

刘海栖

2022 年 8 月 19 日早晨，我突然接到方卫平的电话。卫平说，原本昨晚就想告诉你的，怕你睡了，所以今天一早给你打电话。我问卫平什么事情。卫平很沉重地说，汤锐走了。我大吃一惊，这个消息简直太突然了，教人不敢相信。卫平说，具体情况他也不是太清楚，是文轩昨夜告诉他的，可以问一下文轩。我马上打电话给文轩，知道了这个噩耗是真实的。我久久沉浸在悲痛里，这样的情绪我很少体会到。我眼前不时浮现出汤锐的身影和面容。她真是一位教人无法忘记的朋友，是一位我印象中少有的安静大度、和蔼友善的女性朋友，一位特别有见地的儿童文学理论家。

前不久，汤锐的女儿方歌回国，给母亲整理遗物。她发现了一份手稿，是和我有关的，方歌十分周到，把稿件寄给了我。接到快递打开，看着汤锐熟悉的字迹，我再次陷入回忆。

我在二十世纪八九十年代时，有过一段儿童文学创作经历，写的东西很不成熟，现在回想起来，都有些汗颜。山东的朋友们栽培，在济南给我开了一个研讨会。我请了三位外地朋友来给捧场，北京是束沛德老师和汤锐，上海是汪习麟先生。其他两位声名自不必说，汤锐当时应该在中国少年儿童出版社工作，也已经是颇具影响力的儿童文学研究者了，出版过很有影响的理论著作。那时我们还不是特别熟悉，但一请她她就来了。汤锐在这个会上发了言。方歌找出并寄来的就是这个发言稿。稿子是写在《儿童文学》杂志社的稿纸上的，每页三百字的稿纸，她写了近十页。我又读了一遍这个发言稿，无比感动，知道了汤锐当时花了多少心血写这个稿子。我不是说因为我的那些东西值得她去写，我是说，我那些东西实在浅薄和够不上标准，汤锐要花多少精力才能找出优点，并有分寸地让我知道自己的不足，为我指明方向。汤锐在发言的最后说："我认为刘海栖同志的这几部儿童文学长篇新作给予当代儿童文学界的启示是多方面的，而它们的核心便是——走向开放。这就是我这篇发言的题目。"稿件的题目便是《走向开放——读刘海栖儿童文学新作》。这次会是 1991 年 1 月 15 日在济南开的，沛德老师也发了言，文章收在他的著作里，他帮忙查清了开会的时间。那次会上，我请沛德老师和汤锐到我家里做客，我儿子当时尚在幼儿园，汤锐后来见面时常问我儿子的情况。

从那以后，我和汤锐就有了更多的交往。她离开中少社后又去了学校工作，后来又到连环画出版社工作。除了在一般性的会议上见面，少读工委儿童文学委员会开会，我们也能见面畅聊。我做出版时，汤锐也对我有各种支持。后来我又重新开始写作，我们一起参加活动的机会更多了，我也能时时就写作问题向她请益，得到许多帮助。记忆很深刻的一次，我们去张家界参加会议，汤锐的腿已经有些问题，走得慢了，我们走在一起时，有时碰到难走的路，我会扶她一下。现在想来，在写作的路上，却是她扶我。我后来写了《小兵雄赳赳》这本书，我想请人为这本书写个序言，编辑同意后，我立刻找到汤锐，请她劳神。汤锐马上就答应了，并很快把序言写好发来。读了汤锐的序言，我又深深感动了一次，她也对 1991 年那次会议进行了回顾。在这个序言里，她对作品的分析和探究，教我无比叹服，她又一次指点和帮助了我。汤锐在序言的最后说："在这世界上，有一些东西是永恒的，比如勇气，比如担当，比如男孩的成长……"我还想加上一条，就是：还有真正的友谊！

我永远怀念我们的好朋友汤锐。

2023 年 12 月 15 日济南大雪后

难忘那温柔而坚定的目光

——深切怀念儿童文学理论家汤锐

孙云晓

那是一个阳光灿烂的午后，我正走在小区的林荫道上，突然惊悉汤锐从容离世的消息。那一刻，这个令人难以置信的噩耗，让我有一种强烈的窒息感，似乎连路也走不动了，眼前浮现出汤锐那温柔而坚定的目光。直至今日，已经很长时间了，我经常想起她的模样，想起我们温馨的交往。

然而，当我静下心来，仔细回忆几十年的漫长时光，却遗憾地发现，我与汤锐虽说是老朋友，却主要是在文学活动中接触，两人单独交流甚少。参加秦文君等人的作品研讨会，人们大都是即兴发言，谈作品给自己最深的印象，或者引发的一些思考等。而汤锐每次发言都会掏出事先准备的发言稿侃侃而谈，她的评论富有理性，有诸多学术性论证，往往让与会者感受到作品的特殊价值和深远意蕴。

我第一次感受到汤锐的学者魅力是在 1986 年。那一年，我刚刚三十一岁，在中国少年报社担任编辑和记者，也是儿童文学领域的一个新人，主要从事少年报告文学的创作。当时，写少年报告文学的作者较少，已经发表的作品多为小名人的成长故事。1985 年冬天，我在河南采访到一个小学男生，他很有个性，却被老师们认为是一个“邪门大队长”，他还遭到学生干部的排斥。这个受到伤害的男孩让我的内心无法平静，也让我联想到自己童年时代的屈辱，我执拗地认定在每一个调皮大王的背后都有一段含着冤屈的历史。于是，我一鼓作气写出万字报告文学《“邪门大队长”的冤屈》，并试着投给颇具权威的《儿童文学》杂志。

那个时候，我已经在《儿童文学》发表过《心愿》《美的追求》等报告文学，但我不知道这篇为被扭曲的童年呐喊的作品，是否能够被接受。结果，1986 年第 2 期《儿童文学》顺利发表了这篇作品。更让我没想到的是，当年第 4 期《儿童文学选刊》在突出位置推荐了《“邪门大队长”的冤屈》，并配发了何人（周晓）的《尖锐泼辣　切切忧思——读〈“邪门大队长”的冤屈〉札记》和汤锐的《放他们到宽阔光明的地方去——〈“邪门大队长”的冤屈〉引起的思考》两篇评论。

这是汤锐第一次专门评论我的作品。她写道：“随着思想解放运动、对外开放、经济体制改革的进行，不仅仅是生产结构发生了改变，我们整个的社会结构及与之相适应的观念结构也在发生变化，旧的价值观正在动摇之中，新的价值观顽强地要求得到承认。这种变化，在年轻一代，特别是在思想解放运动中成长起来的一代少年儿童身上，尤为明显。总之，这是一个两种文化思想相交叉、相冲突的时代，是一个处在质变过程中的时代。《“邪门大队长”的冤屈》这篇报告文学的主题，以及近两年来呼吁尊重孩子个性、抨击扼杀孩子个性的旧教育方法的作品的主题，在很大程度上就是这种矛盾冲突的反映。”

当时，我与汤锐并不熟悉，只知道她是新锐的儿童文学评论家，也是《儿童文学》杂志的编辑。她的这篇评论高屋建瓴，引领我从时代变迁的巨大冲突中认识当代少年儿童的生活，给予我很大的启发。同时，我也亲身体验到了儿童文学界对新作者温暖的接纳，使我对于从事儿童文学创作充满信心。

从汤锐这篇评论开始，我一直关注她的学术追求，特别注意她的新思想。每一次听她发言，总感觉那些评论也是在评我自己的作品，受益颇多。

1993 年，我发表报告文学《夏令营中的较量》，引发全国性的有关教育的大讨论，也驱使我更多转入儿童教育和家庭教育的研究。我发现，汤锐对儿童文学的探究，其实与儿童教育也是紧密相连的，我常常将她引为知音。

感谢老朋友方卫平，让我有幸读到汤锐的女儿陈方歌写于2023年母亲节的文章，题为《呵护童心——陪妈妈汤锐翻译英文童话》，其中一个真实的故事深深打动了我。

在北京某著名小学里，严厉的班主任将一个墨绿色的硬皮本推给作为学生家长的汤锐，说："你看看这是什么吧！"见汤锐惊讶不已，班主任继续斥责道："她不专心听课，天天埋头写这东西，还传给同学们看，打扰大家学习。"汤锐连连表示："我回家一定好好教育孩子！"

从事儿童教育五十余年，这样的案例我知道得太多了。家庭教育本是生活教育，而教育"内卷"近乎疯狂的今天，多少家庭坠入学校化和知识化的误区，多少父母忽视孩子幼稚的梦想。我更知道，许多孩子的文学梦，就是这样破碎的。可是，汤锐却引领女儿得出了令人惊喜的结果。

晚饭后，汤锐先是认认真真地看完女儿的作品，表情由疑惑到惊讶再到欣喜，问道："这都是你写的？是你编的故事？前面这些人物介绍也都是你做的？"见女儿谨慎地点头，汤锐将女儿一把揽进怀里，赞赏道："写得真棒！一定要继续写下去！妈妈可以帮你，做你的'秘书'。"后来，女儿的成长深深受益于文学，她出国留学，在美国工作，还陪同妈妈翻译了许多英文童话。

通过这个真实的故事，我对汤锐有了更全面的理解——她的儿童文学理论不仅仅是一种学术探究，也是与孩子成长血肉相连的生活实践。我虽然没有见证现场，却一次次感受到她那温柔而坚定的目光，给予孩子生命成长最为灿烂的阳光。

作家和理论家首先是人，是依靠人格的力量与艺术的力量站立在这个世界上。当我写下这篇怀念的文章之时，忽然明白了，汤锐那温柔而坚定的目光，闪烁着人格与艺术相交融的魅力，因此令我久久难以忘怀。

她依然在另外一个世界微笑

白冰

2024 年 9 月 7 日，根据美国作家彼得·布朗的儿童小说《荒岛机器人》改编的电影《荒野机器人》超前观影及原著小说分享会在北京博纳国际影城举行，曹文轩坐在我身边，受邀来参加这个超前观影，还有个重要演讲。看着议程表，我有些伤感，想起了一位朋友，一位在这个时刻特别应该莅临的重要嘉宾，她就是汤锐，可是，她永远不能来了。

电影《荒野机器人》的小说原著《荒岛机器人》是接力出版社引进出版，汤锐和她的女儿陈方歌翻译的，汤锐为这本书写了后记。就像曹文轩评价的：“汤锐对原著的剖析精准且富有洞察力，尤其是汤锐在人工智能方面的见解，至今仍然难以超越。”

可惜，汤锐没有等到这个电影首映就走了，没能来参加这次超前观影。

（一）

我知道汤锐离去的消息，是在 2022 年 8 月的一天，一位朋友打电话告诉我，汤锐走了，走得那么突然，那么让人心痛。就在这年的端午节前夕，我还和她通过电话。她感谢我节前快递给她的节日礼物，说：“谢谢你，老是惦记着老朋友。”我问她的身体恢复得怎么样，她说：“不见好转，但是美国出了一种治这种病的新药，还在临床实验阶段。”我说：“你一定要好好坚持，等到新药上市，用了新药，也许就能彻底治好了。”她平静地说：“但愿如此吧。”我们还在电话里聊到了她远在美国的女儿方歌。没想到，这是我和汤锐最后的一次通话。

我和汤锐相识，是在二十世纪八十年代初。那时，她在中国少年儿童出版社的《儿童文学》杂志编辑部工作，我在北京东四六条的部队医院工作，经常把业余创作的儿歌和儿童小说投给《儿童文学》杂志，刘莹老师是我的责任编辑，也是对我的儿童文学创作影响最大的编辑老师之一。有一次，刘莹老师约我去编辑部，和我谈一篇短篇小说的修改意见，在编辑部里我认识了汤锐。大家在一起聊天的时候，她安静地坐在那里，话很少，脸上带着微笑，温文尔雅，让人感觉得到她内心的恬静。

从这之后，我多次在关于儿童文学的会上遇到汤锐，听到她对儿童文学很多独辟蹊径、很有见解的发言和谈话，读到了她的很多儿童文学评论文章和专著，知道她不仅有丰富的编辑经验，而且有很深的理论功底，发表和出版过很多儿童文学理论文章和专著，对她非常钦佩。

1988 年，我在作家出版社做编辑工作的时候，我研究生班的同学邀请我编一套世界儿童文学名著鉴赏书系，我觉得汤锐做这套书的主编很合适，便邀请汤锐加盟。这套书以儿童小说、童话、童诗、散文、寓言、科学幻想小说等体裁分类，以国家为经，以作品问世时间为纬进行编排。我们约请了金波老师、方卫平、韦苇、周晓波等对作品进行赏析，全套书有五百余万字。从对图书的分卷、分类到作家、作品的选定，以及对作家、作品的评介，我们反复商量，汤锐提了很多非常有见地的建议。在两三年的时间里，她做了大量的工作，反复甄选篇目，在书稿最后的审订中，她也付出了很多辛劳，并且写了近万字的《世界儿童文学概述（代序）》。但是，在图书出版之前，她却坚持这套书一定要设双主编，并且一定要把我的名字署在前，这让我很汗颜。

后来，我们经常在会上相遇，也经常在各种儿童文学活动上碰面。她离开了《儿童文学》编辑部，到北京师范大学中文系任教。大概是1999年，有一天，汤锐突然给我打电话，说她很想去出版社工作，想听听我的意见。我说：“你学的是儿童文学专业，在《儿童文学》编辑部做过编辑，又是儿童文学评论家，在学校做过儿童文学理论研究和教学工作，这对做少儿图书出版来说，是先天的优势。做教学、理论研究有意思，有价值，做出版也很有意思，很有价值。”到了出版社工作后，汤锐经常给我打电话，了解出版社的一些情况，我感觉得到她对图书出版无比热爱，充满激情。那个时候，她对图书出版和对儿童文学的评论、理论研究一样投入和着迷。她的那种投入，那种执着，让我自愧弗如。

（二）

早些年，我经常把自己一些小说和童话的构思讲给汤锐听，有时候在开会、活动的间隙中讲，有时候在电话里聊。不管我讲的是什么样的点子和构思，她总是热情鼓励我：“白冰，这个构思真好，一定要写出来！”有的作品我写之前讲给她听过，写出来后，请她看，她会主动写评论鼓励。童话“小老鼠稀里哗啦系列”，我写之前和她聊过，后来她主动为这套作品写了评论，在评论中说：“很多作家都曾感叹过，给儿童写东西很难，给幼儿写东西更难。难就难在表达上。文学是语言的艺术。一个成年人写的东西要让小孩子喜欢，首先就必须要过语言关，优秀的文学语言能使读者在欣赏过程中感到余音绕梁、口角噙香、身心舒畅。而‘小老鼠稀里哗啦系列’令我爱不释手的第一个理由，其实恰恰是它那颇富特色的语言。”我的一些图画书点子和构思，也在电话里讲给她听过，她也总是给我很大的鼓励。2019年2月，汤锐带病参加了“白冰图画书的创意空间和情感探索”研讨会。在会上，她说：“作为出版人，白冰能敏锐地感知到读者需要什么，而且了解不同的出版形式会带给读者什么样的阅读体验，了解不同的出版形式对文本的不同要求。所以《一颗子弹的飞行》，有着非常棒的创意内核，文本和绘画互相衬托，呈现出图画书创作、出版的先进形态。”

（三）

后来，有一次见到她时，她走路有点儿不方便，我问她怎么了，她只是轻描淡写地说，我的腿有点儿不好。是什么病，她没说，我也没细问，以为就是普通的神经疼或是风湿痛，没当回事儿，只是劝她试试中医针灸。知道她在家静养，我请她写了《童话应该这样读》一书。

可是，过了一段时间，在“接力杯金波幼儿文学奖”“接力杯曹文轩儿童小说奖”的终评会上，作为终评委的她是拄着拐杖来参加评审的。那个时候她的病已经很重了，上下台阶、上下车都是编辑搀扶着她，但她仍然面带微笑参加完了终评会，并且在会上给出了她的中肯的意见。

有一次，金波老师给我打电话，说：“我听说汤锐身体不是很好，你们一定替我去看看她。”我带着编辑，带着鲜花，去她的家里看她，带去了金波老师的问候。汤锐静静地躺在床上，微笑着和我们谈笑风生，对我们说：“我这病，说轻就轻，说重就重，也许过几天，又会轻了。我自己也不把它当回事儿了。”

在病痛中，她和女儿陈方歌一起为我们翻译了《荒岛机器人》（2017年翻译，2018年3月出版）、《机器人的逃跑计划》（2018年翻译，2019年8月出版）。她还为接力出版社翻译了三度荣获美国纽伯瑞儿童文学奖的作家凯特·迪卡米洛的作品“迪卡米洛暖心小说系列”，其中包括《非去不可的旅行》《把猪写进诗里》《奇迹钥匙》《谁来管管那只浣熊》《意料之外的包裹》《牛仔不能没有马》六种。汤锐翻译得非常好，译文灵动幽默，字里行间满含爱意。方卫平评论说：“有些音符组成了生命永恒的旋律——梦想、勇气、爱、艺术、创造力……所有这些既是童年时代的标签，也不该在成年后的生活中被轻易忘掉。我想，这些故事不但能带给孩子们快乐和启迪，也值得大人们读一读。感谢汤锐女士的译文，这些文字融合了理论家的精准和艺术家的优雅。有赖她的译笔，我们才读到了这些明亮洁净、俏皮温暖的故事。”很难想象，一位行动非常困难的病人，是怎么样凭着过人的毅力译完了这套书。

遗憾的是，汤锐在2022年8月离开了我们，未能看到于2023年出版的“迪卡米洛暖心小说系列”，这是我们永远的遗憾。

汤锐走了，走得那么突然，那么让人心痛。但是作为踏踏实实做学问的儿童文学评论家，她留下了《比较儿童文学初探》《现代儿童文学本体论》《酒神的困惑》《浮躁与坚守：汤锐儿童文学论集》《童话应该这样读》《呵护人间诗意——汤锐文论集》等重要的学术专著，提出了儿童文学的双逻辑支点、比较儿童文学的中国表达等重要观点，产生了积极的学术价值与影响，赢得了儿童文学界的普遍尊重。作为编辑和出版人，她凭借深厚的学术功底和专业素养为我们留下了一批高品质的优秀图书。作为优秀的译者，她为我们留下了《霍莉和艾薇的故事》《荒岛机器人》《机器人的逃跑计划》以及“迪卡米洛暖心小说系列”等为孩子们所喜爱的精彩的儿童文学译作。汤锐没有告诉我们她最后的人生决定，一定是怕我们会劝慰她，一定是怕我们心痛。作为朋友，她为我们留下了真诚、友谊和永远的怀念。

我想，如果平行世界真的存在，汤锐一定依然在另外一个世界微笑，依然在为孩子们评论和翻译，而她为我们留下来的所有大作也会在另外一个世界得以呈现，她的文字会载着纯净、善良、智慧、温暖、想象，永远在孩子们仰望的星空中飞翔。

怀念挚友汤锐

庞旸

最后的道别

2022 年 8 月 15 日 18 时，我的手机里突然跳出汤锐告别的话语。信息来自一个遥远的国度，短短的文字，却饱含她一贯的从容与温情。我知道，这一次我们谁都留不住她了，病魔迫使她义无反顾地驾鹤西去。我的泪水涌出眼眶，心痛如绞，只以爱尔兰诗人叶芝的诗句回复：“谢谢你的告别！在头顶的山上你将缓缓踱着步子，一群星星中隐藏着你的脸庞！”

三天后的 8 月 18 日 18 时，我接到汤锐女儿笑笑的微信：“阿姨好！妈妈到最后都非常平静、安详、开心、有说有笑，非常勇敢坚强……妈妈说最后和你们喝了茶聊了天，特别圆满、开心。谢谢阿姨一直以来对我妈妈的关心……”

笑笑的话，让我又难过又欣慰。

她提到的那次聚会，是在 7 月 29 日。此前得知汤锐从康复医院回了家，我和她的大学同学许丽君、周季平相约去她家看她。

钢琴、茶几上精心布置着鲜花，餐桌上摆着精致的茶具和茶点、水果，看得出主人很重视这次聚会。那天，汤锐情绪非常高昂，她始终乐观，爽朗地笑着。她说自己早已放弃了一堆清规戒律的“生酮饮食”，现在什么都吃，人胖了，也比以前有劲儿了；她指挥女儿干这干那，跑前跑后地招待客人；大家高兴地东拉西扯，聊儿童文学，聊共同的朋友；说起康复医院病友那些趣事，她还时不时开个小玩笑；临别合影时，也数她笑得最灿烂。

这一切都让我们觉得，经过两三个月的住院康复，她的身心状况都有了好转。我们一直以来总担心、牵挂着她，眼下似乎可以稍稍放松一些了。

谁知，这是“最后的聚会”，她是在以这种方式向我们道别！

汤锐啊汤锐，你是如此自尊自爱，连告别世界的方式，都是这样惊世骇俗，令人起敬！

相识在儿童文学读物研究会上

认识汤锐是在 1999 年，我们一起去浙江千岛湖，参加儿童文学读物研究会的双年会。

这个研究会有个很长的全称：中国出版协会少年儿童读物工作委员会文学读物研究会。这是个举行学术研讨、交流业务的组织，也是全国少儿文学编辑的一个温馨快乐的大家庭。两年一次，各地儿童文学作家、评论家、编辑集结在一个山清水秀的地方，提交论文，开展研讨，交流儿童文学创作、编辑的心得体会，为少儿文学出版工作加油充电。

我来自中国和平出版社，编辑工作的两大重点是文学与科普。而汤锐既是儿童文学编辑，又是儿童文学评论家。恰巧，我俩分在一个房间，朝夕相处了七八天。

虽然从事理论工作，但汤锐并不乏趣味，既有评论家的理性，又有文学家的感性。我们俩一见面就挺对脾气，很快成了朋友。

研讨会上有汤锐的重点发言。汤锐是我国第一批现代文学专业儿童文学方向的硕士研究生，曾任教于北京师范大学中文系儿童文学专业，年纪轻轻就在儿童文学理论上卓有建树。她三十多岁时，就已经出版了《比较儿童文学初探》《酒神的困惑》《现代儿童文学本体论》《北欧儿童文学述略》等专著，提出了儿童文学的双逻辑支点、比较儿童文学的中国表达等主要观点，是儿童文学理论界举足轻重的人物。

汤锐的发言，总是轻声慢语，却又观点鲜明，颇有新见，她被称为“才女型儿童文学理论家”（方卫平语）；而她平静娴雅的风度，也很有年轻女学者的魅力。

除了交流业务，研讨会又是全国业内同行联络感情、广交朋友的绝好机会。读万卷书行万里路本就是编辑的必修课，谁让我们是“杂家”呢，四处游历绝对是工作的一部分。全国爱玩的儿童文学女编辑们更是研讨会上一道亮丽的风景线：上海的秦文君、周晴，北京的徐丽萍、高荷美，四川的王建平、杜虹，江苏的郁敬湘，安徽的温溪，河北的韩蓓，贵州的黄瑛……在我们中间，自然少不了汤锐。

汤锐是女学者、朝花少年儿童出版社副总编，但论业余生活的丰富性，她一点儿不比别人差。我们曾一起在海南岛游泳，在万泉河打水仗，登黄龙，游九寨，体验苏杭的民俗文化……

后来几次双年会，我和汤锐常被分配在一个房间里，这使我俩有更多交流的机会，聊得更深更广，我也更能体会她的细心和乐于助人。在西藏，我们都有不同程度的高原反应，有一天我发了烧，汤锐把她最后几颗感冒药都给了我。当时这种药挺有效，也挺难得的，她没想到如果自己也需要这药救急该怎么办。

“小五七”之谊

同在京城少儿出版界，接触日深，彼此都发现作为同龄人，我们的经历有许多相似之处；最重要的，我们都曾是“小五七”——小时候随父母进入“五七干校”。那是一段艰苦而难忘的经历，为我们之后几十年的人生打下鲜明的底色。

当时汤锐已是连环画出版社总编辑，社长是林阳。汤锐和林阳是工作上的好搭档，而林阳是比我低一届的大学同学，也是个“小五七”。

大约是2003年吧，林阳和汤锐共同策划出一本《童年的干校》。他俩当然是主要作者，而我是他们第一个约稿的人，他们同时还约了其余六位作者写稿。

九个来自不同地方的作者，共同回忆了那个风雨如磐的年代。一群不谙世事、不知愁滋味的孩子，是怎样度过了那“阳光灿烂的日子”；我们和老乡一起，没心没肺地在大自然中过完了“痛并快乐着”的童年。

我还记得汤锐写道，当时她天天给小伙伴们读书，有一次读得太投入了，竟从桌子上掉了下来；还写她经常一个人来到僻静的小树林，翩翩跳起《红色娘子军》中的吴清华之舞。她，这个后来从事相对枯燥的理论工作的女学者，小时候也和几乎所有女孩子一样，心里揣过玫瑰色的舞蹈梦。这让我想起自己和她同样的经历——因痴迷读书被人叫作“小书虫”，也曾在干校的舞台上跳过舞。

《童年的干校》于2005年出版，反响不错。除了我们九个人的真实回忆，书中还插入画家费声福、娄世棠、丁午当年的速写和漫画作品，为书增色不少，也可见得连环画出版社的独到优势。

十年后，《中华读书报》上发文《五七干校研究：从文学到史学》，评价《童年的干校》是“第二代‘五七’子弟开始回顾、反思‘五七干校’历史的开端”。

共同的经历把我们更紧密地联系到了一起。2016年，中国科学院“学部”干校的“小五七”徐方出版了《干校札记》一书，引起出版界和“五七干校”研究者的关注。这本书写了当年中国顶级的经济学家们是怎样在干校度过那些艰难岁月的，尤其写了顾准这位“中国二十世纪六七十年代唯一一位像样的知识分子”，以及在那特殊年代张纯音、徐方母女与顾准的友谊。此书令我大为感动，遂写下书评《顾准身边的小女孩》在《中华读书报》上发表，并把这本书推荐给了汤锐。汤锐读后，也非常用心地写了书评《扭曲时代的人性之光》。但因为稍晚了那么一点儿，这篇书评失去了发表的机会。

这件事虽令人遗憾，却使我、汤锐与徐方成了朋友。我们建了一个微信群（后来儿童文学作家李玲也加入进来），每次徐方从日本回国，我们都要找个饭店聊天吃饭。徐方见汤锐行走不便，还专门买了铝制手杖，让她在日航公司工作的先生带到中国，由我去饭店取了回来。这个轻便的手杖，从此一直伴随在汤锐身边。

读汤锐的理论书

汤锐陆续送给我一些她的著作。我读后，觉得她在儿童文学理论上的确有系统的建树和独到的观点。她注重评论的时代性，她的许多文章都是以急遽变化的时代特征为背景，梳理儿童文学创作的新特点，为作家的创新鼓劲加油。

她注重中西比较，在《比较儿童文学初探》一书中，她“将中西儿童文学的发展各理出一条线索，来研究各自的发展轨迹和特色”；在《中西儿童文学的比较》一文中，她清晰地梳理了中西方儿童文学在精神特质、写作手法等方面的不同，为中国儿童文学的发展和走向世界提供“他山之石”。她突出儿童本位，呼吁人的解放，反对中国式教育总是把孩子塑造成“乖孩子”“小大人”，呼吁儿童文学应该“从文学本位到儿童本位”“立足于促进儿童个性的全面发展”。她注重文学的内在品质，反对过度市场化，一方面认为市场经济为儿童文学的创新和发展提供了新的契机，另一方面也提醒人们“过度的商业化，将可能在一定程度上带来创作的平面化”。

汤锐的文学评论，充满助推我国儿童文学良性发展的热忱。她满腔热情地扶持作家创作，服务于儿童阅读。她定期写出总览儿童文学创作的理论文章，对作家新作做出评论，赞扬和鼓励作家的新思维、新探索。

读汤锐的文章，也是一种艺术的享受。她的评论语言毫不枯燥，而是典雅、活泼、简洁、幽默和充满诗意的。

2019 年 1 月，科学普及出版社出版了我的“小小少年走世界”丛书，汤锐热情地写了书评《向少年传递探索精神》，发表在当年 3 月的《中华读书报》上。

在疫情期间，汤锐因腿疾加重推掉了大部分社会活动，和儿童文学界的好友也逐渐疏于联系。大约是在 2021 年下半年吧，她告诉我她正在为一位儿童文学作家写书评。那也许就是她写的最后一篇书评了。

后来我从她的女儿笑笑那里得知，直到 2022 年 2 月，她还在为接力出版社翻译凯特·迪卡米洛的儿童小说，那大概是她最后的文学工作了。

腿疾，搬家之初的温馨

我认识汤锐不久后，就得知她的腿有点儿毛病。

从发病算起到 2019 年，她的腿疾有二十年了。开始只是右腿没劲儿，偶尔疼痛，看医生也没寻得一个确切的结论。曾有医生认为她得的是“视神经脊髓炎”，但也不是那么确定。

患病的前十几年，她还能基本正常地出行，乘地铁上下班，甚至外出旅游。渐渐地，她的腿疾开始加重，行走受到一定影响。按医生的建议，她在一个健身中心进行康复锻炼。那时她住在报国寺附近，离健身中心有近两个小时的路程。她在上班的同时，每周都去做康复锻炼是很辛苦的。当时我在洋桥大厦的温泉水疗馆办了张卡，时常会开车接汤锐去那里做温泉药浴，那时她还能在温泉游泳池里游泳呢。

汤锐照顾生病的母亲，为她老人家养老送终。老人家去世后不久，她告诉我她决定搬家了——新居在朝阳区大屯路，房子挺大，天气晴朗时，她能从西窗一直看到远方的西山，更重要的是那里有电梯。汤锐亲自料理了一切繁杂琐事，把新家收拾得非常洁净、雅致。可见虽然腿有些许不便，但她那么能干，还是能独自应付装修、搬家这两个大麻烦的。

她这次搬家至少有两大好处：一是与她的两位大学同学成了近邻，可“抱团养老”；二是楼下就是那家健身中心，一下楼就能做康复锻炼，不用来回奔波了。对独自生活的汤锐来说，这个选择真的很明智。

我也很高兴，她的新家离我家比以前近多了，骑车、乘公交车都只需半个小时，我可以比较方便地去看她了。

那时我们都退休了，过着悠闲的生活。每隔一段时间我就会去她家，一起聊聊文坛趣事，交流读书心得，看个电影或者看湖南卫视的《声入人心》——这是汤锐最喜欢的一档综艺节目，她对歌手的点评还颇有点儿专业的味道，她尤其喜欢一个叫周深的歌手的演唱。

2018 年的圣诞节前，我去她家看她，还一起布置了屋子。圣诞树上挂满闪烁的彩灯，很有喜乐气氛，显得暖洋洋的。

2019 年 1 月 3 日，我们在一起过了新年。我做了一条清蒸鱼，汤锐做了三明治，我们还一起开了葡萄汽酒庆祝。

腿疾加重

然而这种好光景没持续多久。

2019 年底我去看汤锐，惊愕地发现她的腿疾加重了，是由一场肺炎引起的急遽恶化，她一个人在屋里，行走已有困难，有时站着站着就会摔倒。

她到中日友好医院看专家。2020 年初，她住院了，女儿笑笑也从美国赶了回来。笑笑回美国前，我开始帮汤锐找居家保姆。有人介绍了小张，她们母女也很认可。就这样，汤锐出院时带回了小张，笑笑则于 2 月 8 日飞回美国。

汤锐回家后，我打电话问小张来后的情况，汤锐说，她干活儿还行，比较负责，两人相处得也还好。

笑笑请美国那边的医学专家为汤锐诊病，结论是她患上了一种比较罕见的

“多发性硬化症”——一种中枢神经系统疾病，和免疫系统异常也有关系。在亚洲，每十万人中只有不到五人发病。

中日友好医院的医生认可了美国医生的诊断，开始用药物和理疗方法为汤锐医治。幸运的是，中国刚从美国进口了一种治疗这种病的特效药，可以给她用上，就是有些昂贵。大约半年多以后吧，这种药纳入了医保，大大减轻了她的经济负担。

除了吃药，汤锐还一周两次去医院做康复锻炼，并在家中购置了康复器械，按医生教的方法每天在家中锻炼。这时小张就成了汤锐锻炼时的助手，将她抱上抱下，帮她完成各种动作。据汤锐讲，小张做这些事还蛮上心的，除了完成规定动作，两个人还慢慢摸索出了一些实用技巧。

日复一日的康复锻炼，对汤锐来说非常重要，所以即使小张厨艺一般，也依然是个大体令人满意的保姆。吃药加上康复锻炼，使汤锐的病情没有恶化，这就还有希望。

想着汤锐成天憋在家里一定很闷，我有时会开车接她去附近的奥森公园散心。这时，要靠小张用轮椅把她推下楼，再搬到车座位上。每次去医院叫出租车，她俩都要高度配合着上车下车。出租车司机有时会帮忙，有时会挺不耐烦的。

奥森公园有很多植物、鸟儿和鱼，是个散步的好地方。我和小张推着汤锐在暖阳中前行，边欣赏路边的花草，边看科普铭牌认着各种植物，兴趣盎然。

小张是个爱好文艺的青年，她会操着甘肃口音背诵古诗，会唱一种曲调高亢类似秦腔的地方戏，唱罢还会给我们讲她家乡的传说故事。

我半开玩笑地对小张说：“你热爱文艺，和汤锐老师朝夕相处，耳濡目染，这可是研究生般的待遇啊！”

小张说：“是呀，我跟着汤老师，的确学到不少东西呢！”

我和汤锐相视而笑。当然，以小张所受的教育，她未必理解汤锐的学问；但身边有这么一位有趣的保姆，至少可以排遣一些寂寞吧。

新保姆和新疗法

2021 年春，小张提出要回家，只能再找保姆了。我和汤锐都有过从家政中介公司频繁换保姆的烦恼，想尽量在熟人里找。于是，我找来婆婆的保姆的妹妹小阎。

小阎父亲是中学教师，受过高等教育，算是乡村知识分子吧；母亲当过小学音乐教师，是一个地方戏爱好者。从这样的家庭出来的孩子，应该是靠谱的。

3 月 2 日，小阎来到汤锐家。她对汤锐充满尊敬和同情。来后几天，她在微信中对我说："汤老师说我还可以！"那语气，有点儿学生通过了考试的感觉。

可事情并不如预期的那么顺利。这时汤锐的病情已发展到晚期，无法站立和行走，而且上肢的肌肉开始萎缩，右手写字和夹食物都不灵活了，许多生活上的事情必须依靠保姆的帮助。为了不进一步恶化，她得每天坚持康复训练，这对保姆提出了较高的要求。

小阎个子矮，力气小，帮助汤锐做康复有些吃力；又因睡眠不足上火，舌头起了疱，致使她有退缩之意。但我们还是想留用小阎——她人比较正派，有基本的责任心，朴实可靠，让人信任。对于汤锐这样一个生活不能完全自理的人来说，要是保姆人品不好就比较麻烦。于是我和汤锐商量，一方面给小阎加薪，一方面给她减点儿负担。

小阎留下了。后来，两个人磨合得越来越好了。

10 月初，汤锐接受一位朋友的建议，决定采取"生酮饮食"疗法。这种疗法对进食有苛刻的要求。我亲眼见小阎是怎么准备这种饭食的——把一块鱼肉或别的肉煮得白花花的，把一大盆洗净的混合蔬菜一半焯水，一半打成菜泥——量是经过严格计算的，味道就不用提了。这一日两餐哪里是吃饭，简直是吃药。在药物和理疗效果都不佳的情况下，这是她唯一的一线希望了。这种饮食，汤锐坚持了好长一段时间。她曾对我说，对治愈早已不抱幻想，只是希望能恢复到自己可以扶杖行走，这样将来她就可以去美国看女儿，若能看到未来的外孙子外孙女，也就此生无憾了。

汤锐这世俗的愿望是多么热切啊！可要实现它，又是难上加难！

汤锐内心该有多少话不足与他人道哉，可她自尊心那么强，即使坐在轮椅上也总是穿着整齐得体，微笑着，将自己最好的一面示人。她很少诉苦，在朋友面前总是笑吟吟的，给人一种达观的印象。即使是熟人朋友，也很难看到她窘迫的一面。我曾问汤锐是否考虑住一家条件好些的养老院，她说不考虑，因为每周要去医院做康复呢。

不过，有时我也会触碰到她的痛苦。一次从奥森公园回来，下车时她的腿不自觉地抖动起来，幅度挺大，挺吓人的。见我紧张，她说："没事，这种病常会有这种现象，我都习惯了。"

她告诉我，她的腿经常在夜里抽筋，有时抽起来非常疼，她不得不叫小阎起来帮她抻拉，可想到保姆也很辛苦，她是能忍就忍，尽量不叫醒小阎。

还有那种时常来袭的"束带感"——整个人像被粗绳子一圈一圈地捆着，越捆越紧……

真是受罪啊！她就是这样日复一日忍受着各种病痛，坚持用各种方法治疗，这需要多么强大的意志力啊！

只有一次，她在我面前流泪了，说："如果'生酮饮食'还不能奏效，病情恶化到上体，不能动弹，那继续活下去还有什么意义呢？还不如自我了断！"那是我见到她唯一脆弱过的一次。

高个子小王

小阎厨艺不佳，再加上"生酮饮食"，汤锐每天吃饭都味同嚼蜡。因此我每次去看她，就尽量带些她能吃又好吃的菜，帮她改善改善。

2021年10月6日，我做了烹大虾、清蒸鲈鱼和毛豆丝瓜去看她。而就在这天，小阎却提出要离开——理由是父亲病重需要照顾。她介绍了同村小王，说她个子高，有力气，很适合做汤老师的保姆。

一个月后，小王来了。汤锐对我说："小阎脑子活络会说话，小王比较简单朴拙，俩人干活儿都是尽其所能。"她也在尽量适应不同的保姆。

12月的一天，我带着清蒸多宝鱼、西梅和草莓去看汤锐，高兴地发现她坚持了三个月的"生酮饮食"终于见效了——之前她觉得脑力急遽衰退，现在似乎好多了，胳膊也比以前有力了。好现象给人以信心和希望，屋子里充满喜悦的气氛。

汤锐让小王从一个纸箱子里取出圣诞树，我和小王开始装饰它。这棵圣诞树是汤锐在2018年底买的，我已连续三年在12月帮她装饰了——圣诞树又大又漂亮，上面挂满彩球和彩灯，既为病室增添点儿过节气氛，也使她与在美国的女儿共情。

谁知一周后接到汤锐电话，说小王也突然提出要走，这真是让我们措手不及。人已留不住，只好另想辙吧。我们上网，查到附近一家家政服务中介公司。我和小王用轮椅推着汤锐来到这家公司，经过一番了解，汤锐和公司签了服务合同，商定第二天新保姆到岗。

不想，那保姆来的第一天就出了状况——头疼，血压高得吓人，我们只好把人退回去，换了个赵姓中年妇女；谁知才干几天，赵姓保姆说春节要回家，还得换人。这回换了个张姓保姆，据说有照顾病人的经验。

短短三周换了四个保姆，用人真难!

朝夕相处的保姆

新年过后，汤锐在微信里告诉我这一阵子先不要去看她，以减少感染病毒的风险。她就是这样，总是为别人着想。我也让她格外小心，没十分必要就别出门了。汤锐的免疫系统十分脆弱，不能多接触人，只能在家与保姆四目相对。

汤锐说，张氏女干活儿还行，就是不苟言笑，两人没什么能轻松聊天的话题，张氏女倒是喜欢每天给她讲国内国际新闻。

我开玩笑地对汤锐说："这也好，给你解闷！"

汤锐说："她不排斥协助我锻炼，并且有协助我锻炼所需的力量，其他方面我就睁一只眼闭一只眼了。"这"其他方面"是什么，她没有明说，我也不好多问，其中肯定有什么难言之隐。

除夕夜，汤锐陪保姆看春晚看到 12 点，尽管她兴致索然。

有时我会想象汤锐如何与保姆相处。病魔使她不得不困于一室，每天可说话的对象基本只有保姆。除了生活和锻炼，漫长的日子里她们都聊什么呢？小张爱班门弄斧，显示她那点儿民间文学知识和才艺，但这也不失为一种可爱，可以笑着欣赏；小阎爱说话，说的都是自家和村民邻居的家长里短，也可视为一种乡土民情；小王爱诉苦，述说自己婚姻家庭的不幸，这也是一种生活真实的表达，令人同情——这些家常话，我想汤锐都能接受，而和张氏女聊天可能就有点儿受罪了。

每天二十四小时和保姆居于一室，朝夕相对，却因为经历、性格、文化、眼界的巨大差异而难于沟通，这也是一种苦吧。

最后的时光

汤锐不幸的最后三年，是和疫情的三年同步的。这三年她和全中国、全世界的人一起经历了巨大的灾难，而她比常人承受了更多、更大的痛苦。

2022 年 4 月 15 日，汤锐病情突然恶化，她住进了中日友好医院。疫情中病房不让探视，只能用微信联系。28 日，她告诉我："好多了，正准备转到康复医院。”30 日她又说：“笑笑请了长假，正在回国的路上。”

因为疫情，机票昂贵，断航频频。汤锐一直用微信告诉我笑笑的行程：在洛杉矶隔离，航班熔断了，买到了新航班，到广州了，在佛山隔离，乘高铁回京……历时一个月，花费十万人民币的旅程终于让人看到了曙光，真可谓“回国的路，道阻且长；女儿的心，寸草春晖”。

笑笑回来后，每周去看妈妈。但疫情中的康复医院处于封闭式管理，家属不能进病房，汤锐也不能出来，母女只能隔窗相望。

6 月 10 日，我开车接笑笑一起去看望汤锐。这次医院破格允许护工将汤锐推到楼门口，和我们待了那么几分钟。我拥抱了汤锐，但没说上几句话——把宝贵的时间留给她们娘儿俩。

我们一如往昔地在微信上聊疫情，聊刚写的文章，聊儿童文学界的逸闻，聊医院里的康复训练以及病友们的趣事……一切似乎都在恢复如常。

7 月 24 日，汤锐用微信告诉我，她回家了，笑笑和新来的保姆陪着她。接下来，就是 7 月 29 日“最后的聚会”和 8 月 15 日“最后的告别”了。

2022 年平安夜，想起一年前几个朋友在她家中的圣诞夜聚会，想到一年来种种世事变迁，种种生离死别的滋味，真是百感交集。

疫情三年，她与病魔顽强搏斗了三年。她太累了，需要休息，于是她亲手安排了自己告别这个世界的方式——那样潇洒浪漫，充满了仪式感，而又那么令人起敬与心痛！

有人说：你一个亲密的好友去世了，意味着你随之失去了生命的一部分。这句话准确地说出了我在汤锐走后一年多来的感受。她的存在已是你生命中不可缺少的一部分，而她的突然消失，会给你身心留下无可填补的空缺。

于是，写下上面的文字。

写于 2022 年平安夜，修改于 2023 年平安夜

汤锐二三事

孙建江

认识汤锐四十年了，她在浙师大读研究生时我们就认识了。不过，与汤锐更多的交往是在二十世纪八十年代中后期。1987 年，汤锐为《暮色笼罩的祠堂——曹文轩作品选》撰写了一篇序文，名叫《印象：一束浪漫主义者的心灵之光》，我当时读了这篇闪耀着智慧和才华的文章，心灵仿若划过一道光，对汤锐印象更深了。后来我们有了更多接触，一起参与了九十年代颇有影响的四套理论丛书的撰写。这四套丛书为："儿童文学新论丛书"（共七种，1990—1995），汤锐撰写了《比较儿童文学初探》，我撰写了《童话艺术空间论》；"中华当代儿童文学理论丛书"（共五种，1991—1995），汤锐撰写了《现代儿童文学本体论》，我撰写了《二十世纪中国儿童文学导论》；"世界儿童文学研究丛书"（共九种，1992—1999），汤锐撰写了《北欧儿童文学述略》，我撰写了《意大利儿童文学概述》；"中国当代中青年学者儿童文学论丛"（共六种，1994），汤锐撰写了《酒神的困惑》，我撰写了《文化的启蒙与传承》。在这四套丛书的撰写过程中，我们曾数度切磋、探讨、交流，彼此鼓劲，彼此激励，让人很是难忘。我们也从单纯的合作者成了对彼此有更多了解的朋友。

1996 年春，两岸八位朋友在浙东有一次自助"江南散文之旅"，大陆有汤锐、方卫平、班马、王泉根、李建树和我，台湾地区有桂文亚和管家琪。那个时候，同道结伴自助文化之旅还不多见，大家连续数日围烛夜话，深入探讨了儿童散文的特质、边界和趋向。每天夜话都持续至次日凌晨，而且全程录音记录，成果颇丰。由于事前有活动的详细文案和备忘，每人还提交了一篇论文，汤锐提交的论文为《戏剧性还是纪实性——对少儿散文审美指向的一种看法》，着重讨论了少儿散文在叙述成分上与成人散文的区别。后来，我和卫平将相关讨论和此次行走的趣事整理成册，取名《这一路我们说散文》，由文亚和家琪在台北亚太经网出版社出版。

汤锐在这本书中有一段自我描述：“生性喜水，对‘江南’有一种天生的倾慕，常常萦于扁舟一棹春波绿，斜风微雨两燕双飞的情境。容易怀旧，若有二三挚友，轻饮咖啡，悠悠神聊，便会乐不思蜀。惯于独处，难得的是在温馨亮丽的秋日斜阳下随心所欲漫步，放纵自己于海阔天空的白日梦中。崇尚自然，无论交友、为文乃至服饰，无不以简洁率真、不事雕琢为最佳境界。”

除了学术讨论，活动还精心设计了抽奖环节，奖级分为六档，奖品为文亚特意从台北带来的蜡烛、桌布和各种特色点心。抽奖时，汤锐如愿抽得一等奖，不由得开怀大笑：“哈，我得一等奖啦！”众皆欢呼。颁奖“典礼”于帕瓦罗蒂《我的太阳》咏叹调中进行。

行走当然必不可少。一行人或陆路，或水路，走走停停，停停走走，且行且谈，不亦乐乎。由于是散文之旅，有趣的事可谓层出不穷。一日，晚餐后，我们借依稀的月色在宁海天明山南溪夜游。其时，安谧寂静，稍隔数米彼此便难见身影。行至一山谷，不知是谁捉到一只萤火虫，天太黑看不清是谁，汤锐见后竟兴奋得惊叫起来（大家听得出此乃汤锐京腔），反复说：“这是真的萤火虫吗？这是真的萤火虫吗？”原来，那是汤锐此生第一次见到真的萤火虫！那个“谁”自然乐得把萤火虫献给汤锐。汤锐捧着一闪一闪的“绿宝石”，开心得不得了，情不自禁道：“哎，太好玩了！真逗啊，真逗啊！”那一刻，严谨的学者汤锐变成了天真的女孩，变成了邻家小妹。后来，我把那晚的经历记录在了“九六江南散文之旅实录”之《快乐的行板》一文中。

我在工作岗位上时，每年一头一尾必定会去北京两次，参加全国图书订货会和北京国际图书博览会。每次去北京，我都会邀约师长朋友小聚。我们固定的聚会地点是金波老师推荐的位于西城区三里河的“京味斋”，金波老师说，这家餐馆是纯京味，菜品还不错，交通也方便。那时，金波老师还住在三里河南沙沟。我们聚会固定的参加者是金波、张之路、汤锐和我，每次小聚还会再邀约其他师友参加，参加过小聚的有孙幼军、樊发稼、孙云晓、孙卫卫、张国龙等，及与我同来北京的同事；同时，还会适时邀约外地恰好来京的朋友，记得邀过卫平、冰波、王一梅等。这样的小聚持续了十来年。这是比较私人性的小聚，每次见面大家都很开心，都很放松，都有说不完的话。

最早小聚的时候，汤锐来去如风，每次都是早早前来。她对我说：“早点儿到，咱不是可以多聊一会儿嘛。”她常说的话是：“怎么样，最近有啥见闻啊，快说来听听。”于是，你一言我一语就说开了。过了几年，汤锐来得不那么早了，每次来，行动变得有些迟缓了。原来，汤锐生病了，她得了一种骨神经方面的病，直接影响到了行走，而且还疼痛。有一次在电话中，她略略跟我提了几句自己的病情，不过她不愿细说，我也就不多问了。但我们每年的小聚，她依旧必到。后来，每次小聚我事先为她来去叫了车，问她是否需要派专人接送，她则以很轻松的口吻说：“喊，不用不用。”其实，要强的汤锐那时已经需要有人陪护了，只是旁人还无从察觉。再后来，汤锐行走更不方便了。有一次，她来小聚，竟拄上了拐杖。见此情景，我心里不禁一颤，对她说：“这怎么行，你不用参加的，即便参加，也必须有专人陪护才行！”她竟宽慰我说：“我这不是好好的嘛，再说了，一个人往返正好锻炼锻炼腿脚。”说罢她还嘿嘿笑。这就是汤锐，从不自怨自艾。

她是一个珍视友情、不愿麻烦别人、意志坚定的人。

2024 年 1 月 20 日于杭州柳营

“我们都是皮皮！”

卜卫

巴黎，大学闺蜜团聚会，廖萍萍家。也只有在闺蜜团的温暖中，我才能写下怀念汤锐的文字，这里可以接住所有的悲伤，且获得他人的共情。

初识汤锐，是在 1978 年春天，进入北京师范大学中文系（77 级）的时候。

我们似乎是奔走在不同的道路上的。汤锐是标准的好学生，作文被当作范本，专业课免修；我，则是那范本的学习者，体育课免修！

本以为无交集，谁想我们不约而同选择了儿童文学专业，一起师从浦漫汀教授并参加了儿童文学研究小组，由此阅读了大量的中外儿童文学作品，惊讶地发现我们对作品有许多共鸣！我们都特别喜欢“叛逆”的文学，内容或形式越奇特越好，所以我们立刻指称对方为自己的“宝藏”。

在通读了叶君健老师翻译的《安徒生童话》后，我们最憧憬的就是到北欧去留学,在童话的大森林里写作和研究儿童文学。我们要不要给叶君健老师写信，并以此来建构自己未来的生活呢？那时我就感觉到，汤锐安静温顺的外表下，有不安分、追求自由的因子在生长。这种骨子里的不顺从，是我心中的汤锐的样子。而我们大学七人闺蜜群，正是一个不顺从的“团伙”。

大学毕业后，我们从不同道路走向广阔的社会。汤锐比我更相信文学内在的力量。我则不大关心是否能受到小读者欢迎，转向以研读文献为主的社会科学研究，也试图说服汤锐。她还是那样“不顺从”，一方面同意儿童文学不能局限在文学圈子里，要接受儿童的真正检验，还将我儿时练习芭蕾的故事作为例证，写进了她的儿童文学文论中；另一方面，她当然也不轻易顺从我的观点，而是以敏锐的感受和无穷的智慧进行文学探索。不过我们选择的不同道路并没有影响我们的共识与友情。

1997 年，我们社科院媒介传播与青少年发展研究中心成立，汤锐被聘为中心特约研究员。那个年代我们还一起参加了《芝麻街》儿童电视研讨会，都非常认同知识性节目的目标在于“提供给儿童一个能在家庭及学校和谐生存的文化”，帮助儿童获得“建设性的认知和情感成长”，而不仅仅是成人想象的那种用于增加未来竞争力的某种知识。2003 年我们一起参加宋庆龄基金会儿童文学奖评审，为浦漫汀老师获得“终身成就奖”而感到高兴。2004 年我承担了儿童出版物市场调研项目，汤锐和其他这个领域的专家是我们的顾问……

我们一直没有止步于大学期间的探索。2000 年，汤锐邀请我参加第一本校园网络小说《你好，花脸道！》的出版研讨会，我们并肩“突破正统”。表面上是传播技术的“突破”——结构超文本，故事卡通化，十一个主人公的个人主页（网站）与纸媒互动，实质上是新技术与其内容的自然融合突破了成人正统的规范化理念及其叙事，“零距离”还原了曾被替代的儿童的自然生长过程，将少年天生的特质——自动自发、纯洁、坦诚、坚强等都予以充分的表现，并将少年生活自自然然地主流化了，成人所构造的正统生活则被边缘化了。当以成人的眼光描述当代儿童生活时，会经常暂时“容忍”主人公的多样性或个性，但这是成年人的一个策略，他们最终一定要将多样化的主人公纳入正统的主流，变成所谓的千篇一律的好孩子。这就是为什么小读者要央求作者，“千万不要让阿坏变好啊”，我们笑着一直反复念出这一段。

阅读超文本小说与线性传统叙事的小说不同，但我们更希望探讨是否在超文本小说的基础上，发展合作小说（collaborative fiction）或交互性小说的可能性，以发展少年儿童的创作参与。这种可能性对作者及出版社来说，既是一个发展机会，也是一个挑战。时任朝花少年儿童出版社副总编的汤锐在接受采访时说：“《你好，花脸道！》作为一部形式全新的探索性图书，其出版的意义更多的不在于经济效益，而在于在二十一世纪出版业进入信息高速公路的大趋势下，创造一种现代化的少儿图书出版理念。”

我们最后一次讨论儿童文学是在 2019 年上半年，以我们俩的个性，都期待着是否能再次“颠覆”什么理念。

当时我正在为联合国儿童基金会、中国公益研究院和民政系统做乡村儿童主任能力建设的研究，涉及“儿童社区工作中的社会性别主流化”等主题，由此搜罗了一百多本女性主义绘本，自然邀请了汤锐来读。我现在仍然记得，她趴在床上一堆五彩斑斓的绘本中阅读《奥莉薇不想当公主》时满眼放光的样子！

我们都特别喜欢长袜子皮皮。皮皮的中文意思是“淘气”，皮皮就是那个淘气的女孩。皮皮不是一个上流社会期望的优雅的、漂亮的、被规训好的、时刻准备嫁给王子的公主，也不是一个所谓贤淑的、只会无私奉献的平民妻子的预备人选，她是她自己，是为自己而存在的。皮皮的故事同时颠覆了两个传统：一个是成人世界对孩子施加的身体和精神的规训（discipline），另一个是文化传统对女孩施加的身体和精神的规训，即传统的社会性别模式。通过反抗这种规训，童年的价值得到了肯定。无论在童话还是在现实中，我们都很难发现一个九岁的女孩拥有如此自然的身体和自由的精神。皮皮是我们共同的理想。

我告诉汤锐，每次到斯德哥尔摩，我都一定要去一次林格伦博物馆，和小朋友们一起在木船里“航海”，在树洞里阅读童话，在皮皮的卫生间里好奇地讨论那个没有冲走的大便，在餐厅里品尝好吃的皮皮饼……特别让我感动的是，有一次我碰到了一队脑瘫的儿童，他们在老师们的照料下来参观博物馆，虽然他们不能像我们一样说话，但他们的眼睛里闪着智慧的光芒……大学毕业四十多年后，我们居然有了新的憧憬：

“有时间来北欧吧！我们大学时经常讨论要到北欧来研究儿童文学，还记得吗？我带你去看林格伦博物馆，我去过多次，每次玩得不亦乐乎。先制订个计划，到我平谷的家来春游、看绘本，然后 10 月到北欧，这次打算去看极光。”

汤锐积极回应：“要去平谷，也要再去北欧！要看绘本，也要去林格伦博物馆！”

我们也会在微信中讨论社会热议的话题。“一个月前网上有个人批判安徒生童话，引起轩然大波。卜卫，你看到了吗？他说小美人鱼的童话会毒害女孩。”我看到了！大部分经典其实都有性别偏见，这是那个时代的反映。关键是现在我们怎么看女孩，怎么看女性附属于男性、男性的刻板定型，特别是以浪漫童话包装的“牺牲”之类的描述。我们搜罗的一百多本绘本只是颠覆传统性别刻板印象的“冰山一角”，但我们已从中寻求了多种富有挑战性的答案，也学会打破僵化标准，去发现颠覆童话的美……

这一切到 2022 年 8 月戛然而止。

我经常与朋友们说，你们都被汤锐的温顺、知性、安静、努力、勤奋的外表“骗”了。汤锐骨子里一直不安分、不顺从，叛逆并渴求自由。她一直倔强，无论工作还是生活。

同时，汤锐也是个整日天马行空的孩子。

一同走过四十多年，我们似乎一直生活在童话中——在绝对颠覆的童话中。皮皮说过比教育学家更深刻的话，这句话就是：“你年龄小的时候，倒比现在大。”

无论在天堂，在人间，我们都还是皮皮！追随着皮皮的足迹，我们就可以听到皮皮在快乐地歌唱：“夏日里充满阳光，我走过森林和牧场，我想干什么就干什么，我一路走，一路咯吱咯吱响……”

汤锐——雪地里摇曳的红梅

林阳

2022年夏天，疫情的阴霾让人透不过气来，忽然传来汤锐去世的消息。虽然疫情让身边的朋友、同事离去不少，我过去也知道汤锐得了大病，但她的离去还是震惊了我。

有几位朋友向我打听汤锐的消息，我也回答不了。问她单位的同事，同事也不知，汤锐几乎向世界隐瞒了自己的一切。

庞旸向我约稿，写写汤锐。当然该写。与汤锐共事十几年，尤其在1999年到2002年间，我们同是中国美术出版总社朝花少年儿童出版社的副总编辑，交往密切。但回忆起来，竟然是二十多年前的事，许多记忆已经模糊起来。

1998年8月，中国美术出版总社成立，由人民美术出版社、中国连环画出版社、荣宝斋三家重组而成。

我原在中国连环画出版社工作。1995年、1996年是我们社跌入低谷又迅速上升的两年，那时我在一个编辑室做主任，同时创办新刊《少年漫画》，编辑室是出版社利润的主要来源。一切以生存为要，一切面向市场，那时我策划、编辑了以电脑制作、铜版纸印刷为特征的新颖幼儿图书“红蜻蜓丛书”，这套书上市后供不应求，印刷赶不上销售。1998年夏，我一面忙于以《少年漫画》为核心，将中国的连载漫画作品引介到中国美术馆展出，一面又计划着做“红蜻蜓”品牌的市场拓展工作。

中国美术出版总社在成立后，欲将读者对象拓展到少儿领域，于是，朝花少年儿童出版社在1999年初应运而生。而更早些时候，汤锐从北京师范大学调入出版社。不久，总社任命我和汤锐为朝花少年儿童出版社的副总编辑。汤锐身带大学教授、研究生导师、少儿文学理论专家、中国少年儿童出版社前骨干编辑的光环，加上她华丽的文采，这样的身份和能力，在出版界也是罕见。尤其是她在少儿文学理论方面的真知灼见，是我以前未曾想到的。

虽然我们都是副总编辑，但我们也知道，这个名号是对外的，对内不过还是编辑室主任。我负责低幼读物编辑室和《少年漫画》期刊，那时，我们出过不少低幼读物，有一些积累。低幼读物编辑室副主任由李雪竹担任，那时，我从华纳引进的《猫和老鼠》是低幼室的工作重点，基本由李雪竹负责。汤锐负责少儿读物板块，编辑室几乎是白手起家，需要开拓选题。不久，社里招新人，王林、李静、刘芳、朱薇陆续到汤锐负责的编辑室。

回忆起来，我和汤锐在工作上讨论最多的有两本书。

一本是她独立策划、编辑的《你好，花脸道！》，一本是我们共同策划、主要由她编辑的《童年的干校》。

汤锐还未调来时，主要研究少儿文学，一直关注着中国少儿文学的走向。当她发现少儿文学呈现颓势与新媒体的出现关系密切时，她给自己定下一个极其困难的目标，一个新的研究课题——新媒体与少儿文学发展研究。她当时联手中国社会科学院的卜卫一起做研究。但这个课题面临两个致命的困难：一是缺乏材料，当时的少儿出版界还没有那样的超前意识；二是缺乏实验的园地。也许这就是她选择来出版社的原因吧。

1999年3月，汤锐来后不久，拿出了《你好，花脸道！》的策划案。我们就她的方案反复讨论，每一次讨论后，她都会及时完善方案。

汤锐谈到这本书的出版意义时说：

第一，它至少是国内第一部将纸质媒体和电子媒体相结合而出版的青少年图书，由此开创了网络时代少儿图书创作与出版的新观念、新形式，即一种体现信息高科技时代特征的、多种媒体互动互补的立体化创作及出版方式。

第二，立体化的出版形式必然带来立体化的阅读方式——互动型、操作型，尤其体现了读者与书籍内容之间的互动。

第三，本书开创了电脑知识技能学习的新方式——在文学欣赏和娱乐过程中学习，学习不再是枯燥乏味的。

第四，本书从内容到形式，都意在唤起少年读者对电脑学习的热情及对网络化生活方式的向往和想象，让网络化生活走进更多的青少年心中。

作为一部从内容到形式全新的探索性图书，肯定要冒巨大的市场风险，但出版本书的意义更多在于，在二十一世纪出版业进入信息高速公路的大趋势下，开创一种现代化的少儿图书创作与出版理念。

1998 年调查数据显示，大城市中学生中使用电脑者占 30%—40%，其中上网者占 5%，随着数字化时代生活方式的发展，这些数字正在逐年迅速递增。基于数字化时代需求的考虑，《你好，花脸道！》在网络上的设计非常前卫，读者可以上网，双媒互动，有校园虚拟空间，有注册网站等，为广告、教育、电子商务留足了空间。

由于各种原因，图书出版后并未达到预期效果，但这本书的策划是很精心的，让我印象很深。

《你好，花脸道！》的策划案中写道：“本书作为纸媒体与电子网络媒体结合并互动的新型读物，有着超越运作一本书或一套书的更深远意义，即在目前出版业进入信息高速公路的大趋势下，能在少儿出版业方面为朝花少儿社抢得一个制高点，它对于加速朝花少儿社乃至总社在网络时代的发展，都具有重要价值，还可以作为一种全新的市场运作空间来认识。”从这个意义上讲，《你好，花脸道！》实现了她的初衷。

与汤锐聊天，我发现我们有许多共同话题，比如都在少年时跟家长去过干校。我一直想策划一套“童年的故事系列”。出生于二十世纪五十年代末六十年代初的一批人中，有许多人经历了干校、上山下乡，但因为年龄小，他们并不是干校生活的主体。他们经历的虽然远不如老三届兵团战士、知识青年插队经历的那样波澜壮阔，但也有自己的生活、自己的感悟。这样的故事好看，也能展现时代风貌。

我与汤锐一拍即合，策划不断推进，我们暂时把它命名为有时代特征的“向日葵长篇小说系列”。在策划过程中，她经常发一些电子文件给我，直到现在，我还能找到其中一篇约稿函，上面没有抬头，文字用不同的颜色加以标注，但意思很明确，如果没有猜错的话，是给她的好友陈丹燕的，约稿函中包含着她对此书的理解和期待：

某某，你好！

上次电话里跟你讲的，我们去年8月在上海的一家咖啡馆里谈到的那个创作选题，就是写我们这个年龄的人的少儿时代生活的小说，当时你说你有兴趣写，我们都很兴奋。对于中国的儿童文学，我们一直有一种感觉，就是那种超越时空的，一个（且不说一批）活生生的，能够十年、几十年地活在一代人、几代人的记忆深处的少儿形象（像马克·吐温的汤姆·索亚、林格伦的长袜子皮皮）实在是太少太少了，好像只有小兵张嘎（电影）还算有点儿什么。

这些年来，“透过儿童的眼睛”写时代、写历史、写成人的生活已经成为很多作者习惯的一种创作方式，但是很少有人去追求写出一段埋藏在自己灵魂深处的真实的童年和塑造一个活生生的儿童形象。

我们这一次，就是想回到彻底的现实主义甚至自然主义去，倡导作家们：一不要去写“当下”的“现实”，二不要仅仅“借”儿童的眼睛去“透视”成年人的生活，而是要彻底地“沉入”其自己的童年中去，真实地再现自己童年的体验、遭遇、童年的状态，包括当时的生活氛围，甚至当时孩子的游戏，通过生动的故事情节和大量儿童本色的典型细节，写出活生生的一个自己和自己那一代孩子的身心成长来，带有一点儿自传的性质（当然绝对要超越自传）。

这里最重要的是一个（或多个）丰满鲜活的儿童形象，以致过了几十年、上百年以后，一提到这部作品，读者脑子里跳出来的就是“这一个”形象。

希望它能在文学史上留下来。

上面只是约稿函的一部分。

可惜的是，因为这类题材会涉及人们不愿触碰的历史，稿子难约，编辑出版也难以把握，所以搁置了。

我拿出曾经在《儿童文学》发表的一篇干校回忆文章，和汤锐商量，是否先出版一本当年“小五七”战士的干校回忆录，我们都认为散文容易组稿。我们将丛书名改为“向日葵童年系列”。

于是，散文集《童年的干校》提上日程。汤锐也写了干校回忆文章，她向庞旸组稿，庞旸写了稿子。再往下约稿就难了，不是不知道约什么内容，是约不到。我约了几位曾去过干校的同学、朋友，他们答应得挺好，但都没了下文。

还是社里的一位女同志，曾经去过团中央的黄湖“五七干校”，帮忙约来好几篇，加上从不同干校约来的稿子，一共九篇稿子。

汤锐的文字编辑功底深厚，她曾在中国少年儿童出版社做过编辑，为“国际安徒生奖”获得者曹文轩的小说写过书评，那是我看过的最精彩的书评。

2024年，曹文轩在一次访谈中说：“此时此刻在讲‘理想’这个话题的时候，我想到了另外一个词——浪漫主义。我不知道你们有没有感受到，我的所有作品都和浪漫主义有关。浪漫主义的幽灵徘徊在我的所有作品里。尽管我是非常讲现实主义的一个人，但是我在骨子里有浪漫主义的东西，甚至在某些时刻，浪漫主义是压倒我的现实主义的。这里我也要感谢那个已经离开我们的人，汤锐。

我写了这么多书，只请一个人给我写过序，就是汤锐。汤锐写的那个序名叫《印象：一束浪漫主义者的心灵之光》，这是一眼看穿了我的文学写作实质的名字。”

书评本是理性的分析与评论，汤锐有独特、冷静的理论见地，而她的论据则妙句迭出，文采飞扬，二者结合在一起，令人不得不被她的才华所折服。

曹文轩谈到他的著名小说《青铜葵花》的构思来源：“《青铜葵花》，这个故事的提供者是汤锐老师。小时候她爸爸在一个干校，她去找爸爸，就和干校旁边村庄里的小孩儿们一起玩。她给我讲了好多细节，触发了我。我想到我老家的芦苇荡里曾经也有城里人的干校，我在干校里也看到了一个小女孩。我当时觉得，这个地方有一个非常好的故事，这个故事就在我脑子里‘长久地冬眠’了。”

干校的生活，延伸到不同的方向。

汤锐兢兢业业，为《童年的干校》做编辑工作，书稿顺利通过三审。

我们一起为此书的配图做了安排，约的画稿都是大画家们当年的速写等作品，让当年的生活实景再现，封面题字请了沈鹏先生题写。

《童年的干校》出版后，有不错的评价，几家专业媒体给予推介，近几年，在一些评论中，还可以看到对此书的评价。

中国电影编剧苏小卫在评论此书时说：

“有位评论家说过，历史记录战争的胜负，文学写下人民的悲欢。不是所有的普通人都可以青史留名，再详尽的历史也装不下生活的原状，有一部分责任是必须由文学来承担的。这本书所具有的真实的本质是它最打动我的地方——真切的感受，真实的细节，真诚的表达，作者们把记忆深处那些细微的、生动的、难以忘怀的往事都翻了出来，用他们经过三十多年历练的思想和文字加以表达，既有往事的醇香，也有今天的光芒。比如林阳写到他剁狗的尾巴，‘当那锈迹斑斑的斧头挥向那钝化了的空气中时，我的思想一定也飞了出去，否则，我无法解释那第一斧的偏差’。比如汤锐写到的，她们把身材瘦小的女生包成一个包裹当礼物送给辅导班的老师时，‘史叔叔笑着，半信半疑地去接，可那礼物一下子掉到了地上，蠕动几下自己爬了起来，把史叔叔吓了一大跳’。所以，这不仅仅是一本写往事的书，它是经历过那些往事的人在今天的一次集体表达。他们后来的经历不同，看世界的角度不同，导致他们对相同往事的叙述有着不同的话语系统，对往事的回忆也有着不同的情感指向，带给读者的东西或许比他们各自独立的表达更多，编辑选择这样的方式来构成这本书，显然也是很有道理的。”

2005 年，也就是《童年的干校》出版那年，我被任命为中国美术出版总社副总编辑，不久，汤锐被任命为中国美术出版总社总编辑助理，她主要负责连环画、少儿图书的审读工作。我的工作转移到美术出版的管理，和汤锐直接的交往渐渐少了。记得在 2002 年前后，她忽然感到腿疼，连走路都很难，后来也时好时坏。看病也是几经周折，医生说她是得了一种世界上很罕见、很难治愈的病。她大概在 2015 年办理了提前退休的手续。

2019 年春节前，我代表出版社看望老同志，专门去看她。那次，她的情绪很好，不谈病情，只谈了一些工作上愉快的事情。疫情之后，我再没有见到她，只在春节简单问候过，谁能想到，2019 年那次是我见她的最后一面。

愿她在天堂里像雪地里的红梅那样绽放。

她在哪里，哪里就有美

李玲

日月穿梭，时光荏苒。记得我和汤锐初相识，是在 1984 年的秋天，在北师大张美妮老师的家里。当年，师姐汤锐从浙师大硕士毕业，到《儿童文学》杂志社工作，我从北师大本科毕业，去了《东方少年》杂志社。张老师特意安排汤锐和我见面，挺正式的。张老师准备了各种点心、水果。我们同是少儿期刊的编辑，又都在意气风发的年纪，汤锐话不多，柔声细语，淡淡地笑，待人和煦，谦虚儒雅。

那时候，张老师经常召集我们聚会。除了在她家里组织小型聚会，每年还张罗一次大规模的聚餐，人太多，只能在师大中文系儿童文学教研室进行。我和汤锐时常见面，渐渐地熟悉起来。

那时候，互联网方兴未艾，我们书信往来频繁，聊工作，聊生活，有趣而随性。汤锐经常告诉我她看到的好稿子好在哪里，有什么特点，她的见解有意思，我受益匪浅。

1991 年 4 月，我们结伴去云南参加笔会，坐了三天两夜的火车，我们也差不多聊了三天，嘴里不停地吃着零食，聊儿童文学作家和作品，从老一代作家到风头正劲的中青年作家。汤锐说，这零食吃得轻松愉快，她写评论时通常是吃着零食完成的。我才知道汤锐写评论时也是有过煎熬的。

在云南的日子里，我们喜欢通透的天空，清新的空气，以及大街小巷的烟火气。烟波浩渺的天池，楚雄的空山鸟语，乡村小路上不知名的野花，原生态气息的自然风光与民族风情，让我们心花怒放。我挺佩服汤锐的精气神，她似乎没有疲惫的时候。记得好几个晚上，我困得眼睛都睁不开了，她还神采奕奕地试着衣服。我们赶上了芒市的泼水节，当地人太过热情了，水盆、水管无差别“攻击”每一个路人，从头湿到脚的汤锐，没有恼火，反倒哈哈大笑。熟悉汤锐的人都知道，她有着敏锐的审美判断，有着鲜明的美学理想，有着细腻的文字表达，也有着温婉的文人气息。这趟云南行我看到了汤锐内在的激情。

一晃很多年过去了，晃着晃着，我和汤锐在“小五七”群里相聚了。我们无所顾忌，谈天说地，畅所欲言，交换着思想、文化、生活的各种信息。这是我心中的亲友群，缘于我们相同的世界观、人生观、价值观。特别是人生观，它决定了每个人在这个世界上的行为选择与生活方式。三观类似的人，总更容易成为似亲人那般的朋友。

汤锐、庞旸和我各自奔波忙碌，多年未见，耳顺之年的相聚显得格外珍贵和令人欣喜。约了好久的聚会，在2021年的5月终于实现了。汤锐的新家整洁、干净、舒适，最醒目的地方装了满满的书。客厅有一面西窗，能眺望到远方的西山，风景如画。汤锐说，每天下午，阳光准时照射进来，让人生出一种此生何求的心满意足。多年未见的汤锐，容貌变化不大，都说岁月无情，但对汤锐却是岁月无痕。我们聊着生活的日常，柴米油盐，家长里短，零零碎碎。汤锐神清气爽，说着她在中日友好医院的治疗，治疗中的各种细枝末节。遗憾的是，由于疫情中断了一个疗程。临别时，我们相约，来年4月春暖花开时，一起去奥森踏青。我们看到乐观坚强的汤锐，正在积极地治疗和康复。感觉她一路走来，依然是少年。

2022年春节假期，出于对汤锐身体的考虑，我们仨相约线上视频。汤锐比去年春天的时候瘦了些，精神和气色比我想象得好很多。汤锐感觉尚好，她说再坚持坚持，等疫情结束了还是住院治疗。我们为汤锐的状态高兴，期盼着治疗的效果。我们继续畅想着一起去奥森踏青。整整一个上午，汤锐始终笑意盈盈，笑得像花儿一样。如今想来，她是在以这样的笑和我们告别吧。那个上午阳光明媚美好，现在回想起来却像在另一个世界。

汤锐写的评论眼光独到，有营养，有态度，批评中肯，笔触细腻温暖又充满灵气，经常给人惊喜。我叹服汤锐的才华，每每说起，她却一直谦虚。汤锐的善，是与生俱来的，散发着爱的温暖。相信在天堂的汤锐，仍然有花儿的陪伴，她在哪里，哪里就有美；她在哪里，哪里就有光。

谢谢汤锐，让我们坚定，对生命的热爱不是一味地追求生命的延长，而是提升生命的质量。直面人生的结局，从容而有尊严地离去。

汤锐与《现代儿童文学本体论》

方卫平

汤锐女士的代表性著作《现代儿童文学本体论》收入我主编的“中国当代儿童文学理论文库”，即将由河北少年儿童出版社再版行世。此刻，令我感到非常遗憾的是，作者已经看不到这部她曾经牵挂的著作的再版了。四年前联系、约请她加入丛书团队时的情景又浮现眼前。

2019 年 3 月的一天，我通过微信与汤锐联系，恭请她携力作《现代儿童文学本体论》加入丛书。她当即答应，稍后又提及，是否可以将曹文轩教授对该书的评论《女性与理性——读〈现代儿童文学本体论〉》及拙文《我们思想舞台上的优雅舞者》（以下简称《优雅舞者》）收入书中。经与出版社沟通后，这两篇文章以附录形式置于书中。

我由此想起了拙文写作的一些往事。

1999 年秋天，上海的少年儿童出版社拟将该社主办的《儿童文学选刊》《儿童文学研究》合并为《中国儿童文学》继续出版。编辑朋友就刊物编辑事宜征求我的想法。我因此提出了一些建议，其中包括设立一个关于批评家的栏目——每期推出一位评论家一长一短两篇论文，另附一篇同行对该批评家的评介文字。编辑部接受了我的建议，第一期准备介绍我推荐的汤锐女士。10 月下旬的一天，负责栏目的编辑朋友又找我说，既然是你推荐的，汤锐老师的介绍文章就请你来写吧，一千五百字左右。我听了之后马上说，一千五百字可能太少，只能印象式地点到为止，好不容易开设了这个栏目，建议给四千到五千字的篇幅。

大约是10月29日一早，我开始集中阅读、梳理汤锐的理论著作和多年来我对她的学术成果的印象和理解。汤锐在我们这一代学术同侪中，几乎是唯一的才女型学者，她的理论文字与她的为人一样，沉静、内敛、诗意、优雅。理清了思路，酝酿好了文气，10月31日下午三点半，我摊开稿纸，开始写作《优雅舞者》。那时候家里虽然早已买了一台386台式电脑，可是我这个“技术恐惧症”患者当时还是更习惯于用传统方式写作。也许是因为比较熟悉汤锐的理论文字和为人处世方式，到次日上午10点多，除了吃饭睡觉，算是一气呵成写成了四千五百字的《优雅舞者》一文。

我在这篇文章中认为：“《现代儿童文学本体论》是汤锐迄今为止十分重要的一部理论专著。该书将学术触角伸向了现代儿童文学的本质、功能、美学特征、创作机制等一系列重大而基本的理论问题”，并“出示了一个融解、弥漫着良好悟性的精致、绵密的理论构架。在此书中，作者除保留并发展了她充满感性色彩和优美品格的研究个性外，还显示出了相当出色的理性分析和逻辑演绎能力”。

我知道评论汤锐学术工作的文章太少，汤锐对此文是欢喜的。2009年，明天出版社出版四卷本“汤锐儿童文学理论文集”时，她以此文作为了文集代序。

几年前的那一天，她与我商量将此文收入这套丛书时，用微信语音留言说：“卫平，我把你这篇文章放在我书中参考文献的后面行吗？我真的很珍爱你这篇文章。”

我非常理解汤锐的心情，这里不仅传递了一份贴心的信任，也是对来自同行的专业呼应的一份珍视和体恤。

汤锐曾经笑着告诉我，她与文友打趣说过：“方卫平那样写我，我有那么小媳妇样儿吗？”

这是因为我在文章中反复表达了这样的意思：“汤锐在儿童文学研究舞台上的最初亮相显得小心翼翼”“汤锐似乎并不乐意在这个舞台上抢风头，直到今天，她仍然是这个舞台上一名小心翼翼的舞者，至少在她的主观心性控制中，她是低调而谨慎的”。当然，我是试图以此来说明拙文开头时出现的一句话：“这正好标示了汤锐为人为文沉稳内敛、学术心灵清静大气的特质。”

2022 年 8 月 18 日晚上 10 点 20 分，我接到了曹文轩教授的电话。文轩用透着悲伤的声音告诉我，“卫平，汤锐走了”——汤锐女儿方歌刚刚告知，妈妈在一个遥远的国度，飞去了更遥远的地方。

放下手机，一股难抑的震惊和悲伤淹没了我。当晚，我给台湾文友桂文亚女士打了电话。我知道，她们是闺蜜级的朋友。文亚说，汤锐与她告别过，她难过、流泪，已经好几天了。

文亚曾经常年为两岸儿童文学交流奔走，留下了大量与大陆同行往来的信函。近年来，她投入了很多精力和个人经费，聘请助理整理、扫描早年那些保存着两岸儿童文学交流历史和热络体温的纸质信件，并且一一归类入箧，寄还书信写作者本人保存。2021 年春，文亚与汤锐商量拟寄还汤锐数十通手书信函一事。汤锐说，自己不便保存了，她们商定这些宝贵的信件先寄我保存。如今，那些以流丽的手书写就的信函停留在我手中，而斯人已逝，怎不令人怆然涕下！

我也把汤锐离世的噩耗告知了刘海栖先生。在我的印象中，汤锐生前最后的几篇评论文章之一，是为海栖长篇小说《小兵雄赳赳》写的《隐藏的文采》一文。此文对海栖新作的语言艺术做了精湛的分析，其中“看一个作家是否有天赋，要看他对文字的感觉，这一点，也正是我对海栖最认可的地方”“他终于在文字中找到了自己”“很多时候我们以为，文字的美是与辞藻的华丽程度成正比的，但其实更多时候，文字的美是与表达的准确程度成正比的”——这些分析、判断，真的是深得我心。

对于我而言，《现代儿童文学本体论》一书与这套理论丛书的组织和出版，不仅是试图保留一段中国当代儿童文学理论发展的历史成果，也是对一段共同经历的学术前行和前行中跋涉身姿的投影与存留。我希望，它仍然能够在这个时代的儿童文学学术生活里，发挥作用和影响。

这也是我们对汤锐女士最好的缅怀与纪念。

原载于 2023 年 6 月 21 日《中华读书报》

你温婉的笑，还在

保冬妮

每次见到你的那一刻，你那温婉的笑，如四月的风，带着一种柔和的气息，并不似夏季般灼热，平和、自然的亲切里有一种清净大气的恬静之美，这始终成为我记忆中的你。

我们虽都住在北京，但是城市太大，喧嚣交错的道路和纷繁忙碌的日常，把我们隔在不同的城区，平时很难相聚。在儿童文学的各种会议上碰面，成为一种惊喜，也似一种重逢，手拉手的那一刻，亲密得好像昨天还在一起喝茶的姐妹。

2008 年在香港，我们在“儿童图画书国际论坛暨第一届丰子恺儿童图画书奖”发布会上相遇，那时候我刚刚接手了全国妇联的杂志《超级宝宝》，这是国内第一本图画书形式的儿童杂志。我从畅销全国的妇女杂志的主编换道儿童图画书杂志的主编，压力重重，面对国内原创图画书市场的一片处女地和零发行量，只能大量学习新知识，多听、多看、多了解，大胆实践，自主创新。在香港的儿童图画书国际论坛上，你悄悄对我说，做原创图画书实在不容易，去接这样一份完全创新的工作，不仅要有勇气；正因为没人做，做出来就有自己的特色。我把这样温暖、包含内在力量的鼓励记在心里，始终坚韧地往前走。即便是在市场还不接纳原创图画书时，我也记得你的鼓励，在勇气之外，寻找本土的特色，多元包容地吸纳各种声音，埋头做更多尝试和实践，哪怕不完美、不被接纳。

之后，无论在什么场合我们再遇到，彼此会心地一笑，我们的“电路”就好像搭在了一起。一起聊生活里的小趣闻，交流文学创作的感受和想法。讲到成人与儿童、作者和读者的关系与视角，你的观点教我十分感同身受。

“你对儿童文学理论有兴趣的话，我送你一套我写的儿童文学的理论文集，也许你觉得非常乏味，不用全读。”这样的馈赠简直是我求之不得的，对于我这样一个并非从学院走出来的写作人，我非常敬佩能把理论文集写得文采飞扬的学者，也期待从你的文脉里收集更闪光的思想。

收到你寄来的明天出版社出版的“汤锐儿童文学理论文集”，我如获至宝，看到了你赠书上的亲笔签名和日期：2011 年 5 月 5 日。今天再翻开扉页，好像看到了你签字时的模样。

2016 年的时候，我的“胖胖熊”系列童话绘本出版了。你看了以后说：“冬妮，你把一个有缺点的胖胖熊写得好可爱啊。你是心理咨询师，对儿童的心理有着比一般儿童文学作家更深入准确的把握，这个特点是三至六岁幼儿在成长中自我与环境不断交互、冲突和适应的过程，写得太好玩了。胖胖熊跟姐姐去菜园里摘菜，看到邻居家菜园种的嫩菜叶忍不住偷吃起来；胖胖熊善良地帮助小蚂蚁和田鼠爷爷，自己却迷了路……胖胖熊大大咧咧、活泼好动、乐于助人的性格特征糅合在一起，便非常可爱。”

其实，我自己也是一个有不少缺点的人。小时候除了不像胖胖熊那么胖，她有的缺点，我都有；当然，她的优点我也全有。我们热烈地聊起故事里的角色性格、行为与现实中儿童成长的特点，你的笑声让我忽视了疾病正一步步走向你。

慢慢地我发现，你走路慢了。你笑着有点儿歉意地说：“我腿有点儿不好。”我以为，只是退化性的膝关节不大好。我挽着你的胳膊，想陪你一起慢慢走。你站住脚步，对我说：“真羡慕你经常在田野中奔走，天南海北地采风，去非洲，去北极，去南极。你走得快，你先走，我后面慢慢来。”看着你气定神闲的脸庞，看你那么坚决地要自己慢慢走，我点点头，没有理由不去尊重你的决定。

再次相逢的时候，你已经拄起了拐杖。我还是不知道，这时候你已经患了一般人很难有勇气面对的疾病。我仍觉得，也许是上了年纪机能退化导致的肌肉无力，还建议你做腿部的运动。你从没有说起过自己的病，我也从没把疾病与你联系在一起，我们聊起儿童文学的时候，忘了一切。

接下来，就是疫情三年。这三年我去加拉帕戈斯群岛拍摄海鬣蜥、陆鬣蜥，去哥斯达黎加拍摄热带雨林的鸟类，然后回国去四川、西藏、内蒙古拍摄野生动物，我们再也没见面。

有一天，我突然发现手机里有人谈论你，我无法相信。他们讲，你已经对这个世界做了最后的诀别。我赶紧去问了你的好友庞旸，才知道了你与疾病搏斗的这些年，是多么坚强又有尊严。而你的尊严，包裹起了病痛的险恶，让我一直以为你应无恙。

我们都是这个世界的旅人。这个世界，无人知道自己何时来，何时去。你却优雅而淡定地选择了离开的方式和时间，乘上了另一辆列车，安乐、平静地告别了这一程的旅行，不带遗憾，永不回来。

灿烂灼人的理性光芒不仅在你的学术文集里熠熠生辉，也在你的人生旅途的终点绽放，璀璨耀眼。这不是常人可以做到的，但是你做到了。这样的气魄和胆量一直潜藏在你柔弱的微笑里，成为我所认识的汤锐给我留下的最刻骨铭心的印象。

穿过人群，走过人间。你留下的微笑，还在。在我的心里，在我的眼里，在你的文集里，在这个世界的角落里。

生命轨迹的交集

——追念汤锐老师

张嘉骅

2023年12月某日，台北下着阴冷的小雨，多年不见的好友方卫平在杭州用微信联系了我。卫平说他和友人正在负责一本文集的组稿，问起我过去和汤锐老师交游的情形，问我能不能为她写一篇纪念的文章。听了卫平的描述，我心头一怔，这才惊惶地发现，原来汤老师已经因病离世一年多了。

一个人年纪愈大，愈能明白一件事情：与朋友交往，应该多多珍惜相聚的时光，只因相聚之后的离别说不定就是永别。我的一些朋友便是这样，明明说好下次再见的，哪知他们都无法遵守和我的约定。

但我再怎么认清现实，都不敢相信汤老师已经从这个世界走掉的事实。在我的脑海里，她的形影依然那么清瘦婉约，声音依然那么轻盈温柔，多年来似乎没什么改变，年轻的模样就像当初我才刚认识她时的样子。

我想起了第一次和汤老师见面的情形。

那是1998年3月在台北召开的一次两岸儿童文学研讨会，由《民生报》和中国海峡两岸儿童文学研究会共同举办，邀请了方卫平、张秋生、汤锐、金燕玉、孙建江、赵冰波和葛竞等七位大陆知名儿童文学作家和学者。当时我作为《民生报》少年儿童版的编辑，负责该次研讨会的许多业务。我的领导桂文亚主任非常重视这件事情，大半年前就开始筹备，而活动前的三个月几乎天天在组里为此事开会，盯着进度。

为了让组员更加熟悉大陆来的贵宾，桂主任经常向我们介绍她所结识的那些大陆儿童文学作家和理论家，而提到汤锐老师的时候，桂主任总是笑着说：“这个学者的气质实在太让人喜欢了，她说话都那么轻轻柔柔。”

等会议召开了，一见远道而来的贵客，我跟桂主任一样，也禁不住喜欢起汤老师那种特有的气质。她说话的确是轻轻柔柔的，而声音好听得竟像婉转轻鸣的小夜曲。

我和汤老师相差没几岁，在活动期间又更熟识了，一时调皮，我便开汤老师一个玩笑：“汤老师说话这么轻柔好听，难道都不怕学生在上课时睡着？”

汤老师笑着说：“就怕学生这样！那上课就没劲儿了！”

几天后，活动结束了，在贵宾们临行的前一晚，我为大家打包好要寄回大陆的书籍，向大家告别，准备回家。才走没多久，忽然想到有东西忘了带走，于是折返回去拿，这时竟不意听到汤老师在那儿不无惆怅地对旁人说：“才刚认识嘉骅，还真舍不得他走！”

我一听，心中不由得涌现一股暖流，瞬间了解到汤老师原来是这么一个重感情的人。我笑说：“嘿！我这不就回来了吗？”我的出现可把她吓了一跳，也让她乐得像是与我久别重逢。

久别重逢，肯定是能让人欢欣的。反过来想，对那些一直把对方放在心上的人来说，任何的久别重逢也都像是才分开没几分钟。

2001年的10月，汤老师已转入中国美术出版总社工作，而我才刚负笈北京，去攻读北京师范大学的儿童文学博士学位。落脚后不久，我挑了一个日子，特意到汤老师的工作单位去拜访她，见面时的感觉还真的就像才离别没多久。

这是我和汤老师的第二次会见。第三次会见是2004年5月在我与王林、金莉莉两位同学的博士论文答辩会场，导师王泉根教授请了汤老师来担任其中的一位答辩委员。

针对我的博士论文《儿童文学的童年想象》，汤老师给了一个主要意见：

关于中国现代儿童文学理论体系的反思，这篇论文破得很彻底，但立的部分尚感不足。

不得不说，这是一个很犀利的批评，也是一个从宏观角度来看才能掌握到的观点。换句话说，这个意见其实是在严厉地告诫：你不能光搞破坏，却不用力建设！但汤老师在表达这类想法时，语气依旧维持一贯的和缓，声调依旧维持一贯的柔和，就算我想抗拒、辩上几句，我的火气也都被汤老师那种特有的温柔化解了。

我嘴上不说，但确实把汤老师的话听进了心里去。后来我花了好几年的工夫修改这篇论文，它历经了十几次更动，其间我念兹在兹的便是汤老师当时所给的建议——我依旧在撼动中国儿童文学的本体论（或本质论），但同时也加强了中国儿童文学建构论的表述。汤老师说的意见可没错，一篇论著必须有破也有立。这篇修改过的博士论文后来经由卫平的推介，交给了福建少年儿童出版社于 2016 年出版，仍名《儿童文学的童年想象》。

拿到博士学位后，2005 年 2 月，我接受聘任前往浙江金华，成为浙江师范大学人文学院的专任教师，主授儿童文学赏析、研究方法和创作。那年 10 月，我又见到了汤老师。那是浙师大儿童文学研究所举办的一次活动，特地邀请了汤锐和王泉根两位老师回到浙师大。他们在二十世纪八十年代都当过蒋风老师的研究生，也都是浙师大的杰出校友。

这是我第四次和汤老师相聚。2006 年 3 月，我由于家庭原因，不得不辞去在浙师大热爱的教学工作，返回台湾。此后人生倥偬，变化甚多，而我再也没有机会见到汤老师了。

我和汤老师此生的晤面就这四次，用一只手的手指头都数得出来。

尽管相见的次数这么少，我还是能察觉到我和汤老师的那些会面，仿佛能体现出某种特殊的意义。

她来过台北，参观过我的工作环境。我曾驻留北京，去过她工作所在的胡同。

她毕业于北师大中文系，后来还成为这所学校的老师，而我千里迢迢而来，最终也加入这所学校的学习队伍。要是汤老师没有离开北师大，也许我便成了她的学生，然后某天在课堂上听她用宛如小夜曲的声音讲课，听着听着，说不定我就舒服得睡着了。

她又读过浙师大儿童文学方向的硕士生，而我后来在浙师大当老师，就教研究生怎么开展儿童文学的研究。那年，她和王泉根老师以校友身份回到浙师大，我就作为这所学校的一员热烈地欢迎他们的到来。

两岸同属一个中国，这毋庸置疑，但无可讳言，两岸之间长久以来还是存在着一些颇大的差异和隔阂。两岸的中国人该怎么融会成一个真正的整体，一直是个值得思考的问题。而让我感到不可思议又觉得激奋的是，只因儿童文学，像我这样一个祖籍在江西的台湾人，竟和一个祖籍在四川的北京人产生了如此深刻的生命轨迹的交集，就好像我在走她走过的路，而她也在走我走过的路。

这种交集尤其表现在我们彼此学术思想的交流上，而学术上的思考对我们这样的人来说，更是一种也许走得崎岖艰辛但令人倍加珍惜的路。

汤老师在我的博士论文答辩会上所提出的那些意见，我相信是她追索过我在论文中的思路而得出的心得。事实上，为了了解她在儿童文学方面的想法，我也读过她所写的书。由于反复地读，连出门坐车都在读，我把书折腾得太厉害，以致那本书的书脊都裂开了，而书页间的缝线也脱落了。

这本被我读到“韦编三绝”的书，名为《现代儿童文学本体论》，是汤老师在 1998 年与我初识时亲手送给我的，书的扉页仍留有汤老师的题字。有人在台湾这样读她的书（以当时简体书传播的情况来看，像我这样读她的书的人，有可能是台湾唯一的一个），我想，汤老师应该感到欣慰才对。

其实我不是儿童文学本体论的拥护者，反而是以撼动它难以动摇的根基为职志。但我必须说，当我进入汤老师的理论体系后，一下子就被那诚恳而细致的论述吸引了，而这一沉浸便是好几年。汤老师的观点对我多有启发，其中最令人欣赏的是“童年重造”的说法。

汤老师探讨成人作为儿童文学的创作主体，指出成人是在“永远的儿童”“童年情结”和“游戏冲动”的基础上进行对童年的重造，其目的或效果是“修复人生”。

我很难否定这个说法，相反，我还不得不大声地对此表示赞同。不说别人，光以我自己的生命经验为例，我就能证明汤老师的“童年重造”说所言不虚。我的童年时期没有什么课外书可以读，加上父亲出身私塾，观念守旧，他也禁止孩子们接触课外读物。我长大后之所以开始写童诗、童话等，主要原因之一就是我明显地感受到自己在小时候的这种欠缺，想以创作来弥补自己的童年遗憾。这不就是一种“童年重造”吗？

汤老师的这种说法说到了我的心坎上。仔细想想，这种说法着眼在“重造”二字，具有强烈的“建构”意味，似乎已脱离传统本体论的框架。事实上，根据我的研究，具体反映中国儿童文学本体论之成就的学者，如方卫平、汤锐、班马和朱自强等，都不是纯粹的本体论论者，只因他们在谈论本体或本质的时候多把“建构”掺入在谈论的内容里，致使理论本身呈现出一种既是本质又是建构的混杂性。这个问题有点儿复杂，不便在这里展开，有兴趣的人请参看我那本《儿童文学的童年想象》的第三章。

我在这里想说的是，汤老师写论文还有一个别人学不来的本事，就是懂得怎么把一些“感性材料”适度地融入相对严肃的陈述里。那是一些与主题相关的生活经历、访谈或发自肺腑的贴心话，写得非常富有诗性，总以不一样的字体，像一个个框框似的，在行文中突然跳了出来。当时刚接触这样的表现形式，我不免有些疑惑：学术论文能这样写吗？等我看多了，熟悉了，了解了这么写的好处，心里的疑惑就变成了绝对的肯定：学术论文是可以这样写的！从问号到惊叹号的转变，其实也包含了我对汤老师发自内心的钦佩，因为像这样的手法，我可想不到也做不来。

2022 年 12 月中旬，在卫平用微信联系了我，告知我汤老师的消息后，一连好几天我的心情都很低落，难以平复。我把汤老师的《现代儿童文学本体论》从书架的角落找出来，拂去它沾染的灰尘，然后小心翼翼地打开。

书中的字里行间画着过去所画的长短不一的红线，还打着大钩小钩，以标示层次不同的重点，而版心周围的空白处总写着我的一些批注，就像我跟作者在进行对话。二十多年过去了，书已经很旧了，但那些红线可没消失半条，而那些批注也没掉过半个字。我随手翻到一页，挑了一段来读，愈读愈能忆起最初接触此书的光景，奇怪的是，这时我居然没有了悼亡的心情，而是感觉到有什么东西在我心中活了过来。

哦，我差点儿忘了，死亡可以带走一个人的躯体，但是带不走一个人对世界的爱。

哦，我还差点儿忘了，我们这些当作家、当艺术家、当学者的，其实都有一个非比寻常的能力，就是能在我们认真完成的作品里灌注我们的生命力。对我们来说，死亡不是从此消失得了无踪影，因为我们的生命会在我们的作品里延续，甚至这种延续还有可能是另一种生命的开始。

既然这样，那么，对两个深爱儿童文学的人来说，他们的生命轨迹就必定能有机会再交集。

我的脑海中依稀又浮现汤老师清瘦婉约的身影，耳畔又响起汤老师轻盈温柔的声音。我要走进汤老师的书里了！我相信在她的书里，我能与她再相逢！

荷叶轻摇，白莲盛开

——怀念恩师汤锐

王永洪

从北京朝内大街166号的人民文学出版社去往南城，有两条道，一是过朝阳门上东二环，二是走朝内南小街，由金宝街上东二环。走后一条道，会经过北总布胡同北口。

一年多来，每次经过北总布胡同路口，我心里总会有种异样的感觉，似乎会沿着路口走进去，经过著名的五四运动“火烧赵家楼”事件的遗址——赵家楼饭店，再往前就到了人民美术出版社和连环画出版社。从大门进去，经过栽着大雪松的花坛，上右边小楼的楼梯，二楼右手边就是汤老师的办公室。轻轻敲门，听到汤老师的声音后推门进去，电脑桌后汤老师微笑着站起来……这并不仅仅是单纯的幻想，1999年汤老师调到中国美术出版总社后，我曾多次走这段路程。

最早，我是从北京师范大学骑车过来，那时我正读研三。如果让时间回溯，1996年的秋天，浙江师范大学方卫平老师告诉我一个好消息：北京师范大学时隔三年要重新招收儿童文学专业的研究生了，导师正是汤锐，并告诉我汤老师的地址。方老师是我本科时的班主任，在方老师的影响和鼓励下，我一直想报考儿童文学专业的研究生。本科毕业前我曾努力过，但因当年没有大学招收儿童文学专业的研究生而错过了。我急忙写了一封信给汤老师，没多久就收到回信，汤老师嘱咐我好好复习，随信而来的还有两本书：《现代儿童文学本体论》《比较儿童文学初探》。

感恩两位老师的支持与帮助，一年后的1997年秋天，我来到北京师范大学，成为汤老师招收的第一个研究生。紧靠学院南路的北师大南门，往里走就是主楼。主楼的大厅宽敞而显得有些阴冷，楼梯宽大平缓，暗色的木质地板显出年代的印记，走在上面，沉闷的嘎吱声回应岁月的空灵，儿童文学教研室就在二楼。3月研究生复试，我就在这里第一次见到汤老师，还有张美妮老师、浦漫汀老师。此后汤老师也是在这里讲授儿童文学专业课。因为只有我一个学生，汤老师的讲课是漫谈式、私塾式的“一对一”教学，我也可以随时提问或者讲出自己的想法。以前在课本中或理论书中概念式的术语或论述，在这种漫谈式的教学中我不仅知其然也，更加感受到了其所以然。我的学术思维渐渐开阔，之后我完成了第一篇学术论文《朦胧的群像——20世纪中国儿童文学人物形象论》，汤老师鼓励我投到《北京师范大学学报(社会科学版)》，并在修改后发表于1999年第2期。另一篇王一川老师的文学理论课论文《清官原型批判》发表在《文艺评论》1998年第5期。两万多字的《中国现代动画电影美学特征初探》一文则在王泉根老师的推荐下发表在台湾地区1999年5月出版的《儿童文学学刊》第2期。

我从浙西南丽水地区龙泉市来到北京，汤老师不仅在学术专业上给予我启发，更在生活上给予我照顾。1998年的春节，是我到北京的第一个春节。放假后我没有回家，因为那时从北京到龙泉，路程远，单火车到丽水市就需要二十多个小时，还要转乘汽车。正月里的一天，我正在宿舍里，却意外地接到了汤老师的电话，让我去她家里。那时汤老师家在报国寺附近，我骑了自行车沿新街口、西四、西单往南，到菜市口转右，在报国寺路口的商店用公用电话给汤老师打电话，那一瞬间我感受到了北京冬天的寒冷，我发现我说话时嘴不利索了。我按汤老师说的地址敲了敲门，门一开，一股热气就蒙住了我的眼镜，屋里有许多人，热闹而温暖，原来今天是汤老师他们家的团聚日。汤老师的大哥一听我口音就说："你是南方人。"确实，那天在一桌京腔京调的团聚餐上，操着南方口音的我在寒冷的北京感受到了家的温暖。

1999 年，汤老师从北京师范大学调到了中国美术出版总社，从儿童文学的理论研究转到儿童文学的出版实业，由此，我一方面在北师大继续跟从王泉根老师做学术研究，另一方面，我也不时从北师大来到位于北总布胡同的出版社，聆听儿童文学的出版之声。

虽然我不太相信"命运"一说，但有时又想：冥冥之中真有"天意"？三年前汤老师把我从浙西南的林海山区引到了北京，三年后，从 1999 年末到 2000 年初，临近毕业的我一边赶写毕业论文，一边寻找工作。就在我寻找工作屡屡碰壁之后，在 2000 年初春北京的重度沙尘暴中，汤老师告诉我一个消息：人民文学出版社准备成立少儿读物编辑室。

我急忙准备了简历赶到朝内大街 166 号，在门口登记后，我进了大门右转，穿过长廊，沿楼梯上了三楼西头的人事处。不巧的是人事处领导不在，我只好放下简历回了学校。没想到刚回学校不久，我就接到了人民文学出版社人事处魏新民主任的电话，他说看了我的简历，觉得我很符合条件，并马上将我推荐给少儿读物编辑室王瑞琴主任，还责怪我说怎么不等他一会儿呢。那时，人民文学出版社、中国美术出版总社都直属原新闻出版总署，之后中国出版集团成立，两社又同属中国出版集团。从朝内大街 166 号的人民文学出版社到北总布胡同 32 号的中国美术出版总社，路程不到两公里，骑车也就七八分钟。汤老师曾开玩笑说，虽然业务上不直接关联，但从集团来说，我们是同事了。从学校进入出版业，就如同三年前作为一名语文老师进入儿童文学的学术研究领域一样，于我都是新鲜和陌生的，而汤老师又同样地给予了我启发和帮助。2010 年我策划出版巴西经典童书《我亲爱的甜橙树》的时候，我与汤老师联系，汤老师特地写了推荐语：

五岁的泽泽让我们看到：每一个儿童都是一个天使，无论他出生在何种家庭，贫困的或富裕的。一个稚嫩心灵散发出的温柔气息，能令所有年龄的读者瞬间沦陷。

五岁的泽泽让我们懂得：爱的力量是从给予、分享和责任中获得的。今天的儿童拥有了过于丰富的物质，缺少的却是给予、分享和责任。

五岁的泽泽让我们发现：每个儿童都需要一个真正理解他的倾诉对象，无论是蝙蝠、老葡或者是一棵甜橙树，这是使他能够保持善良、宽容和童真的重要途径，正因为有了这样的途径，善良、宽容与童真才能穿越时空，当我们长大以后仍驻留在我们的灵魂深处。

至今，这三段内容相互关联、意蕴又有递进的推荐语，被许多读者引用在他们的读后感里，成为他们读懂这本经典童书的“金钥匙”。

其实，我们之间的交集不仅仅来自学业和工作上的事情。孩子上幼儿园的时候，我曾带着她来见汤老师。办公室里堆了许多出版社寄来的样刊样书，汤老师特地选了《幼儿画报》《好孩子》等读物送给孩子。后来，中国美术出版总社搬迁到东三环的新址，我每次去找汤老师，她都拿出早就挑选出来的儿童文学书刊，让我带给孩子。

2019 年 1 月 26 日，我和王仁芳、林晓燕、冯臻一起去看望汤老师。这时我们才发现汤老师走路不太顺利，汤老师笑着说，一来天冷，二来下楼不便，就在家里吃外卖吧。汤老师和我们围着餐桌边吃边聊，聊工作，也聊以前在北师大时的往事。聊起 1998 年 9 月，王仁芳、林晓燕她俩入学不久，我和她们一起去见汤老师，中午，汤老师就在报国寺路口请我们吃麦当劳，也是边吃边聊。我们都感叹说时间真快，转眼二十多年过去了。之后，我们挨着汤老师坐在沙发上拍了合影，并相约说等春暖花开的时候一起去哪处公园赏春。

但没想到，之后由于种种原因，却总是约而不成。更没想到，那是我们与汤老师最后的合影。2022 年 8 月 27 日，我接到王仁芳的电话，说汤老师走了。那时我刚从北海公园的小西天“极乐世界”出来，殿内有一座高耸至顶的须弥山，数不清的菩萨罗汉佛像，又有山林宝刹、仙鸟神兽，这是一方缩小的佛界普陀胜境。我绕着走了三圈，只感到意象纷呈，难以看透。挂了电话，我站在殿外的“月牙河”边，那一湾清亮的水中，倒映着小西天红墙绿瓦的琉璃牌坊，荷叶轻摇，白色的莲花盛开。

2024 年 1 月 20 日（大寒）

呵护童心

——怀念仙女妈妈

陈方歌

“你看看这是什么吧！”

育民小学那严厉出了名的班主任伸出一根手指，把桌上的一个墨绿色的硬皮本轻蔑地往前一顶。妈妈愣了一下，慢慢地把本子拿起来翻了翻，脸上惊讶的神情一闪即逝。

“她不专心听课，天天埋头写这东西，还传给同学们看，打扰大家学习……”老师刺耳的声音让等在办公室门外的我坐立不安。只听妈妈用柔和的声音一边道歉，一边连连保证：“我回去一定好好教育她！”

感觉过了好久，妈妈终于拿着本子从老师办公室里退了出来。我偷偷地抬头瞄了一下她的脸色，一贯优雅的妈妈表情尴尬，嘴角却有一丝神秘的微笑。“先回家再说吧。”她简洁地说。我赶紧跟上妈妈的脚步，试探了一下，手还让牵。

晚饭后，妈妈坐在书桌前拿出被老师没收的那个本子，认认真真地看了起来。她的表情越来越欣喜：“这都是你写的？是你编的故事？前面这些人物介绍也都是你做的？”我谨慎地一一点头承认。被老师没收的这个本子里，正是我以自己以及同班同学为原型写的科幻小说，已经歪歪扭扭地写了好几章了。正文前面贴满了我从漫画杂志上剪下来的人物形象，被我加上了名字、年龄、背景介绍等等。

“写得真棒！”妈妈一把将我揽进怀里，“一定要继续写下去！妈妈可以帮你，做你的‘秘书’。”我简直不敢相信自己的好运气，“找家长”级别的一桩“罪过”居然就被这么轻松地赦免了？

“当然啦，只是以后不要在课上写啦。”看我喜不自胜，妈妈赶紧补了一句。

那一年，我上小学三年级。墨绿色的本子被我懵懂的想象力和幼稚的语言填写下去，我的童心与珍贵的创造力也就这样被妈妈呵护下来。似乎就是从那时开始，妈妈和我慢慢奠定了亦母女亦朋友的关系，并且在接下来的二十年中逐渐成为“闺蜜”。多年后回想起来，我还不禁为妈妈当年开明的理念和充满智慧的教育观而由衷地感激。也许从那时开始，我们就注定要一起合作，让我今生有幸也做一回妈妈翻译童书的“秘书”。

做汤锐的女儿是无比幸福的。从小我就有看不完的童话书——孙幼军的、金波的、周锐的、安徒生的……每天晚饭后在大院儿里散步，我都央求妈妈给我讲故事。年复一年，我们母女的脚步从怪老头儿家走上九重天，往左转是小美人鱼的海滩，往右转就是阿拉伯一千零一夜的沙漠。成长中，妈妈不断地鼓励我读书、写作，并常常带我去看话剧、听音乐会等，意在提升我的艺术修养。当然了，妈妈的良苦用心不一定每次都成功。多年以后，妈妈还会笑着提起我当年看著名音乐剧《猫》的糗事——当妆容和服装五彩斑斓的“猫”们张牙舞爪地冲下舞台和小观众互动时，四五岁的我吓得“哇”的一声大哭了起来，引起全场观众哄然大笑。

虽然希望我成长为一个文静、有艺术气息的姑娘，妈妈对于我的“假小子”爱好也从不阻拦，反而鼓励我发展天性。妈妈给我分享过她日记中的一段趣事。“像往日一样，下午放学的时候，育民小学对面的小草坪上，一群小男孩大喊大叫着跑来跑去踢足球。我站在一旁看得高兴，忍不住跟旁边一位老奶奶搭话：‘您也是来接孩子的？瞧孩子们精神头儿多大呀！’老奶奶乐呵呵地说：‘是，您瞧我那孙子……’我想也没想，就接茬儿说：‘我也是，那个是我闺女。’老奶奶一愣说：‘啊，怎么，这里头还有女孩啊？我怎么看着全是小子啊？’

我有点儿尴尬地往那边一指：‘那个正在挥舞黄牌的，就是我闺女……’”

有了妈妈的支持，我作为足球队唯一的女孩子为自己争取到了“裁判”“足球队经理”等“职位”，竟也锻炼了自己的组织能力，发动同班女生组成啦啦队，为小伙伴们的比赛加油助威。在家里，妈妈也加入我对足球的热爱中，每当“欧洲杯”或者“世界杯”开战的时候，妈妈都会兴致勃勃地大半夜陪我起来，母女一起亲热地依偎在沙发上，为各自所钟爱的足球队呐喊助威。

仙女一般温柔、开明、有趣的妈妈，就这样一直默默地呵护着我的童心和梦想。每当我做重大的决定，比如考北京电影学院、出国留学，妈妈都坚定地支持，但绝不包办。她全力提供经验和信息供我参考和判断，最大限度地拓展我的视野和能力范围，然后充满信任地让我来做决定。在曲折而又顽强的成长中，我的心里一直都有一个笃定的安全港湾——妈妈永不动摇的爱、包容与支持。

2023 年秋我回到北京时，妈妈已经去世一年有余。一片金色的阳光从落地窗洒进来，照在妈妈的一排排书柜上，时间就像定格在了 2022 年夏天的那一刻。失去母亲的痛是永远不会消失的，而失去还年轻的“闺蜜妈妈”更教人难以言述地痛心。只有时间的流逝能让我更平静地面对事实，并为妈妈在天堂得到了解脱而欣慰。

在整理妈妈的几千本藏书、著作，准备按她的遗愿捐给母校的过程中，我不禁细细地翻读起妈妈的读书笔记和手稿，娟秀的字体仿佛让我又看到了妈妈专心写作、读书的样子。妈妈充实的精神世界和文学修养，是我一生都遥不可及的。而我印象最深刻的是她对儿童文学的不断探索和思考。小时候，每当我表达对一个故事的喜爱，妈妈总会追问：“为什么喜欢呢？哪句话特别有意思？”一个大人和一个小孩，常常能讨论好久。妈妈对孩子内心世界的尊重和好奇，再加上一颗永远年轻的童心，奠定了她多年后信手翻译英文童书的基础。

记得 2016 年秋，接力出版社找到妈妈，约她翻译美国作家、插画家彼得·布朗的畅销儿童小说《荒岛机器人》（*The Wild Robot*）。小说比较长，妈妈和我商量了一下，她翻译成中文后会发给当时已经在美国工作的我来校对准确性。很快，前几章的译文就跨越太平洋来到了我的电子邮箱里。

这不是妈妈第一次翻译英文的儿童文学作品了，哪句可以直译，哪句必须意译，她都掌握得很到位。更吸引我的是她充满童趣的文笔。小说讲述了机器人萝丝被海浪冲到一个荒岛上，逐渐和野生小动物们成为朋友，还收养了一只野生小鹅的温馨故事。作品的原文用词精准简练，而妈妈的译文不但保持了原文的短句风格，更带入了中文表达的趣味。原本感觉像完成任务的我，很快就被妈妈笔下的故事所吸引。

小说作者有时用写实、短促、重复的词语来控制故事的节奏，而妈妈总能在此风格之上融入中文优美的韵律，用词的变化让小读者的阅读体验更加丰富。“水在滴，水在流，水在哗哗淌，冬天的冰雪毯子终于开始融化了。”“机器人的胳膊腿啊，身体啊什么的被甩到岸边的岩壁上。一个机器人脑袋被甩进了潮水池，一只机器人脚丫在浪里飞快掠过。”

妈妈还将原作对小动物的诙谐刻画转译得淋漓尽致。小市侩色彩的海狸先生，鲁莽的野熊姐弟，自以为是的猫头鹰，贪玩又胆小的海獭，流浪汉一样的“稀里糊涂强盗帮”……读着读着，我不禁笑出声来——“鱼并不太健谈，尤其是像饶克茅斯这样脾气暴躁的鱼，但最终他还是对机器人敞开了心扉。”“青蛙们大部分时间都在互相找来找去，一个呱呱叫着：‘你在哪儿？我看不见你啦！’另一个便答道：‘我在这儿呢！顺着我的声音来吧！’”“‘萝丝，我很抱歉我的愣小子们打了你。’熊妈妈说。”

在这本书中，我们母女最喜欢的配角是一只小松鼠，她叽叽喳喳，说话不打标点符号：“有一次一只黄鼠狼追我从树梢上一直跌下来砸断了好多树杈最后一头撞进灌木丛他离开的时候东倒西歪的他后来再也没有找过我的麻烦了。”这画面感跃然纸上，妈妈也把这小松鼠喋喋不休的可爱个性完整呈现了出来。

意犹未尽地校对完译稿，我突然意识到，这不仅是一个帮助妈妈的机会，也是一个无比珍贵的学习机会啊！这一次，轮到我不停地向妈妈提问了："这里的用词是怎么选择的？""为什么这句话要这么翻译？"而妈妈也欣然分享她的心得，并总结了翻译、润色儿童小说最基本的"四个尽量"——一是尽量不用超出小学中低年级学生理解力的难字、难词；二是尽量用标准句式，主谓宾兼顾，以利于孩子们流畅阅读；三是尽量不用超长句子；四是尽量口语化，以求生动。

2018年，《荒岛机器人》续集的约稿也来了。为了保持两本书的连贯性，妈妈一直在观察、推敲作者的写作特点。对此，她总结道：第一是写实笔法，为小说奠定了非常真实自然的风格——尽管主人公是一个机器人，在其他作家笔下或许很奇幻，但在布朗先生笔下却很写实；他描写的一些动物是成年人形象，并未故意将其儿童化，唯其如此，才别有一种感染力。第二，写实的风格并未超出儿童读者的理解范畴，作者非常好地掌控着这两者之间的平衡。第三，作者了解丰富的动植物知识，这使得他的虚构写作有了坚实的现实基础。第四，作者的幽默一点儿也不夸张，而是自然地从人物的言谈举止间流露出来；机器人与不同动物的对话、交往与冲突，都带来独特的幽默感。第五，故事颇具动感，作者没有加入过多的心理描写，这符合写实动物小说的风格，也符合儿童的阅读心理；尤其是后面与一组机器人战斗的那几章，动作性、节奏感、画面感都很强。妈妈借着对儿童文学的深刻的研究体会，总结出这些"干货"，将简单的翻译工作提升到了不简单的境界，不但确保了译文与原作气质一致，也展现出与作者旗鼓相当的诙谐而精彩的文笔。

2019年，出版社又联系妈妈翻译另一套美国名家的儿童小说，共六本。妈妈连忙敲定我这个"英语把关小能手"来助阵。这次妈妈又有了新的见解，她说："这套书的读者定位是小学低年级儿童，这种图文并茂的形式在中国称为'桥梁书'，面向从图画书阅读向纯文字书阅读过渡的孩子们。"出于这样的考虑，妈妈调整了文字风格，使翻译更口语化、趣味化，简洁易懂、生动活泼。

2022 年初，翻译到这套书的最后两本的时候，妈妈的身体已经每况愈下。可是每每谈起书中的人物，她都神采飞扬。“太可爱了”是她常挂在嘴边的话。要是能翻译出精彩的片段，她也由衷地开心和自豪。

“翻译一本好书能带来一份幸福感，感慨良多。”她写道。与妈妈的微信聊天记录中充满了我们的笑声——她是真心喜爱这些优秀的儿童故事，真心热爱翻译的再创作过程。这些年能够陪伴、帮助妈妈翻译两套童书，是我今生永不会忘的珍贵经历。我想，她几十年研究儿童文学的独到见解，都已经带着温柔的微笑，织进了译文的字里行间吧！

在《荒岛机器人》的译者后记中，妈妈写道：“作者对于机器人萝丝与小鹅母子关系的倾情描写，尤其是萝丝独特的教育方法，让我颇有一种知己之感，有些原则在我自己的女儿成长过程中也得到了印证。”正是这段话让我想起了文章开头的儿时趣事。她曾对我说：“当你做家长后，不妨挖掘自己的童心，尽情享受与孩子一起玩耍的天伦之乐。凡有分歧时耐心听听孩子的想法，站在孩子的立场、角度去考虑问题——不是无原则地溺爱，而是去理解他们的想法，在理解的基础上去判断和行动。只有你理解了他们，他们才会理解你。”我多么庆幸，妈妈开明的教育原则和她不泯的童心，让我们母女成了一生的挚友！

一直到生命的尽头，妈妈都面带微笑，谈笑风生，还曾和我同样喜爱文学的先生聊起海明威的短篇小说。看到路边美丽的“黑眼苏珊”金菊花丛或者天边掠过的谷仓燕子，她都饶有兴趣地掏出手机拍照留念，或写下几句俏皮的随笔，由衷欣赏大自然和生活中点滴的美好。她羸弱的身体里有那样强韧的灵魂，令我心疼怜惜，又敬佩不已。在去世的前一晚，她在睡梦中醒来四次，朦胧中伸手摸索着寻找睡在旁边的我的手。我惊醒，连忙把她的手牢牢握紧，希望给她传递我满腔的爱与理解，就像从小到大她给我温暖一样。

2022 年 8 月 15 日是个美丽的夏日，仙女妈妈终于还是潇洒地乘风而去，去往再也没有病痛的净土。妈妈的离去，像她的人生一样优雅，留给我的是对她无尽的思念、向往和尊敬。

恩重如山，太多的感情积压在心里，冲出口只有一句感谢——妈妈，感谢您柔和又深沉的爱，更感谢您教我呵护我们每个人心中珍贵的童心，希望有一天我能将您的爱和智慧传承下去。

原写于 2023 年 5 月 14 日

2024 年 1 月 21 日修改

第二辑

艺术之光

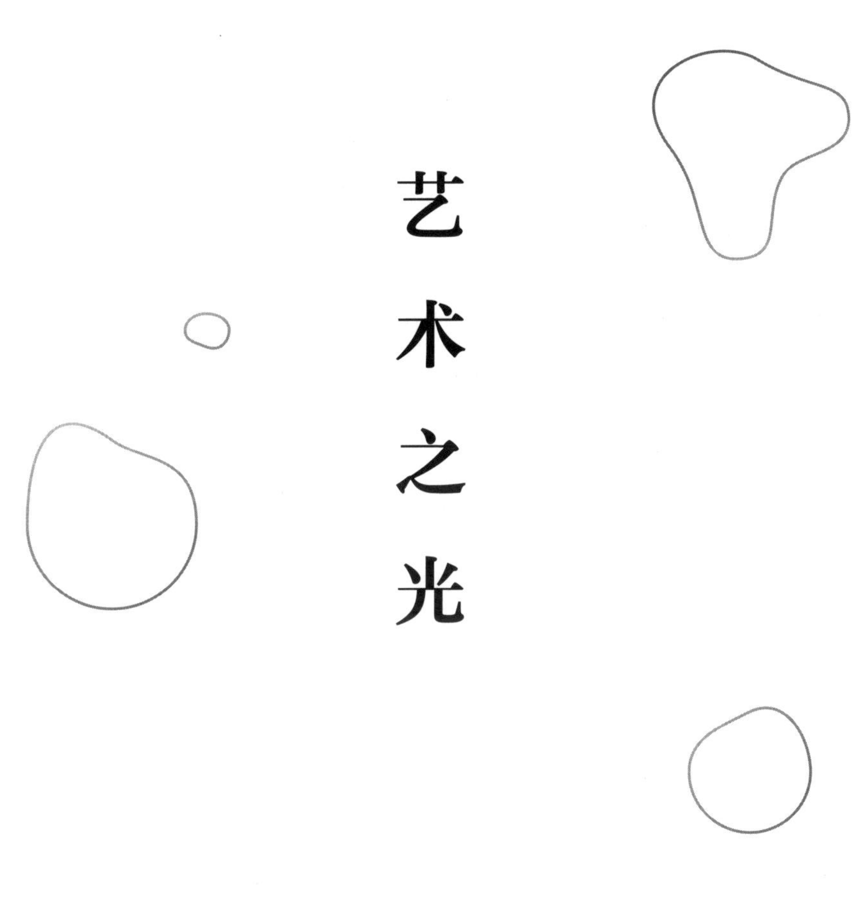

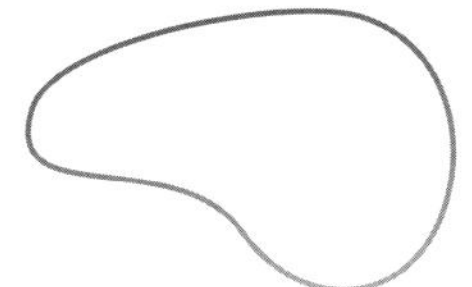

关于比较文学和比较儿童文学研究

叶君健

“比较文学”，在世界文学史上还是一个比较新的名词。甚至在半个世纪以前，在一般的文学批评史上，这个名词还不常露面。在一般的文学词典中也很不容易发现它的踪迹。第二次世界大战以后，词条收得最丰富的《不列颠百科全书》，干脆就没有这个条目（1950 年出版的“战后”增订新版本）。但“比较文学”这个文学研究项目早就存在。有许多文学批评论著，早就把这个题目当作它们发挥的主题。据我所知，我国早期在国外研究文学的留学生，有些就以此为他们取得学位的论文题目。不过他们所“比较”的是中国文学和外国文学，主要是中国古典文学和西方文学——英国、法国和德国的文学。现在则更是如此。“比较文学”已经成了许多大学——包括中国的大学——文学系的一个专门学科。

文学为什么要“比较”？钻研这种学科的人可以通过许多理论和一系列专门名词及术语来阐述这个问题。但说来也很简单——事物只有通过“比较”才能更清楚地看出本质。我们经常说的“差距”就是“比较”的一个方面。但主要的“比较”恐怕还是应该落实在“异同”方面。“异同”牵涉的面很广，有民族的、历史的、文化的、传统的、生活习惯的等等方面。这些方面在文学表现上最容易显露出来。当然我们不是通过文学作品来研究这些方面，而是通过这些方面来研究文学的本质及其美学价值问题。我们在文学创作中一度着重“反映论”。诚然，文学跳不出“反映”这个圈子：不是反映社会就是反映个人——从社会的动乱到个人的精神状态。除了现实主义和浪漫主义的作品外，“荒诞派”

及“黑色幽默”这些派别的作品也是一种“反映”——可能还是最尖锐的“反映”。只不过我们一度以反映工农兵生活为主体、以“阶级斗争”为指导精神的作品，所反映的范围比较狭窄罢了——把丰富多彩的人生简单化了一些，因而使我们在一定历史时期产生的作品也显得过于单调。把这类作品拿到“比较文学”的范畴内来探讨，其结果也同样不免显得单调，从中归纳不出多少有助于推动文学创作的灵感。

但“比较文学”不应该只是为“比较”而“比较”，正如“学术”不宜专为“学术”而“学术”一样。它只是文学研究的一个方面，其目的应该高于研究本身：那就是开阔我们的视野，提高我们的思想境界，最终促进我们的文学创作水平的提高。我们经常说的“借鉴”，实质上也是这方面促成的一种方式。“比较”，我想这就是“借鉴”的开端。有“比较”我们才能比较清醒地知道我们应该吸收什么，摒弃什么。我们“五四”以来的新文学也可以说是与西方文学做了“比较”以后而发展起来的。我们的长篇小说和短篇小说，从形式上看，就“比较”了西方——包括旧俄——的同类创作的形式而加以创新，才发展出现在的这些形式。它们显然与《三国演义》《水浒传》和宋人话本的形式不同，在内容上也不例外。曹禺的话剧，不仅为中国的舞台艺术创立了一个新的品种，同时在内容上，也“比较”了西方的戏剧而加强了我们话剧的思想性和艺术性的深度和广度。这是一种新的思想性和艺术性，曹禺可能是把中国的传统戏剧，从元曲到京剧，与希腊悲剧以及诸如易卜生的现代剧，做了全面的“比较”，才选择和创造出他自己的新的道路的。这条道路一直到今天还在影响我们的话剧创作和话剧表演艺术，并且还在发展。

我们新儿童文学的发展相对迟缓了一步。在“五四”以后的新文学运动中，新型的儿童文学虽然已经萌芽，但对少儿读者的重要性，还没有提高到今天这样重要的程度。对这种“比较”理论的探讨也还在逐步发展的过程之中。在某些领域这种比较研究才刚刚开始，如比较儿童文学，而在成人文学中这方面的探讨已经进行了若干时日，有的大学还开了这方面的专门课程。事实上，中国新儿童文学也与借鉴西方儿童文学分不开；也可以说“新中国儿童文学创作的开始与儿童文学的比较研究几乎是同步进行”，只不过这种研究最初是自发的，而不是有意识地进行。没有与西方儿童文学——包括后来的苏联儿童文学——比较，我们的儿童文学创作不一定具有今天这样的面貌。

我们当代的儿童文学发展很快，特别是在党的十一届三中全会以后。对外开放的政策使我们儿童文学作家有机会更广泛地接触到国外的儿童文学，也使我们的儿童文学研究者得以更多地掌握国外儿童文学研究的资料。比较儿童文学研究这才开始具备了较扎实的条件。汤锐同志不失时机地展开了这方面的研究，可以说弥补了我们儿童文学研究在这方面的空白。当然这也只能说是一个开端，但是不是一个自发的，而是一个有意识的开端，因此也比较有系统，有条理。这个开端也标志着我们儿童文学研究迈开了另一个步子。

汤锐同志在这个领域研究的出发点，据她说，是“以‘复演说’理论与文化人类学方法为主，以发生认识论、审美发生学等为辅；以平行比较为主，以影响比较为辅；以历史的经线和上述理论视角的纬线构织一个史论结合的比较框架”。这个方法是她从她独特的研究心得所取的选择，比较儿童文学是一个广泛的研究课题，方法当然不会仅此一种。但是有一点是肯定的，她是意识到了中国新儿童文学的迅速发展才埋头展开这方面的研究。这种研究成果也可以说，是过去和现在中外儿童文学交流的一个初步总结。它有助于我们认识我们自己的儿童文学演进的进程及其以中国社会和文化传统为背景的特点。我希望它对我们今天的儿童文学创作也有所帮助：任何文学批评和理论研究总是应该对文学创作产生有益的影响和作用的。

写于 1989 年 1 月 28 日

于历史的源头处开掘

——读《比较儿童文学初探》

别道玉

在我国，可以说，自从有了真正意义上的儿童文学，就出现了儿童文学的比较研究。一般认为，我国儿童文学，诞生于五四时期，这是一个特定的历史时期，历史的巨大变革和文化的渗透交融为中国儿童文学的诞生提供了良好的生存环境。中国儿童文学的诞生，直接受到西风东渐的巨大影响，它的存在，本身就是以西方儿童文学作为参照的。所以，五四时期，一些著名学者——周作人、赵景深、郑振铎等，都曾经涉猎过中西儿童文学比较研究领域，并发表了许多真知灼见。但至今，这方面的专著仍不多见。由汤锐撰写，湖北少年儿童出版社出版的《比较儿童文学初探》一书（以下简称《初探》），在这个领域做了有益尝试。

总体来看，本书有三个比较鲜明的特点。

首先是平行比较的研究方法。要对卷帙浩繁的中西儿童文学进行比较研究，并不容易。我们一般认为西方儿童文学起源于十八世纪，以贝尔的《鹅妈妈的故事》为其标志，而中国的儿童文学诞生于五四时期，可以看出，当西方儿童文学已经处于蓬勃发展阶段时，中国儿童文学还在孕育之中，当中国的儿童文学一旦确立，又表现出迥异于西方儿童文学的美学品质。巨大的历史落差造成的隔离状态，迥异不同的发展空间和文化氛围，使得我们不能在同一起跑线上对中西儿童文学进行比较，所以作者说："在历史的坐标系中，中西儿童文学往往不在同一经纬度上。”但作者独具慧眼地为我们提供了一条新的思路，“将中西儿童文学的发展各理出一条线索，来研究各自的轨迹和特色”（《初探》第 34 页）。从全书来看，作者正是把中西儿童文学各自的发生、发展看成一个独立的过程，然后从整体上对两者进行比较研究。这就是“以平行比较为主，以影响比较为辅”的研究方法。正是基于这种考虑，作者从三个大的横截面上进行比较。一是廓清中西儿童文学的起源，然后从两条思路进行比较；二是把十八、十九世纪的西方儿童文学与二十世纪中叶以前的中国儿童文学进行比较；三是把二十世纪西方儿童文学与七十年代中叶以后的中国儿童文学进行比较。这样既能使人明了中西儿童文学发生、发展的轨迹，同时又能使人从不同历史阶段，分辨其异与同。全书脉络清晰，结构严谨，打破时间和空间的限制，从逻辑上达到了全书的统一。

其次是以论带史、史论结合的述史艺术。任何理论著作，史与论都是密不可分的。在《初探》一书中，作者是以立论为主，以论带史。在描述中西儿童文学发展的历史时，作者紧紧扣住论点来展开，而没有过多去堆砌史实。从大的方面来说，作者把几百年西方儿童文学发生、发展的历史概述为牧歌时代和生存时代，把五四时期诞生的中国儿童文学概述为教育时代和人的时代，从理论的高度抽象性上概述了中西儿童文学发展的整体面貌；同时，又以中西儿童文学发生、发展的详细史实来作为依托，构成了一个有机的整体。从小的方面来看，在每一个发展阶段上，作者尽量展开，用史实进行铺垫，显得有说服力。例如，在论述十八、十九世纪的西方儿童文学时，首先用牧歌时代进行总结，然后用《鹅妈妈的故事》、北方的牧歌、牧歌时代的性格等几个方面来具体论述，既从整体上、客观上立论，又从微观上、横截面上述史，不为比较而比较。正是作者注重以论带史、史论结合的述史艺术，使书中的“比较论”显得既有抽象的理性思辨色彩，又有详细的历史事实，做到了史与论、历史与逻辑的统一。

再次是同中存异、异中求同的思辨色彩。中西儿童文学之所以能够比较，就在于它们有同，也有异。儿童文学作为儿童所特有的文学种类，是新生的，晚出的，同时又是古老的。人类没有共同的“童年”，但人类都有过“童年”。从各个民族、各种文化所传递的集体无意识中，从儿童文学所呈现出的儿童心理状态、思维模式、行为特征、情感态度中，可以看出，中西儿童文学有着惊人的一致性。但从全书来看，汤锐所着重论述的，是从纷繁复杂的流变中充分展示中西儿童文学的差异和不同。本书的价值更多地表现在同中求异上，而不在异中求同上。

纵观西方儿童文学发展的历史，其中也不乏以传播知识、道德劝诫为目的的作品，但应该说，西方儿童文学的主流是审美的、游戏的。“目的是娱乐而非自我改造；是感情的抒发而非灌输知识”（《不列颠百科全书》），这句话所概述的，可以说正是中西儿童文学的分野之所在。西方儿童文学重娱乐、游戏、审美、情感的抒发，而教育和道德劝诫不是终极目的。也就是说，不光要教育儿童懂得什么是真与假、善与恶，还要懂得美与丑。其目的就是丰富儿童的想象力和审美经验。而中国儿童文学从其诞生之日起，就与政治斗争和思想变革联系在一起。早期的倡导者们在批判旧的“文以载道”的同时，提倡过儿童文学的审美功能。但社会的政治、经济环境和传统文化的双重制约，使之走上的是一条不同于西方儿童文学的道路。传授知识、塑造理想人格和道德劝诫一直是中国儿童文学的神圣使命，而游戏性、娱乐性仅仅是一种手段而已。“文以载道”一直是中国儿童文学的最高目的。可以这样说：汤锐在《初探》一书中，一个显而易见的成功之处，就在于把握住了中西儿童文学发展的这个关键之巅，从而达到比较研究的目的。

原载于 1991 年 1 月 12 日《文艺报》

辉煌·艰涩·无奈

毕冰宾

中国终于有了自己的第一本比较儿童文学的专著。但它的出现并不轰动，尽管它自身亮得奇特。

《比较儿童文学初探》，十万字，看似轻盈，又由于谦卑的“初探”二字，更显得它有点儿尖尖小荷的样子。可在这独放的小荷下面却是几代儿童文学理论家积成的厚实泥土。

作者是国内较早专修儿童文学的研究生，第一本书能写到这个地步，是很不容易的。历史地看，这本书的构思、立意和旨趣体现了作者对中外儿童文学成竹在胸的了解和把握，点评富有批判性，文字恣肆激扬，笔调颇具抒情风格，倒有点儿诗意在其中。

如此的气势，在儿童文学批评中是鲜见的。如此的文风，对于“灰色”的理论家们来说，不啻是一株绿木。

不能不说，做中西比较方面的研究，中国人或许是占优势的。一方面，现代中国对西方的开放与对西方事物的引进，使中国学者对西方的了解远胜于西洋人对中国的管窥。另一方面，中国人自己骨子里的对中国的感受和认识，更使他们在这种比较中占优势。本书作者之纵横捭阖之势，显示出她——作为颇具代表性的中国学者——对中西两方面进行研究的自信与良好的知识训练。相形之下，笔者近日读一德国人所写《中国儿童文学历史与发展》（或许“历史与发展”可活译为“发展史”），很替其浅薄不安。如果说这类“专稿”已是西洋人了解中国儿童文学的代表作，那么汤锐的著作拿到西方一定可以成为经典了。这样的著作，西洋人是做不出的，关键是做不出“中国”这一半，更无从谈“比较”。

本书之敢为天下先，既是几代中国学者孜孜探索之厚积薄发，亦是现当代文化因了战争离乱和政治运动的影响而几次产生断层后的一次带伤的冲刺。因此从整体上看，作者论述二十世纪前和二十世纪初的外国文学，显出其深厚的造诣与功夫，尤其在视角上颇得二十世纪八十年代的崭新眼光，如从“地中海文明”和“黄河文明”的角度对中西文化以儿童文学为母题的衍变所做的分析，似有其独到之处。在此，作者不是试图在把以往被当成哄孩子的儿童文学推到严肃文学的地位，而是在恢复儿童文学在文化中的根之地位，似乎在不经意地嘲讽那些离开儿童文学而大谈特谈主流文化和亚文化的论著之轻浮。

但值得注意的是，也正是在这一方面，本书显出了它的不足。问题出在前面所说的“断层”上。作者尽管显示了她用最新眼光感知历史的功力和追求，但是由大的断层造成的作者知识上的断层，却使得这些新鲜立场的展示显得不够充分，有些突兀，也有些不系统，时有抓住一派观点论彼，又抓一派观点论此，虽然高见迭出，却难免令人抓不住主次。这些问题恐怕不是一本十万字的书能解决的。

更大的问题则表现在，本书对当代西方儿童文学创作和理论的了解力不从心，甚至无奈。作者很明显是费了一番心血，对神话批评、存在主义、发生学、荒诞文学和异化理论等尽力展开论述，但囿于我国儿童文学总体上与西方当代文学的时差（交流不够，译文太少所造成），作者无法在更多的方面挥洒自己的才气。这是令人遗憾的。或许不久的将来作者会在再版时充实一下这些论述。这当然取决于中国向世界的更大程度的开放所带来的文化上的更大开放，取决于出版事业走出困境和更新意识。

谈到出版界的问题，不能不说作者在书中做出的个别失误结论与出版界的保守主义有关。私以为，出版社介绍西方儿童读物时太多使用中国的某些观念去寻找“情趣相投”的作品来翻译出版（如写实的、非实验派的、教育性质的），对大量的潮流作品却视而不见，甚至排斥。这就难免造成国人的误会，以为外国的儿童文学与我们的大同小异。甚至本书作者也时而流露出西方儿童文学向传统回归的看法。我相信，当作者听到安徒生儿童文学大奖评委会主席说“不是我在写书，而是书在写自己”时，她就不会再有那样的感受；当作者听说西方儿童文学作家中不少人信奉“拆散主义”、提倡“经典误读”时，就不会认为这些人已然“回归”。

最后我要说的是，这本书的辉煌是与它的艰涩和无奈共存的。正如作者在书中称张天翼的创作包容了中国作家的一切长处和短处，不妨说，这本书的写作亦是现今青年学者做学问的一个“标本”——融开放的激情、历史的开拓、可悲的断层和信息的不足于一身。

这一代人注定还只是铺路石，本书亦然。

原载于 1991 年 5 月 11 日《文汇读书周报》

放眼中西的创新者

——汤锐比较文学印象

汪晓军

把中国和西方的儿童文学放在一起考察研究，是汤锐的《比较儿童文学初探》的重要尝试。在这本书里，汤锐展示了中国和西方儿童文学的大致走向，试图从总体上把握儿童文学在世界范围相互影响又各自发展的状况。

汤锐的结论是颇耐人寻味的，她认为，西方儿童文学开始是以愉悦身心为目的的，因而注重审美感受；而中国儿童文学的初始阶段带有明确的教化目的，所以把重心放在创作主体方面。但是到了近代，“当中国儿童文学从寓意（伦理）的走向审美的同时，西方儿童文学正在从审美的走向寓意（哲学）的；当中国儿童文学从闲适的、理性的走向娱乐的、浪漫的时候，西方儿童文学正在强化群体意识”。尽管如此，彼此越来越接近了。原因有二，一是现代社会日益开放，人类交流密切；二是中国实行改革开放以后，中国儿童文学工作者缩短与域外差距的愿望付诸实践。

我们知道，比较文学研究在我国起步较迟，而比较儿童文学，在很长一个时期更是一片未开垦的处女地。虽然我国儿童文学从初始阶段就注意到了借鉴外国的儿童文学，但是把它上升到理论，从总体上把握，并寻求各自的轨迹和走向，汤锐属第一人。

从总体把握的角度来看，汤锐的研究大致给予了我们两个方面的结论。

一方面，我们可以清楚地看到，任何一种文化都有其深刻的历史渊源和背景，儿童文学作为儿童文化形态的一种，自然也是受其影响和制约的。汤锐把西方儿童文学分为“牧歌时代”和“生存时代”，把中国儿童文学分为“教育时代”和“人的时代”，清晰地勾勒出西方儿童文学和中国儿童文学的社会环境及发展脉络，分析它们各自的审美特点，对于我们正确了解中西儿童文学，发展中国儿童文学，有着重要的意义。

另一方面，我们也可以体会到，儿童文学毕竟有着其特殊的艺术发展规律，它的艺术特质是鲜明的，无论中西儿童文学各自的源流如何不同，它们总是要在各自的发展中互相渗透，互相影响，呈现出日渐“合拢”的趋势。

原载于 1991 年 10 月 14 日《兰州晚报》

女性与理性

——读《现代儿童文学本体论》

曹文轩

汤锐的《现代儿童文学本体论》使人感觉到，一位女性，只要她愿意去构建一种体系，且又得到了良好的知识武装，那么她在理性上所显示出的力量，足以使那些在逻辑中进行智力游戏，在构建大规模体系之中获得理性快感的男性感到震惊并觉得望尘莫及。

《现代儿童文学本体论》是一本专著。它要回答的是一个自有儿童文学史以来人们就反复发问的问题：儿童文学究竟是什么？汤锐发现以往的一切回答都是偏颇的。人们或是站在儿童的角度上来发问，或是站在成人的角度上来发问，其结果是各执一端，陷入对峙，根本无法达成共识。在理论的争吵声中，她发现，以“成人—儿童”双逻辑支点来构建现代儿童文学理论体系的双向结构，才可能对回答这个问题取得突破性的进展。她在动手之前，就明确地为这本书找到“构思的焦点”。她开始了她的胸有成竹的论述。这种论述是规定在一种自足的框架里的，一切是可以预见的，她只不过是根据预先设定的范畴，进行各个侧面的揭示罢了。从这一节到下一节，从这一章到下一章，是一种逻辑性的演绎。像一部长篇小说一样，是不停顿的绝无断裂的滚动，一切都在意料之外，一切又都在情理之中。当汤锐写完最后一个字时，她也许意识到了，也许没有意识到，她为中国的儿童文学理论重立了一个体系，并且这个体系是严密的。中国的儿童文学理论始终不成熟，一些“专著”，实为杂凑，大多没有体系。汤锐的这本书，在荒凉的景况里，显得有点儿突兀，甚至显得有点儿清高、孤傲不群。这本书，即使是放在整个中国文学理论的大局中看，也是无法忽略的。

汤锐的这本书，是理性的，却是女性的那种理性。她对她的研究对象，表现出了一种似乎只有女性才有的耐心。她去分辨它们，没有任何焦躁，也没有端一副观察家、分析家的大架子，只是一副很用心、很民主、很平等的样子。她看出了儿童文学反映作家生活的三种时态互为渗透的关系，从而解决了“儿童文学到底写什么”的长久疑惑，使三种时态的写作都获得了理论的解释与支持，并使一些关系得到了心理学乃至哲学上的梳理。在《再谈儿童文学的功能》一部分，她对“教育”“美育”“娱乐”“再现人生”四者的必然性和限定性的分析，表现出了一个人只有当他处于理性状态时才有的那种难能可贵的分寸。而这种理性确实是很女性化的，似乎只有女性才能避免那种偏执与极端以及叙述自己观念时的那种激烈表白与争辩。

这本书又不只是一味地限定于理性。在这本书里，她没有让理性成为情感的束缚，更不愿将情感当成是理性的阶下囚。她高看自己的情感，甚至提醒自己，不要因为自己的所谓“学术”“学问”，而使自己纯粹成了一个逻辑化的动物。“我向来相信，理论也是一种创作，它和小说、诗歌之类一样，都是作者心性的一种表述方式，理论的写作固然是一件严肃的讲究逻辑的事情，但理论工作者也有想象，也有激情，这一切其实完全不必把它严严实实地封锁在严肃的、逻辑的文字背后。”

于是，我们看到了一个抒情的、富有美感的学术文本。这本书的全部行文都有着温暖的感情色彩，尤其是那些用另样的字体印刷出的散文化的段落，使一部学术性著作，既满足了人的理智的需要，又满足了人的情感与审美的需要。在这里，我们看到了理性与情感的令人向往的融合。

原载于 1996 年 6 月 7 日《中国艺术报》

我们思想舞台上的优雅舞者

方卫平

在我们这个相对孤寂清冷的思想舞台上，汤锐以她轻盈而又坚实的思想舞步和几乎可以说是流光溢彩的思想舞姿，赢得了众多学术上的知音和喝彩者。对此，汤锐似乎没有太在意，更没有陶醉其间。这当然并不意味着她的孤傲和冷漠——我觉得，这正好标示了汤锐为人为文沉稳内敛、学术心灵清净大气的特质。

二十世纪八十年代初期，汤锐和一批跃跃欲试的理论新手一起，挤进了儿童文学研究的学术领域。这批新人的知识结构、思想背景等，显然与他们的思想前辈们有了颇多的不同。这使得他们的研究工作几乎从一开始就显露出了某些不同于其学术前辈们的天真而又执拗的学术心性和志趣。相比之下，汤锐在儿童文学思想舞台上的最初亮相显得小心翼翼。二十世纪八十年代前期，她在攻读硕士学位期间，曾在《浙江师院学报》发表过一篇题为《一束小葩——读孙幼军童话近作》（1984）的论文。文章的选题、标题和论述格局，都表现得十分谨慎低调。她在这一时期发表的理论批评文字大体都表现出这样一种学习策略：不是急于摆开某种学术架势，而是更致力于理论感觉的培育和学术底气的积蓄。1984 年，当她以研究张天翼前期儿童文学创作的学位论文顺利通过毕业答辩时，人们才从那篇扎实流丽的研究论文中，隐隐感觉到了作者优秀的理论素质及其蕴藏的学术潜能。

不过，汤锐理论才情的真正喷发，是从二十世纪八十年代中后期开始的。

那个时候正是中国当代儿童文学创作思想最为活跃、创作面貌最为斑斓的时节。这既为儿童文学学术界提供了思想开发的机会,也提出了不容置疑的现实挑战。在众多学者的理论描述、分析、判断、争鸣所构成的喧哗声中，汤锐的声音曾格外地引起我的注意。她的《不断丰富的童话创作》（1987）、《印象：一束浪漫主义者的心灵之光——〈曹文轩作品选〉序》（1987）、《酒神的困惑——近年儿童文学速写之一》（1988）等文章的陆续发表，构成了一个具有独特灵性和才情的感悟世界。可以说，正是这些文字的发表，人们才开始清晰地辨识出汤锐理论批评的独特气质。

许多人都描述过那个时代的儿童文学身影。汤锐的独特之处在于，她对那个时代的思想跟踪和理论勾勒表现出了一种纯净、机敏、缜密的感悟品格；与这种品格相联系，她的理论表述也常常是简约而灵动的。她仿佛不用什么特别的气力，就为我们描画了一幅幅简洁漂亮的文学发展图景。在《不断丰富的童话创作》一文中，她以三千字的篇幅，高屋建瓴，勾画了二十世纪八十年代中国童话发展的基本艺术眉目。在《酒神的困惑》一文中，她同样以三千字左右的篇幅，对“悄然漫入儿童文坛”的“一股新的创作潜流”做了十分传神的勾勒：“仿佛给人这样一种印象：八十年代中国的儿童文坛诞生了一个酒神，它先是以婴儿般的活泼、新鲜、稚气和大胆的喧闹震动了世界，继而又逐渐有了个性的另一面，开始沉浸于神秘、多思、忧郁的青春早期的困惑之中。从喜剧走向悲剧，从明朗走向神秘，从单纯走向复杂，这或许是酒神在走向成熟的兆示？”她的那篇篇幅稍长，自称是“一堆印象”的“杂陈”的《印象：一束浪漫主义者的心灵之光》一文，堪称是那个年代儿童文学评论界在作家研究方面提供的具有某种经典品质的批评文本之一。这篇清幽而又俊爽、华美而不失典雅的批评文字对曹文轩艺术世界的精微、绵密、独到的感悟和分析，曾经引起过我不小的阅读兴奋。譬如她对曹文轩二维交叉的文化心理结构的点评，她对曹文轩创作中忧郁情感体验的分析等，都是十分细腻、精妙而又坚实的。请看她对作家独特气质和心灵的揭示："从他对莫名激情和内心感受的偏爱的描写，从他对少年坚韧性格的夸张般的骄傲，从他对色彩的敏感以至近乎滥用，从他热衷于为自己作品织染的浓烈氛围中，他已经清楚地勾勒出了自己的心灵图像：激情、天真、神秘感、梦幻和忧郁，甚至还有些神经质。这些，都是浪漫主义者的典型心态特征。他可能不具备诗人的技巧，他的才华可能仅属叙事性的，但在本质上，他是个诗人。""这种鲜明的浪漫气质，使他无法将自己拘禁于统一规格的理想主义，却越来越快地走向个性的、心理的空间。"

有一次，我跟汤锐在一起谈论彼此学术写作的某些习惯时，汤锐告诉我，她不太喜爱写长篇大论，而喜欢写作三千字左右的文章。我知道，这种显现于写作篇幅或者说是写作秩序上的偏好，其背后隐藏的正是汤锐认知习惯和学术心性上的某些特性。通常，当她面对纷繁涌动的文学现象时，她更习惯的是深入文本，含英咀华，借助心灵的会通领悟来鉴赏、把握儿童文学的艺术神采和发展潮流；而当她试图通过文字阐述自己的艺术感觉时，她常常放弃了过度的铺陈、殷勤而多余的说明，而将思想浓缩在尽可能简约玲珑的文字表达之中。所以，虽然她经受过良好的属于学院派一路的学术训练，但她的学术研究与通常意义上的学院派有了很大的不同。简单地说，她保留了学院派庄重的研究气度，但少了些凝重、拘谨和呆板，多了些灵动、轻巧和洒脱。

对于近二十年来的中国儿童文学理论批评界来说，汤锐学术活动的价值恐怕首先就在于她为我们提供了一种良好的、独特的艺术感觉。坦率地说，当代儿童文学批评曾经经历过一段相当长的感觉麻木期，甚至是感觉剥夺期。因此，在同样是相当长的一个时期里，儿童文学批评界的艺术感觉能力是相当迟钝和紊乱的。从这个背景上看，可以说，汤锐带给我们的清新、通脱、精妙的艺术感悟是独特而宝贵的。

这种感悟品格的形成，除了汤锐自身的悟性和修炼之外，与她早期所倾心和接受的学术滋养也是分不开的。她曾经在《现代儿童文学本体论》一书的"后记”里充满感念地这样回忆道：“记得在念大学四年级时，读到了丹麦著名文学史家 G. 勃兰兑斯的《十九世纪文学主流》，顿时像被磁铁吸引了一般，爱不释手，它是我那时唯一能像读小说读诗一样如痴如醉的理论著作，尤其是其中的第二册《德国的浪漫派》，译者刘半九漂亮得令人炫目的译文更衬出原著的充满灵性。稍后接触了尼采的《悲剧的诞生》，方叹知‘理论’这东西原来也能够拥有如此流光溢彩的面目。像勃兰兑斯、尼采、宗白华、刘小枫等人的著作，读来真是一种艺术的享受，枯燥的理论宛如生出了鲜活的翅膀，那生命的活力分明闪烁在理论的外观与结构之中。”当然，二十世纪八十年代也是一个批评界开始张扬批评个性的时代。汤锐学术个性的逐渐生成，与时代氛围的滋养和包容，也是密不可分的。

进入二十世纪九十年代，汤锐的学术活动也随之进入了一个新的时期。在已有的研究基础上，她选择了一些更为厚重、更具创造性的研究课题，陆续出版了《比较儿童文学初探》（1990）、《现代儿童文学本体论》（1995）、《北欧儿童文学述略》（1999）等引人注目的学术专著。这些著作，确立了汤锐在中国当代儿童文学理论批评界的学术地位。

《比较儿童文学初探》是一部尝试构筑中西儿童文学比较研究新体系的理论著作。我们知道，中西儿童文学比较研究在中国现代儿童文学研究起步时期就由于西方人类学派研究方法等的影响而出现，周作人、赵景深、郑振铎等人均有涉猎。但由于种种可以理解的原因，当时的比较研究应该说还是粗浅、零散的，有很大局限性。更令人遗憾的是，自二十世纪三十年代中期以后，比较儿童文学研究就因为各种社会文化方面的原因而基本中断了。因此，《比较儿童文学初探》一书实际上承担了恢复和振兴比较研究这一儿童文学研究分支领域的理论重任。而人们知道，中西儿童文学发展存在着巨大的历史时差和文化位差，比较研究谈何容易。但是，汤锐认为：“当我们将中西儿童文学各看作一个有机生命体时，便能发现，虽然二者之间有明显的时间差，虽然后者对前者产生过并仍在产生着重要影响，它们毕竟各有其从幼年走向成熟的完整而独立的发育过程，二者最根本的可比性特征正在于斯。”由此出发，《比较儿童文学初探》一书“将中西儿童文学的发展各理出一条线索，来研究各自的发展轨迹和特色”。因此，该书不是对中西儿童文学发展的枝节和局部的比较研究，而是以历史为经线、以理论为纬线构筑了一个史论结合的中西儿童文学比较研究的新体系。早在七八年前，我在撰写拙著《中国儿童文学理论批评史》时就认为，汤锐“这部著作的出现为重建儿童文学比较研究这一分支领域的理论殿堂，举行了一个漂亮的奠基仪式”。

《现代儿童文学本体论》是汤锐十分重要的一部理论专著。该书将学术触角伸向了现代儿童文学的本质、功能、美学特征、创作机制等一系列重大而基本的理论问题。汤锐试图突破以往仅以儿童（读者）为单一逻辑支点的封闭式的儿童文学理论框架，而努力以“成人—儿童”双逻辑支点为基础，建构新的、开放式的现代儿童文学理论体系。她指出：“由‘成人—儿童’为逻辑支点，这就必然会将思考的焦点引导到成人与儿童（作者与读者）两种审美意识的相互协调、双向交流上来，而这正是具有双向结构的现代儿童文学理论体系的关键环节。一旦我们把握住这一环节，现代儿童文学观念与实践中的一切主要问题都将迎刃而解。”

从成人、儿童或作者、读者双重视点来认识探讨儿童文学的特殊性问题，汤锐也许不是第一人。早在二十世纪八十年代，不少研究者对此已先后有所涉猎。例如，班马在《对儿童文学整体结构的美学思考》（1987）一文中提出，应突破儿童文学原有美学观念上的“自我封闭系统”，走向一种儿童与成人（社会）之间有机对话的双向结构。吴其南的《从系统结构看儿童文学的创作思维》（1986）、杨实诚的《是奴隶，也是主宰》（1986）、黄云生的《简论儿童文学创作的读者意识》（1988），以及拙著《儿童文学：在创作者与接受者之间》（1987）、《儿童文学本体观的倾斜及其重建》（1988）等文章，都分别从不同角度论述过这个问题。但是，以“成人—儿童”双逻辑支点为理论核心和基本出发点，构建系统严整的理论体系，并使之具有巨大的社会历史感和广泛的理论涵盖力，汤锐无疑是完成此项学术工程的第一人。

《现代儿童文学本体论》出示了一个良好悟性建构而成的精致、绵密的理论构架。在此书中，作者除保留并发展了她充满感性色彩和优美品格的研究个性外，还显示出了相当出色的理性分析和逻辑演绎能力。曹文轩教授曾经评论说：“这本书使人感觉到，一位女性，只要她愿意去构建一种体系，且又得到了良好的知识武装，那么她在理性上所显示出的力量，足以使那些在逻辑中进行智力游戏，在构建大规模体系之中获得理性快感的男性感到震惊并觉得望尘莫及。”写到这里，我突然意识到，在较早的那些学术文章和《比较儿童文学初探》中，我们其实已经领略过汤锐那些从容流丽、不紧不慢的文字中所辐射出的坚实的逻辑力量和灼人的理性气息。事实上，她始终是一名在感性和理性的交互相融的宽广舞台上徜徉、起舞的思想者。感性和理性、思想和情感，在她的学术思考和学术文本中，得到的是轻巧而美妙的配合。

我们当然仍然能够在二十世纪九十年代儿童文学思想舞台的一些不同方位上看到汤锐的舞姿。例如她对儿童文学年度发展态势的精到点评，例如她对多媒体时代儿童文学发展的独特观察，都是二十世纪九十年代儿童文学思想舞台上上演的漂亮节目。汤锐似乎并不乐意在这个舞台上抢风头，直到今天，她仍然是这个舞台上一名小心翼翼的舞者，至少在她的主观心性控制中，她是低调而谨慎的——尽管她的声音和身影一旦出现，便常常会招来她无法躲避的关注甚至喝彩。

人们不一定会同意汤锐的所有思想和观点，但是我相信，人们会无保留地欣赏汤锐的思想舞姿和风采，因为她的确是我们思想舞台上一名优雅的舞者。

原载于 2000 年第 1 期《中国儿童文学》

汤锐：艺术本体与比较视域

李利芳

在新时期初成长起来的儿童文学学者中，汤锐属于为数极少的优秀的女学者之一。而在“女性性别”与“理论建构”的结合点上，她则是儿童文学学界凤毛麟角的杰出代表者。汤锐以女性声音与同时代成长起来的男性学者们一起，共同绘就了我国新时期儿童文学理论批评的新图景。

一、跟随“酒神”成长，“复调时代”的美学思辨

汤锐的儿童文学研究是从对童话的关注开始的，她对这一文体天然的兴趣与良好的感受力已然显示出她的艺术趣味与理论兴奋点。针对 1981 年创作界的一些童话作品，1982 年她发表了题为《关于童话创作的几个问题》[1] 的文章，这是汤锐发表的较早的一篇论文。1983 年汤锐发表了关于郑渊洁童话的研究文字[2]。郑渊洁是新时期初成长起来的重要儿童文学作家，汤锐的批评文字能出现在 1983 年，已经充分说明她对文学现象的关注与跟踪非常敏锐及时。汤锐早期还对孙幼军、张天翼的童话创作进行过研究，对张天翼的研究还是她的硕

1　汤锐：《关于童话创作的几个问题》，原载于《儿童文学通讯》1982 年第 7、第 8 期合刊。引自汤锐著：《酒神的困惑》，甘肃少年儿童出版社，1994 年 10 月第 1 版，第 35—40 页。

2　汤锐：《想象，童话的血肉和灵魂——由郑渊洁的童话所想到的》，原载于《儿童文学研究》1983 年第 19 辑。引自汤锐著：《酒神的困惑》，甘肃少年儿童出版社，1994 年 10 月第 1 版，第 89—94 页。

士学位论文的内容。汤锐在1987年发表的两篇论文——《不断丰富的童话创作》[3]和《印象：一束浪漫主义者的心灵之光——〈曹文轩作品选〉序》[4]，在文风、艺术感觉与理论表现力上，突然与此前的文章拉开了距离，显示出一个独具魅力的研究者形象。到了1988年《酒神的困惑——近年儿童文学速写之一》发表，汤锐的理论个性终于以清晰的面目活跃在新时期的儿童文学界了。对汤锐学术研究的风格与特质，方卫平曾经有非常全面贴切的理论分析："对于近二十年来的中国儿童文学理论批评界来说，汤锐学术活动的价值恐怕首先就在于她为我们提供了一种良好的、独特的艺术感觉。"[5]

在"历史与未来的交叉点上"[6]，汤锐对1989年、1990年的童话创作有深刻的理论穿透，对童话的艺术革新之于新时期儿童文学观的冲决做了高屋建瓴的把握。考察汤锐从二十世纪八十年代初至九十年代初的研究我们已经可以发现，她对每一种现象的研究都有穿透现象逼出本质的思维惯性。比如对特定年份童话作家作品的研究，她一定不是就事论事，就作品谈作品，而是由作品的样本反观"文体"，在对"文体"的理论逼视中见出意义，呈出文学的时代建树。这样的一种批评路径使汤锐逐渐开掘出一个深广的理论空间，随着感知经验与艺术判断的日益累进，她必然会走向一个体系性的自我理论建构过程。

在童话文体的关注之外，汤锐对儿童小说的跟踪研究也颇下功夫。如她对

3　汤锐：《不断丰富的童话创作》，原载于《文艺报》1987年2月21日。引自汤锐著：《酒神的困惑》，甘肃少年儿童出版社，1994年10月第1版，第1—5页。

4　汤锐：《印象：一束浪漫主义者的心灵之光——〈曹文轩作品选〉序》，原载于《暮色笼罩的祠堂——曹文轩作品选》，中国少年儿童出版社1987年版。引自汤锐著：《酒神的困惑》，甘肃少年儿童出版社，1994年10月第1版，第46—52页。

5　方卫平：《我们思想舞台上的优雅舞者》，原载于《中国儿童文学》2000年第1期。

6　汤锐：《在历史与未来的交叉点上——1989、1990年童话创作漫评》，原载于《儿童文学选刊》1991年第4期。引自汤锐著：《酒神的困惑》，甘肃少年儿童出版社，1994年10月第1版，第11—18页。

1991 年少儿短篇小说的管窥[7]，指出这一年度的小说更感平静、淡泊、含蓄，减少了前些年小说的奋激、躁动、浓烈，创作界正在转向一种自然、成熟的心态。而在对 1995 年、1996 年的儿童小说进行总体把握时[8]，她对这一发展状态更有清晰的扫描："一种掩饰不住的平和与淡然分明已成新的时尚。"在捕捉 1997 年、1998 年之交少儿小说的美学气象时[9]，她用到了"复调"一词，以"复调"指称正在发生转型的少儿小说，其理论辐射力有相当深远的意义。汤锐由对少儿小说"复调"状态的澄清，进而将其延伸为对二十世纪九十年代后期以来中国儿童文学整体发展特征的概括。

在"复调时代"的理论研究中，汤锐勘探了一些重要的论题领域，她在若干题旨上的"先声发言"，使人不得不佩服她的理论敏感性与问题发现能力。如她在 1998 年发表的关于"多媒体时代的儿童文学"的论文[10]，其论题的新颖与论述的深度在今天看来都是极具原创性的重要成果。她对多媒体时代儿童文学建设的理论预见，其思想的深刻性与丰厚的艺术感觉值得我们再次重温她的原样表述："电子媒介，特别是'交互式'的概念所暗示的未来儿童文学创作与欣赏的新型方式、新型审美空间，必将引发儿童文学的创作和出版模式的深刻变革"；"可以想见，未来中国儿童文学的发展会更富戏剧性和出人意料，世纪之交多媒体时代的高科技背景绝不会仅仅作为创作题材进入儿童文学，它给予儿童文学的深刻影响或许是划时代的"。

---

7 汤锐：《淡泊之中见沧桑——1991 年少儿短篇小说管窥》，原载于《儿童文学选刊》1992 年第 3 期。引自汤锐著：《酒神的困惑》，甘肃少年儿童出版社，1994 年 10 月第 1 版，第 19—24 页。

8 汤锐：《暖冬：1995、1996 年之交儿童文学创作简评》，原载于《儿童文学研究》1996 年第 2 期。引自汤锐著：《复调时代》，明天出版社，2009 年 9 月第 1 版，第 24—30 页。

9 汤锐：《复调时代——1997 年、1998 年之交少儿小说创作管窥》，原载于《儿童文学选刊》1998 年第 6 期。引自汤锐著：《复调时代》，明天出版社，2009 年 9 月第 1 版，第 37—41 页。

10 汤锐：《多媒体时代的儿童文学》，原载于《儿童文学研究》1998 年第 2 期。引自汤锐著：《复调时代》，明天出版社，2009 年 9 月第 1 版，第 42—52 页。

在跨世纪的历史节点上，汤锐理论批评的路向较前期相比有新的突破，即论题视域的拓宽与问题意识的强化，其研究视点由紧贴地表延展为更辽远、更开阔的空间透视。比如上述对多媒体时代的论述，再如她对“21 世纪儿童文学走向的思考”[11]，针对跨世纪创作与出版的一些发人深思的现象，她将自己的疑虑与思索概括为三个方面的问题：一是“社会文化背景的后现代走向是否会消蚀新一代的人文精神和历史感”；二是“下一个世纪的中国儿童文学是否应建立新的价值体系和艺术准则”；三是“电子媒体对儿童文学创作的介入乃至网络文学的异军突起将给下一个世纪的中国儿童文学带来什么”。这些极具前瞻性的问题正是当下儿童文学事业面临的严峻课题。

进入二十一世纪以来，儿童文学的市场化开始成为一个显性的课题。对市场经济时代的中国儿童文学，汤锐在 2004 年著文表达了自己客观理性的认识[12]。她指出，二十一世纪的儿童文学拥有了容纳百川的胸怀，应该容许儿童文学审美价值取向和表现风格形式的多样化。在市场经济时代，出版社的社会效益和经济效益是无法分开的。一部作品要想赢得市场，主要在内容和推广两点上下功夫。市场化运作无疑将给中国儿童文学带来巨大的销售潜力，但同时也可能会给创作带来一些问题。在她 2005 年另一篇谈“商业化趋势中的儿童文学建设”[13]的论文中，更进一步讨论了儿童文学的商业化运作，分析了市场营销的巨大市场推动力，还深入分析了由营销的性质和运作特点所决定的对儿童文

11　汤锐：《关于 21 世纪儿童文学走向的思考》，原载于《中国儿童文学》2000 年第 1 期。引自汤锐著：《复调时代》，明天出版社，2009 年 9 月第 1 版，第 66—69 页。

12　汤锐：《市场经济时代的中国儿童文学》，写于 2004 年 11 月。引自汤锐著：《复调时代》，明天出版社，2009 年 9 月第 1 版，第 75—79 页。

13　汤锐：《商业化趋势中的儿童文学建设》，原载于《中国儿童文学》2005 年第 4 期。引自汤锐著：《复调时代》，明天出版社，2009 年 9 月第 1 版，第 87—91 页。

学的双刃剑作用。在2006年《儿童文学的发展需要健康的环境》一文中[14]，汤锐就如何推动儿童文学的健康发展提出了几条关键的建议：出版社和作家应该共同来关注作品的质量；以打造长销品牌为主；促销方式多样化；尽快建立面向读者的、有专家和读者共同参与的、相对公正的优秀作品推荐机制。

二、开拓视域：比较儿童文学理论框架的初步建立

汤锐的学术研究从早期即显示出宽博深厚的世界文学学养功底。她从上大学起就对西方哲学、美学、文学理论等怀有浓厚的兴趣并有很丰富的阅读积累。她充分吸收了新时期我国开放的文学语境下涌入的外国文学艺术理论资源，在学术研究的起步阶段就潜在地形成了“参照视野”的心理结构图式，并培养了自己良好纯正的艺术本体感觉与理论思维意识。当她二十世纪八十年代基础的学术训练逐步被夯实时，一种独立的体系性的理论建树想法便自然浮出水面，再加上时代性文学课题的急切感召，某种重要著述便会在内外合力下被顺利催生。汤锐1990年出版的第一部学术著作《比较儿童文学初探》即是这一合力的成果体现。“本书写作的起因很单纯，上个世纪八十年代后期，我刚刚脱离校园不久，初出茅庐，想找个题目来做，那正是中国儿童文学理论百废待兴之时，恰巧湖北少儿社正在酝酿组织一套轻便装的‘儿童文学新论丛书’，于是这本小书被招纳进榜。”[15]湖北少儿社在二十世纪九十年代初启动的这套新论丛书，是新时期儿童文学理论建设非常重要的一项理论成果，因为它是新时期第一套纯儿童文学理论书系，参与者的论题都显著地体现出个人独特的研究旨趣与立

14 汤锐：《儿童文学的发展需要健康的环境》，2006年7月在少读工委文学编辑学会成都年会上的发言。引自汤锐著：《复调时代》，明天出版社，2009年9月第1版，第94—97页。

15 汤锐：《比较儿童文学初探·重版后记》，明天出版社，2009年9月第1版，第241页。

论角度，均具有填补学术空白的性质。汤锐的这一本在其中尤显特别，这主要源于她的比较视域。

无论是放在二十世纪九十年代的中国儿童文学理论语境，还是放在当下的中国儿童文学理论语境看，汤锐的“这本小书”都是举足轻重的。因为它在国内首次建立了一个学科方向的初步理论框架，它以完整的体系形式呈现了“比较儿童文学”，而且在她之后再没有人系统地去触碰、超越这一课题。“将中国的儿童文学与西方的儿童文学进行比较研究，在当时还是空白，而以我那时的学术水平，做这个题目其实是有些吃力的，但是凭着一股创作的冲动和初生牛犊不怕虎的勇气，我不揣简陋地写了这本小书。”[16] 从研究方法来讲，她主要受皮亚杰的发生认识论，当代社会生物学的分支——审美发生学的理论，文化人类学理论等的影响，这些理论视点使她将中西儿童文学置于历史的、动态的发展过程中进行比较，注意人类美感形成过程的动物性与社会功利意识的交互性，比较中自觉发掘“集体无意识”或“集体表象”之类概念的民族内涵，将比较研究导向中西儿童文学的审美个性及其功能深处。

在整部著作中，无论是平行研究，还是影响研究，都深刻地显示出汤锐对中西儿童文学历史进程的烂熟。尤为可贵的是她对这个进程的精神特质的精准把握，特别是她以“东方视角”对西方儿童文学主体内涵的澄清与概括，具体题旨的析出，很见艺术的发现力与思想的深度。而且她对复杂史象的有力穿透，使得她对历史素材的剪裁颇为游刃有余，详略得当。她的著作规模虽小，但内容涵盖面宽，容量大，清晰地展示出了一些中西儿童文学在比较层面存在的主导问题视域，为后继者的研究打下了非常坚实的基础。

在比较研究中确立了“世界儿童文学”的宽阔视野之后，汤锐在二十世纪

16　汤锐：《比较儿童文学初探·重版后记》，明天出版社，2009 年 9 月第 1 版，第 241 页。

九十年代也参与了湖南少年儿童出版社策划的“世界儿童文学研究丛书”的研究工作，她于1998年完成的是《北欧儿童文学述略》[17]。这套书系对国别儿童文学的研究在当时是一项拓荒的工作。而汤锐与北欧儿童文学的结缘也是一件意味丰厚的事情。北欧儿童文学特色鲜明的审美气质与汤锐个体对艺术本体的追求有奇异的暗合，所以这个本属系统研究工程的选题对于汤锐来说也是一项充满了魅力的、富含个性生命体验的工作。她对这个题目下了很大的心力，通过中国海峡两岸、日本、韩国等地的朋友多途径收集资料，其中也利用了很多外文文献资料，这在二十世纪九十年代的儿童文学研究语境中实属难得。在新时期成长起来的这一代理论者中，以“中西比较”学术视域做出系统性研究著述的唯汤锐一人，这份独特性为汤锐的学术身份注入了一种奇异的色彩。

三、本体论建构：双逻辑支点的关系追寻

汤锐于1995年出版《现代儿童文学本体论》。从她在著作“后记”[18]中的介绍看，撰写这本书的念头出现在1991年3月。而构成这本书的灵魂思想——“以‘成人—儿童’双逻辑支点来构建现代儿童文学理论体系的双向结构”其实很早以来就在她的脑海中萌芽并逐渐成形，而它的获得则来自汤锐对十余年来活跃在儿童文学创作前沿的同龄人的近距离观察与思考。理论问题的解析与文学现象的强烈互动是这本著述的基本特点，而鲜明的“时代性”与“问题性”则是著述另一显著的特点。“这本书使人感觉到，一位女性，只要她愿意去构建一种体系，且又得到了良好的知识武装，那么她在理性上所显示出的力量，足以使那些在逻辑中进行智力游戏，在构建大规模体系之中获得理性快感的男性

17　汤锐：《北欧儿童文学述略》，湖南少年儿童出版社，1999年4月第1版。

18　汤锐：《现代儿童文学本体论·后记》，江苏少年儿童出版社，1995年8月第1版，第269—271页。

感到震惊并觉得望尘莫及。”[19]《现代儿童文学本体论》的确是二十世纪九十年代我国儿童文学学界为数很少的纯儿童文学理论著作中的佼佼者，尤其特别的是，它是从新时期我国儿童文学发展实践的内部生长起来的，论题本身的获得、论述材料的支撑、问题深入的针对性等均具有明晰的本土性内涵，而以本土问题为基点展开的学理思辨毫无疑问又是非本土的，其理论意义是具有普适性价值的。这一方面是因为汤锐在阐述中同样引入了大量的世界儿童文学案例与文学经验，从世界现象中总结一般规律。另一方面是因为汤锐的学术目标始终趋向的是儿童文学的“本体”问题，此思想视界自然决定了其理论内涵本身的自足性与普遍性。

艺术感觉与理性思辨的有机融合既体现在著作的形式、结构与话语表达这些外在方面，又更深刻地体现为汤锐著述的基本思维范式。这二者在汤锐的思维路向中原本就为一个有机的整体，不可分割，它们的关系既互证又彼此促进，引申为一种汤锐所独有的学术呈现的特殊形态，它开启了儿童文学理论表达的一种范例。正如曹文轩对此的精彩概括，“我们看到了一个抒情的、富有美感的学术文本……我们看到了理性与情感的令人向往的融合”[20]。这种融合既为汤锐所擅长，似乎又为“现代儿童文学本体论”本身所急需，因为文学的本体论从推理上讲也许最不应该远离的就是文学本身，讨论与言说文学的本体论必须能还原到原初的文学情境中，必须能置回到所以能产生文学与消费文学的机制与过程中，否则这一“本体”的阐发便是被悬空的。这样看来，汤锐独特的思维范式本身其实已然是趋近本体的一种路径，或者说是本体内涵构成中自然

19　曹文轩：《女性与理性——读〈现代儿童文学本体论〉》，原载于曹文轩著：《曹文轩儿童文学论集》，21世纪出版社，1998年1月第1版，第142页。

20　曹文轩：《女性与理性——读〈现代儿童文学本体论〉》，原载于曹文轩著：《曹文轩儿童文学论集》，21世纪出版社，1998年1月第1版，第145页。

的一部分。理解了这一点我们再去看汤锐著作的理论构架，我们便能更清晰地觅得汤锐深入这个论题的理路与脉络。

汤锐在二十世纪九十年代初对儿童文学本质的重新提问与回答，代表了在新的文学语境下这一代青年学者对儿童文学的崭新观照，显示了他们不受历史局限、敢于寻求突破的创新意识。在汤锐之后，学者朱自强也有《儿童文学的本质》面世。这两部著作作为本体论研究的标志性作品，在当代儿童文学学术领域占有重要的位置。

三十多年来，汤锐以感性而灵动、成熟而稳健的理论批评姿态独立在中国儿童文学学术界。她为自己建构出了本体的、比较的、审美的、时代的、历史的、文化的等多维理论批评视野。在新时期儿童文学理论批评史上，作为女性的汤锐，以卓尔不群的个性书写了自己的风采。

原载于李利芳著作《新时期儿童文学理论批评家个案研究》
浙江少年儿童出版社，2018 年 10 月第 1 版，第 190—236 页
收入本书时有删节

读汤锐译“迪卡米洛暖心小说系列”

方卫平

由汤锐女士生前翻译的这套凯特·迪卡米洛的作品，灵动幽默，有趣活泼。这些故事是根据迪卡米洛之前的畅销书“小猪梅西系列故事”续写而成的，只是其中的主角不再是小猪，而是她身边的那些人。

这些人里面有孩子，也有大人。

大人和孩子，很多地方不一样。大人们上班，下班，坐在办公室或是家里，决定自己和身边的人应该干些什么。无畏的动物管制官弗兰辛·波莱特，她能冷静地解决这个城市里每一桩与动物有关的麻烦；严肃的老姐姐尤金妮亚·林肯，用目标、清单和任务，有效管理自己和妹妹每一天的生活。她们看上去像是这个世界毫无疑问的主人。

大人和孩子，又有很多地方是一样的：一样满怀生活的梦想，就像在小卖部打工的雷洛伊·尼克，从未放弃成为一个牛仔的梦；也一样追寻着生活的勇气，就像动物管制官世家出身的弗兰辛，有一天发现自己不得不克服内心的恐慌，重新面对一只浣熊。故事里，不论大人还是孩子，都面临生活给出的各种试题，都手忙脚乱、全力以赴地应对，终于歇下来松口气的那一刻，也都会收获温暖的微笑和惊喜。

这套丛书用名副其实的暖心故事一扫成长话题的深沉与僵硬。

不论对孩子还是大人，心灵的成长就像是一场温暖的奇遇，带我们寻找通往远方风景的道路。斯黛拉是如此讨厌自以为是的霍拉斯，他们甚至在课堂上争吵了起来。但当两个人一起在黑暗封闭的储藏室里，不得不一起分担惊惶和恐惧，继而分享勇气和诗意时，他们不但“学到了很多东西”，而且成了真正的好朋友。这就是成长带来的奇遇。

与此同时，孩子们也会看到，成长不只是小时候的事情。谁说大人就不需要成长了呢？一直生活在姐姐羽翼和管束之下的宝宝·林肯，听名字，你会以为她还是个孩子呢。这位向来规规矩矩、乖巧听话的女士，到了一把年纪，忽然想要开始“一场非去不可的旅行”。她就这么提着行李箱，登上了开往另一个城市的火车。在火车上，与三个陌生人的相遇，让她慢慢想起了那个久被遗忘的“自己”：自己的爱好，自己的名字，自己的价值……宝宝的姐姐尤金妮亚，一向过着严肃、刻板、有条不紊的生活。有一天，她收到一个神秘的包裹，拆开来，竟是一架手风琴。她是多么讨厌这个礼物。然而，当她奏起手风琴，在她身上发生了“最惊人、最不可思议的事情”——太阳光芒四射，天空明亮碧蓝，而她感到了快乐！

可以想见，这个世界上，有多少大人跟孩子一样，正走在成长的路上。

有些音符组成了生命永恒的旋律：梦想、勇气、爱、艺术、创造力……所有这些既是童年时代的标签，也不该在成年后的生活中被轻易忘掉。我想，这些故事不但能带给孩子们快乐和启迪，也值得大人们读一读。

感谢汤锐女士的译文。这些文字融合了理论家的精准和艺术家的优雅。有赖她的译笔，我们才读到了这些明亮洁净、俏皮温暖的故事。这是汤锐女士生前为孩子们做的最后一项重要的专业工作。我们从她的女儿陈方歌的文字中知道，翻译这些故事时，她正忍受病痛的折磨，但这些可爱的故事也给她带去了深深的慰藉和欢愉。如今她已离我们而去。读着这些故事，有一份感激和怀念，默默地在我心底涌起。

原载于汤锐译“迪卡米洛暖心小说系列”，接力出版社 2023 年 11 月出版

第三辑

遗墨清芬

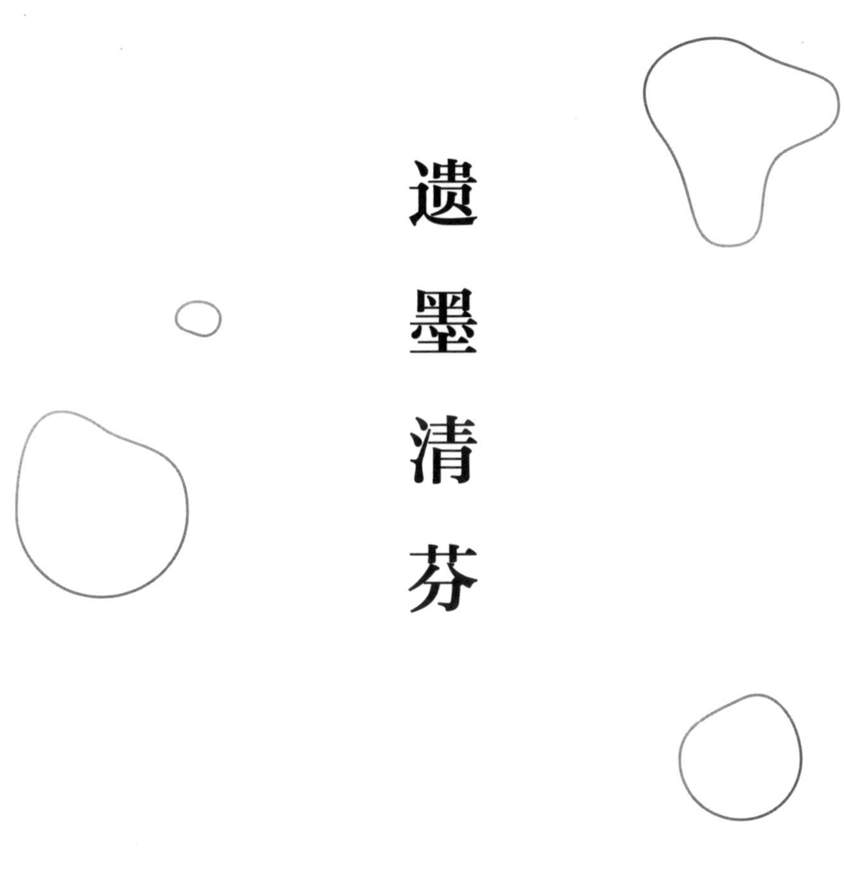

·论文与评论·

中国儿童文学的生动标本

1932年的初春，一位年仅二十六岁的崭露头角的年轻人，在《北斗》杂志上发表了一部童话的前两章，由于当局的查禁而未能载完。但是，在报刊云集的上海文坛，这部残缺的作品却广受瞩目。尽管当时与后来的人们对它做了许多评述，溢美之词比比皆是，但谁也未能想到，正是这部童话，标志着中国儿童文学迎来了重要转折。

这部童话，就是张天翼的《大林和小林》。

当时有一位评论者这样写道："张天翼的《大林和小林》……是《稻草人》以来的一个突跃的进步。"（杨晋豪：《今日之世界》）

这"突跃的进步"包含着尚未为人注意的深刻的历史意味，而我们只有将它置于中国儿童文学历史发展的长河中，才能更清楚地认识它。

许多材料已向我们证明：中国的儿童文学以独立的姿态出现于文坛，始自对西方儿童文学的引进。

通过先驱者的努力，《安徒生童话》《格林童话》《王尔德童话》《爱罗先珂童话集》以及凡尔纳的科幻小说、卡洛尔的《阿丽思漫游奇境记》、柯罗提的《木偶奇遇记》、斯威夫特的《格列佛游记》、梅特林克的《青鸟》、普希金的童话诗、拉封丹的寓言、欧洲中世纪长篇动物故事《列那狐传奇》……二十世纪以前的世界儿童文学经典名作几乎都于二十世纪的第二个十年涌入了中国，向沉闷的、弥漫着腐朽气息的中国文坛吹来了一股欧洲十八、十九世纪浪漫主义田园之风。很快，中国新文坛上就开始回旋起一支欧味十足的清新牧歌，叶圣陶的童话《小白船》、冰心的散文《寄小读者》等，都是这支牧歌的主要旋律。这在那充斥着《三字经》、蒙童诗等使人昏昏然的东西的儿童读物界，确实是令人耳目一新的。

然而，在两千多年的逐步完善中已形成超稳定结构的中国文化系统，对于一切外来的东西，都有着强烈的排斥力和同化力，五四时期脱胎换骨般的新文化运动，也并未能从根本上动摇中国文化系统的这种超稳定的力量。我们民族的文坛在饶有兴味地聆听了这支自欧洲大陆传来的清丽牧歌之后，便开始将自己特有的旋律一点点地、坚定不移地渗入进去，直至面目全非。

作为我们这个封建古国的信条之一，“树人”的观念是根深蒂固的，而我们的民族对教育的理解从来就是单向的输入——“教化”。这种传统教育观移入儿童文学，后者就被普遍看作蒙童教本，其功能唯在“教化”儿童。中国的儿童文学中深刻渗透的这种教育观念，使之在本质上与西方近代儿童文学以“快乐”标榜、能给儿童以美感和广泛的人道精神熏陶为功能迥然相异。这也就是中国的成人文学中虽然可以有许多偏离正统的倾向，而儿童文学却忠实地继承甚至强化了“文以载道”的传统观念的原因。尽管受到西方近代儿童文学的唯美格调的吸引，但以“载道”“教化”为己任的中国儿童文学从根本上是排斥游戏精神的，因此它必然要将西方儿童文学的唯美风格纳入自己特有的轨道。

这个同化的过程实际从早期的儿童文学作品出现就开始了。“给中国的童话开了一条自己创作的路”的叶圣陶，在开始童话创作的第二年，就从“儿童的天真国土”中跳出来了，他的《稻草人》不论在题材和构思上多么像是脱胎于王尔德的《快乐王子》，其哀怨的情调和惨烈的呼唤都反映了二十世纪二十年代中国进步知识分子所特有的济世救民的急切情绪；郑振铎的《河马幼稚园》所流露于通篇的无不是纯粹中国式的道德箴训及二十世纪二十年代特有的“劳工神圣”的思想观念；沈从文的《阿丽思中国游记》，除了两个主要角色是从卡洛尔童话中借来的之外，所有内容皆是对当时中国世态的忠实描摹和讽喻；

将儿童文学的“载道”“教化”功能从政治宣传的角度发挥到极致的是郭沫若的《一只手》，几乎是在第一次国内革命战争失败后的第二天就向“新时代的小朋友”发出了加入阶级斗争的明确号召；即使是冰心笔下那充满了温柔、飘逸的东方牧歌情调，且描绘了别具意趣的异国风物的《寄小读者》，字里行间也无不流露着“爱的教育”的谆谆责任感。

这种同化过程虽然不动声色，却显示出某种固执的力量。到了二十世纪三十年代，大量的童话、故事、儿童小说、儿童诗歌、儿童戏剧……都呈现给我们一个事实——那种最初因西方儿童文学的影响而欧化的风格已为本民族的精神所取代。

转变的第一个典型而成功的标志就是《大林和小林》的问世。在中国儿童文学几十年的发展历程中，叶圣陶的童话及冰心写给儿童的散文无疑具有杰出的开创意义和独创的美学价值，然而真正代表了中国儿童文学根本特征的却是张天翼的儿童文学创作。文学自身发展的历史规律决定了这样一点，最典型最集中地表现了一种文学的本质特征的往往不是它的发轫之作，而是后来的集大成者。

的确，《大林和小林》所表达出的强烈的社会批判精神与政治说教倾向，使我们第一次清楚地意识到，由模仿西方而滥觞的中国儿童文学，在经过了十年的逐步转变之后，终于走上了本民族“文以载道”的传统文学轨道。虽然《大林和小林》的问世有着具体的历史契机和主观动因，如发生于二十世纪二十年代和三十年代之交的左翼文化运动对文学创作的强烈干预和作家自身鲜明的政治责任感，但究其根源，这是不以人们的意志为转移的历史惯力的作用，是具有强大的同化力量的中国文化系统的作用。它因此造就了中国儿童文学与西方儿童文学迥然不同的美学性格和艺术框架——过分地强调伦理说教和政治功利，不适当地移用教育甚至教学原则以取代文学自身的原则，使我们的儿童文学进一步强化了我们民族性格中严谨敦厚的素质，以致在几十年中一直呈现拘谨平庸、缺少烂漫生气的面貌。同时，以对儿童个体人格的规范化设计为己任的创作思想，将作者的个性、才气和想象力也统统规范化了，正如排斥游戏精神一样，这里也排斥作者的个性表露，使我们的儿童文学在思维空间和审美空间的拓展方面受到很大局限。在这样的艺术框架中，天才只能是寥若晨星，相反大批堆砌的倒是平庸的作者和平庸的作品。

这种美学性格和艺术框架的缺陷当然也毫无例外地局限了张天翼本人的创作，如《秃秃大王》《金鸭帝国》等作品中的意念图解就明显生硬很多。但是尽管如此，无论从当时还是从现在来看，张天翼的大部分儿童文学作品都仍是才华横溢的上乘之作。不能否认，张天翼的儿童文学创作从一开始就笼罩在某种政治自觉性之下，但同时也表现了潜在的对说教原则的挣脱欲，正是这种潜在的挣脱欲使他无意中表露了自己的创作个性。那标志了一个时代的《大林和小林》虽然带着那个时代文学特有的不修边幅的烙印，却以非凡的想象力、洒脱的幽默感和对儿童心理、儿童口语的惊人准确的把握而充满了睿智的激情和灼灼迸发着的才气。恰是这种无与伦比、无法“规范”的才气使他的作品的说教色彩最终掩饰不住那一种独具的生动气韵。

因此，张天翼的全部儿童文学创作就鲜明地具有双重意义：它体现了中国儿童文学中说教原则的约束出现，同时又表现了对此种约束的天才的冲破。的确，如果不是一个真正的天才，则很难冲破这种约束，我们面前那许许多多平庸之作便是明证。

如果说，张天翼的第一部儿童文学作品《大林和小林》标志了中国儿童文学基本性格的端倪初露和定向，那么他的最后一部儿童文学作品《宝葫芦的秘密》则宣告了这种性格的成熟及其艺术上的高峰成就。因而也可以说，从张天翼的全部儿童文学创作中，我们可以清晰地见到中国儿童文学在过去的几十年历史发展中的基本观念和典型特征——具有传统儿童文学的一切启发性和规范化的端倪。

原载于《张天翼论》，湖南文艺出版社 1987 年出版

酒神的困惑
——近年儿童文学速写之一

一股新的创作潜流正悄然漫入儿童文坛。

这是我最近在读了青年作家班马的小说《我的梦中不能没有你》(《儿童时代》1988 年第 1 期)、金逸铭的童话《长河一少年》(上海《少年文艺》1988 年第 1 期)、青年作家曹文轩的小说《埋在雪下的小屋》(《儿童文学》1988 年第 1—3 期连载)等作品之后，方见清晰的一个印象。

其实这个印象从 1984 年底黑龙江青年作家常新港在上海《少年文艺》发表了小说《独船》的时候就已开始萌现了，之后又有了福建青年女作家舒婷的小说《飞翔的灵魂》(《儿童文学》1985 年第 11 期)，浙江青年作家赵冰波的童话《神奇的颜色》(《童话报》1986 年)，湖北青年作家董宏猷的小说《大江魂》(《儿童文学》1986 年第 3 期)，上海青年女作家陈丹燕的小说《黑发》(《儿童文学》1987 年第 1 期)，江苏青年女作家程玮的小说《今年流行黄裙子》(《儿童文学》1987 年第 9 期)、《你是一片云》(江苏《少年文艺》1988 年第 1 期)，黑龙江青年作家王左泓的小说《鬼峡》(上海《少年文艺》1987 年第 7 期)以及曹文轩的小说《蔷薇谷》(上海《少年文艺》1987 年第 10 期)，班马的童话《他们……》(《少年报》1986 年 6 月 25 日)和小说《鱼幻》(《儿童文学选刊》1987 年第 1 期)，金逸铭的小说《月光下的荒野》(《当代少年》1986 年第 5 期)，等等。

这些作品有两个突出的共同特征：第一，都具有鲜明的浪漫情调；第二，其作者皆属三十岁出头的青年人。

论及浪漫情调，要说明的是其不同于我们过去常说到的“革命浪漫主义”，后者实际上是一种集体理想主义，而前者具有强烈的个体性质。同时浪漫主义本身也不等同于“幻想”“拟人”等具体的表现手段，而是一种创作心态和创作风格。严格说来，我们对此曾是有误解的。

在上述作品中，金逸铭的《长河一少年》不能不说是个奇特的例子。作者通过全景与特写镜头的推拉，不同心理视角的转换，章节之间情绪上和语言上的节奏变化，力求营造一种交响乐浑雄、丰富、多层次的复杂和声的效果。赵冰波的《神奇的颜色》细腻而富有质感地描绘了那只误入迷途的小螃蟹对红绸结的一系列视觉上、心理上的微妙通感和莫名冲动，揭示出某种来自本体世界的神秘韵味，这个渺小的动物不惜付出生命的代价来追求美与自由的悲剧，几乎使人联想到安徒生笔下的人鱼公主的悲剧。曹文轩的《埋在雪下的小屋》，落笔的重点已离开了孩子们遇难自救的情节，而将注意力放在了生与死的强烈反差上，用大野与小女伴在林间湖畔天真嬉戏的回忆场景，用雪丫在幻觉中反复吟诵的童话片段，用四个孩子盼望生还的种种美妙幻想来构织一幅流溢着生命的绚丽色彩和光环的画面。常新港的《独船》，渲染出一片孤寂、压抑、滞重、悲壮的色调，人与人之间的心灵隔膜、内心激烈而抑郁的矛盾冲突、少年与精神的和自然的灾难之间的殊死拼搏、重复出现的死亡的情节、生者的痛悔……所有这些形成作品中回旋不已、犷悍深沉的感情冲击力。班马的《鱼幻》《野蛮的风》（《儿童文学选刊》1988 年第 1 期）中对作为人类童年象征的少年所蕴含的原始的、未来的、无限丰富的历史信息的层层揭示，使作品中的人物、背景、自然现象都笼罩上一层令人激动的神秘莫测的纱幕。

所有这些作品，虽然侧重点不同（如《长河一少年》《鱼幻》所追求的某种悠远的历史感，《神奇的颜色》所竭力捕捉的某种细微的感觉瞬间，《独船》《黑发》《今年流行黄裙子》《你是一片云》《蔷薇谷》所表达的各类深刻的内心体验，等等），但它们都具有强烈的主体意识和内向化的特征，具有扩大审美空间和思想容量的倾向，具有文体实验的性质，尤其突出的是它们大都具有某种鲜明的悲剧性倾向，如情感的大起大落，激烈的矛盾冲突（内部的或外部的），沉重、孤寂、压抑、忧郁的情调，普遍出现的死亡或美遭毁灭的情节等。“浪漫主义作家突出的特点之一是热衷于忧郁的情调”（朱光潜），“他们把心灵中一切沉思的、神秘的、幽暗的、不可解说的东西拽出来”（勃兰兑斯），“充满情感地、奔放地、热情地、陶醉地以神秘、永恒之物为目标，有时是病态地、破坏性地、虚无地、厌世和感伤地追求黑暗、死亡、疯狂、怪诞可笑的世界，这就是浪漫主义的倾向”（浜田正秀）。不能说这些青年人的追求是病态的，但是他们的确在追求某种浪漫的、诗化的、悲剧性的审美效果。

每一代人似乎都有权认为自己正站在历史的地平线上，而这一代三十岁左右的年轻作家更是如此，动荡的时代交替造成了这代人复杂的文化背景和矛盾的文化心理，他们因意识到这一份沉重的历史负荷而常感忧戚、激动、不安和痛苦。他们当中不少人有较高的文化素养、敏感的艺术气质、丰富的情绪体验，他们尚未完全脱离青春期，与少年时代也还相去不远。他们有自我表现的强烈欲望，已有的规则无法完全规束这些年轻而蕴蓄着创造爆发力的心灵。或许是受前几年儿童文学界关于“审美功能”讨论的启迪，或许是受几年来弥漫于童话界的狂欢热闹气氛的感染，他们带着浓郁的浪漫气息脱颖而出了。

在他们的艺术探索中，自我表现往往占很大比重，他们常常是站在三十岁的今天，用二十世纪八十年代的目光，去重新审度和体味过去的和现在的少年们，他们笔下的形象带有极强的主观色彩和象征的意味。如陈丹燕的系列少女小说，她在写完《黑发》后曾对我叹息道：咱们中国的女孩子在美的观念和感受方面发育得太不完全了……这里面很大程度是对自己和无数女性在封建意识和“左”的思想环境压抑下单调、拘谨、无声无息地黯然逝去的少女时代的痛惜。若能时光倒流，充分舒展纯情美丽的天性，重新塑造自己，“……这简直是我们这一代韶华已逝的人们的夙愿！”（《中国少女》）。她正是将这种复杂的情绪灌注进小说，在自己亲手创造的纯洁、快活、无拘无束的少女形象中完成着自己的夙愿。类似的情绪也从程玮的《趁你还年少》、秦文君的《橙色》等作品中涌流出来。而在班马的《鱼幻》《他们……》，金逸铭的《长河一少年》等作品中，我们又看到了作者试图把对人类文化与历史的本体思索融入象征性的形象和诗化的意境之中的种种努力。

仿佛给人这样一种印象：二十世纪八十年代中国的儿童文坛诞生了一个酒神，它先是以婴儿般的活泼、新鲜、稚气和大胆的喧闹震动了世界，继而又逐渐有了个性的另一面，开始沉浸于神秘、多思、忧郁的青春早期的困惑之中。从喜剧走向悲剧，从明朗走向神秘，从单纯走向复杂，这或许是酒神在走向成熟的兆示？

应该看到，新时期的儿童文学在审美功能方面的发展是迅速的。短短几年，除了重视接受者心理、强调娱乐和宣泄的大众化创作流向之外，又出现了这一重视作者主体发挥、强调艺术价值和美学生命力的纯文学的流向，并吸引裹挟了一批年轻而富有才华和探索精神的作者。

然而困惑仍然存在：这种探索和实验似乎在某些方面超出了现实中少年儿童能普遍接受的范围，过分执着于主观世界造成的晦涩使一部分作品没有在读者中获得预期的热情。人们在忘情地发挥自我的同时，也可能忽略了创作者与接受者之间毕竟存在年龄的、美感的差异。

比如前面述及的两种创作流向，作为两个不同的审美层次，也是酒神精神的两个方面，在儿童文学、读者心理与社会生活之间保持着某种必要的平衡。那么掌握这两种流向、两个层次之间适度的张力，就可能是摆在我们年轻的“酒神”面前的重要课题了。

原载于 1988 年 4 月 23 日《文艺报》

印象：一束浪漫主义者的心灵之光

——《曹文轩作品选》序

宇宙之间任何一种价值判断都不可能是绝对客观的，审美印象就属于这样的判断之一。

在审美观照中，印象比某种机械的理性剖析更忠实地记录着我们的理解和感受，抓住印象，也就抓住了审美过程中那些真实而丰富的瞬间。

印象是无拘无束的，最原始最无规范的，因而也可能是带偏颇的。

杂陈于此的，便是这样一堆印象。

一

他从农村走来，在城市生活了十几年，这十几年将他塑造成一个城里人，但他的灵魂深处，仍是那个带田野气息的农家孩子。

在清秀淳朴和贫困的南方乡村中度过的少年时代，奠定了基本的伦理情感方式；在现代化大都市的高等学府中度过的青年时代，奠定了基本的智性思维方式。这种二维交叉的文化心理结构，决定了他时而用城市眼光观察乡村（回忆、反思），时而用乡村眼光打量城市（批评、探索）的具某种边缘性的观察与思考角度，亦使他更易敏锐地发现并表现乡村文明与城市文明之间的内在冲突（这种冲突在我们这个农业大国走向现代化道路的民族历程中尖锐地存在着）。这，在他的作品中，在他创造的故事、人物乃至艺术氛围中，留下了深刻的烙印。

二

他携着一张《弓》登上了儿童文学的圣坛，向这片纯洁无瑕的天空射出了他的第一支响箭，尽管他自己说，这是一张“没有拉满的弓”。

从那时开始，他就决定落笔之处了。少年时代是一个极富魅力的年龄时期，比起幼儿、儿童来，它更生气勃勃，更富理想和英雄主义，有跨向人生之前的激动的跃跃欲试，有初尝人生时一切朦胧的而瑰丽的东西，是一种正在走向成熟的稚嫩而迷人的事物，正如交响乐中的华彩乐段。少年时代还是沟通童年与成年的一个最富孕育性的过渡阶段。他选择了它。

他观念中的少年并非学校生活的标本，而是散布在广阔的大自然、社会各个角落里的年轻的世界，这里有“人”的一切复杂和多重的联系，而学校不过是其中一个小小的圈庣。文学的“真”也许正意味着从小圈子走向广阔的现实生活。

三

他笔下出现的大多是淳朴而坚韧、极富灵性却遭到生活不公正待遇的少年形象，这种矛盾和压抑恰恰提供了一个展示性格的独特情境。

一支笔顽强地探向深处，感受着、传达着来自少年胸膛深处的力的搏动，那是正在形成中的初次向人生挑战的勇敢不屈的意志和力量，显示在《弓》《古堡》《海牛》，这本集子中的《远山有座雕像》《叉》及其他作品中。作为审美的“力”的表现，少年人身上最打动人的往往不是惊天动地的雄伟业绩，而更多的是其强烈的表现欲、拼搏欲和对不无幼稚的理想的执着追求，这就是那种值得讴歌和强化的人的意志、性格的力量。

分明是这个从乡村走出、一路扬帆进取的青年的自我写照，折射出那一部短短的奋斗史——一个“本色演员”。

发掘“力度美”，还并非一个“本色演员”所能概括的，而是我们这个从动乱中复苏、迸发出长期压抑着的青春力量的时代的内在气质的显现。对文化历史的反思、当代成人文学反封建主题的渗透、重塑民族性格的呼吁、社会审美意识的追求“硬化”，都把儿童文学的目光牵至“个性解放”问题上来。从一个共同的出发点走来了一批追求“力度美”的年轻作者，冷峻而艰苦地与某些陈旧的传统观念搏斗着，如战士般严峻。而他则超越了这个层次，轻轻松松地跨过了旧传统的栅栏，热烈地、怡然地陶醉于一个新鲜的、没有束缚的、孕育着人生的世界。这种超越使他的作品显得发飘，因区别于“问题小说”的功利性而更具纯文学色彩，着重从整体上反映二十世纪八十年代少年人那种由早熟、清晰的自我意识所呈现出的气质上的优越感，并契合这个上升而摇曳着青春气息的时代精神。

还记得罗丹的著名雕塑《青铜时代》吗?

四

超越实用，超越功利，需要对儿童文学的本质有另一番理解。如果说文学的价值有层次之分的话，那么审美的层次显然应在伦理的和宣泄的层次之上。十几岁的“准青年”大不同于幼儿，意识中的几个层面已清晰可辨了，引导少年人用审美的态度观照生活，这或许是他创作的本意。

他似乎无意于刻凿背景（甚至有意敲掉具体背景）、情节甚至细节的绝对逼真，不少描写都是禁不起一般意义上的“真实性”的严格推敲的。他把人从各种原有关系中拉出来，重新组合，进行人性的抽样实验。

他的注意力似乎被一种雾样的激情包裹着，投入对某种不可遏止的、不可名状的热情的渲染（如《荒原上的茅屋》），对某种强烈到战栗的欲望的揭示（如《十一月的雨滴》），泼墨般大面积的心理描写（如《太阳熄灭了》），塑造某种突出到极端的品格（如《暮色笼罩的祠堂》和《阿雏》）。

他还喜欢用大自然的单纯鲜浓的颜色来涂抹一个水彩画般明快晶纯的境界:

远山、幽谷、荒原、野村、无垠白雪、辉煌日出、朴野顽皮的男孩、柔美清纯的女孩，还有诸如《太阳熄灭了》中那一片片雪白、火红、天蓝、金黄……

读他的作品，常常要被某种无形的东西拖了去，不由自主地觉到了什么，类似一个人在倾听立体声音乐时，所感受到的那种从四面八方包围过来、缥缈得无法附着于任何具体形象却又无处不在的、类似物理磁场的东西。

不知道他是否意识到，但他曾谈起印象派绘画给予过他精神上的熏染。

事实上,制造出一种情调、一段旋律、一团感情印象,也许恰恰是他所看重的。人物、情节、细节、背景……在他看来，其价值不在于完全逼真，而在于是否能构成一种情调，像中国的写意画，准确描绘出的不是皮毛，而是神韵。显然，他在追求着创作个性中与众不同的质感。

如果在情节与情调之间选择，他无疑宠爱后者。

五

孕育这一切的，必须是一个气质独特的心灵。

从他对莫名激情和内心感受的偏爱的描写，从他为少年人坚韧性格的夸张般地骄傲，从他对色彩的敏感以致近乎滥用，从他热衷于为自己作品织染的浓烈氛围中，他已经清楚地勾勒出了自己的心灵图像：激情、天真、神秘、梦幻和忧郁，甚至还有些神经质。这些，都是浪漫主义者的典型心态特征。他可能不具备诗人的技巧，他的才华可能仅属叙事性的，但在本质上，他是个诗人。

这种鲜明的浪漫气质，使他无法将自己拘禁于统一规格的理想主义，却越来越快地走向个性的、心理的空间。

无疑地，他从所推崇的具浪漫气质的文艺家高更、凡·高、茨威格、夏多布里昂、艾特玛托夫、海明威以及安徒生等人那里汲取过极重要的、足以影响他创作个性的东西。特别是这些文艺家几乎共同表现出的忧郁，而“浪漫主义作家突出的特点之一是热衷于忧郁的情调”（朱光潜《悲剧心理学》）。

的确，在他近两年的作品中，几乎全部弥漫着一种淡淡的、孤寂的忧郁情调，它伴随着小主人公们多舛的处境而生，也来自他的灵魂深处，来自他的半封闭的生活方式。作品的情调往往就是作者在创作时期中生活的情调，很显然他在披露着个人感情世界中细腻而炙灼的一隅。中国的儿童文学作者们究竟是从什么时候开始勇敢地敞露心灵的呢？无论如何，创作主体的表现欲、宣泄欲，交织着对作品客体功能的新认知普遍存在于这一代尚可称为年轻的儿童文学作者群中，并越来越强烈。给人的感觉是，二十世纪八十年代的中国儿童文坛终于诞生出一个酒神，它先是以婴儿般的天真新鲜、忘乎所以的快活甚至肤浅，跳着笑着，喧闹着震动了这个世界，继而宛如一切婴儿都必然长大、成熟一样，它逐渐开始耽溺于青春早期的多梦、迷惘、沉思甚至忧郁中。

是的，对于刚刚步入青春期不久的少年人（尤较早熟者）来说，那种莫名的、困惑的、意味深长的忧郁并不陌生；同时，现代文明愈是深入人的内心世界，忧郁也愈具有普遍心态的意义。

忧郁是一种深刻的情感体验，相伴而生的往往是一种缥缈而透彻的哲学意识，因而也几乎是导向成熟的必由之径。谁说儿童文学（尤其是少年文学）仅仅是混沌肤浅的领域？当年的《寄小读者》不就是以清新纯美的淡淡忧郁征服了众多少年之心吗？

在他的笔下，这种忧郁并非阴晦冷戾的，而是温情脉脉的，蒙着天真的色彩，闪着纯洁的光泽，令人不得不为那淡而深广的忧戚中流露出的拥抱生活的渴望而感动不已。借用一位哲人的话，他是在玩味着“一种高贵的美学享受——忧郁的甜美或甜美的忧郁”。

这是一束敞开的心灵之光，一束波动着激情、闪烁着纯真、蒙着淡淡忧郁、染着绚丽色彩的浪漫主义者的心灵之光。或许，它期冀着照亮儿童文坛美学领域中一片恬静的处女地……

六

举凡个性便意味着专擅一面、两面或至数面，却没有全面的，全面便无个性，何况审美主体总是依据各种不同的参照系。说到他的不足，诸如过分空灵而不够沉实，重心理描写又失之冗闷，追求整体写意却疏于局部失真，偏执于主观世界导致某些人物（如少女形象）的雷同，苛求审美空间的洁净而缺乏丰博的具体生活意象，等等。这些，也许是因为他对创作个性的拓求过于急灼而欠成熟？

不管怎样，他具有自觉而强烈的独创意识，有鲜明而具韧性的美学追求，他不愿走别人走过的路，甚至也不愿走自己走过的路，他在不断思索中洞察着儿童文学的症结，也在不断地尝试着完善自己。这一切，毕竟显示了一个作者自身的素质水准。

如五四时代一样，又一代年轻的知识分子被当代世界文化思潮席卷而去，在儿童文学界，他是第一批受到这种冲击的作者之一。大学教师的职业，最富探索精神的年龄，高等学府所提供的各种学术思潮会聚的环境，使他得天独厚地保持着与思想界、学术界、中外成人文学的密切联系，并从中汲取大量营养。这正是他得以冲破旧窠、独辟蹊径的文化膂力，更重要的是，这样的文化背景有助于使一颗简朴的心灵变得丰富且优雅起来，而文学恰恰是心灵的奉献。

生活告诉我们，理性的教诲永远不可替代感情的濡染，前者是外加的东西，后者是内部共鸣而自生的，一旦生出，便一发而不可收，这就是心灵的力量。

不论他以后是否仍与儿童文学有缘，但愿那一束光永不泯灭。

原载于《暮色笼罩的祠堂——曹文轩作品选》

中国少年儿童出版社 1987 年出版

中西儿童文学的比较

一、同构复演及潜在分野

没有哪一种文学比儿童文学能更令人清楚地见到其与古代艺术之间的直接联系了。无论中国的还是西方的第一批儿童文学作品，往往都取自上古神话或民间传说，或直录，或改造，这最接近自然状态人生的文字，几乎还带有它所脱胎出来的原始艺术母体的一切痕迹。儿童文学是人类个体幼年时代的文学形式的综合文化载体，正如神话是人类种系幼年时代文学形式的综合文化载体。由于人类文明进化中的复演现象，它们负有相似性质的历史使命，即传达种族文化的基本要素；同时，又由于人类生物进化的滞缓（现代人类所真正归属的智人正处在亚种级生物进化尚未发生的阶段），种族的原始思维方式在个体早期认识建构中也发生着复演。这种历史的、生理心理的双重复演使神话与儿童文学之间具有了某种程度的同构关系。这种同构复演主要体现在以下两个方面：（一）儿童文学逐步获得独立的时期，创作总是首先大量取材于神话（或经民间流传、改造、派生出的传说），而作为幻想艺术的童话又总是先于其他体裁占据儿童文学的重要位置，这是外在的、形式方面的；（二）神话作为一种综合文化信息的载体所负载的种族文化之“集体无意识”（文化基本要素经长期历史积淀而形成的普遍的社会文化心理）在儿童文学中的再现和延续，这是内在的。正是通过这种内在的同构复演，不同民族文化深处的精髓得以保存、传布、巩固和发展。

例如，在中国神话中，神祇的形象往往是朴素的、勤劳的农民英雄，如抡板斧开天辟地的盘古、用黄土造人的女娲、播五谷尝百草的神农氏等；神祇的形象又往往是某种伦理精神的化身，或仁慈（如女娲、炎帝、尧、舜），或坚毅勇敢（如刑天、后羿、夸父、精卫），或造福人类（如盘古、鲧、禹）；神祇又大都相貌十分丑陋甚至恐怖，带有明显的原始图腾记忆的色彩；同时，神祇的形象、事迹仅具有固定职能和类型化的特征。总之，中国神话对神祇的形象塑造，体现出了浓厚的农业经济色彩、务实的社会观念、伦理至上的士大夫式人格理想及重质轻文、崇尚理性的美学价值观。而在古希腊、古罗马神话中，神祇的形象却多不具备劳动者特征，他们抚琴饮酒，消闲游猎，谈情说爱，生活优裕，充满贵族气息；他们常常是个人至上，追求享乐，七情六欲俱全，高尚与邪恶并存；同时，他们大都形貌俊美，风度优雅。因此从古希腊、古罗马神话中所体现出的是鲜明的城邦经济特征、民主化的社会观念、追求个性自由和完美的人格理想及注重形式美和肯定人生欢愉的浪漫主义审美价值观。

正由于儿童文学在一切文学种类中最接近于人类童年时代的文学形态，最接近于民族原始的文化气质，更忠实地保存了本民族文化中的基本要素，因此中西神话中两种迥异的美学性格便奠定了中西儿童文学不同的生命轨迹和美学风貌。

二、教化与归真

在中西儿童文学的起源、独立和发展的过程中，曾有过交织在一起的多种内在动机。如西方十七世纪末“古今之争”引出了《贝洛童话》，十八世纪的启蒙运动导致的教育改革又使人收获了《爱弥儿》《泰勒马科斯历险记》等一批教育作品，接着爱国主义又带来了《格林童话》与《豪夫童话》，十九世纪上半叶浪漫主义运动则创造出以《安徒生童话》为代表的一大批儿童文学名作。

这一过程在二十世纪初的中国几乎重演一遍，虽然短暂，但也有“五四”反封建的民主启蒙运动对儿童地位的发现和肯定，对旧教育体制的冲击，也有周作人、叶圣陶、赵景深等教育工作者对儿童文学的倡导和呼唤，也有郭沫若、冰心等深受浪漫主义熏陶的作家对儿童文学的笔耕建设。

但是上述几种历史力量对中西儿童文学所起作用的力度和方向并不完全一致。具体来看，中国的儿童文学更多地自觉负有初级教育的使命，这是它最初产生于学校对白话文新教材的需求的时候就已注定，又为最初以小学教员身份进行儿童文学创作的人们所强化了。（当时研究儿童文学的权威人士周作人还特为此在北京孔德学校专门做了有关儿童文学在小学教材中之功用的演讲，将儿童文学干脆称为“小学校里的文学”。）这最初的教育目的与中国传统的“树人”观念的融合，则对中国的儿童文学产生了长久而深刻的制约力。基于这种使命，中国的儿童文学便十分注重对儿童进行精神教化的功能，即通过道德评价的主题传递本民族的文化传统和本民族的人格理想。再进一步看，强调教化，并非儿童文学的发明，而是源自我们民族延续了数千年的文学传统。从《诗经》时代起（甚至可上溯至神话的时代），历代文人无不围绕文学的功能发表各种议论，诸如“兴、观、群、怨”（孔子）、“补短移化，助流政教”（司马迁）、“经夫妇，成孝敬，厚人伦，美教化，移风俗”（毛诗序）、“文以明道”（柳宗元）、“道者文之根本，文者道之枝叶”（朱熹）等观点，形成了中国文学特有的载道传统。在此传统导引之下，中国的儿童文学树人的使命自然是与生俱来，教化也自然成为其基本功能，因此从二十世纪二十年代郭沫若的“儿童文学尤能于不知之间，引导儿童向上，启发其良知良能……是使儿童文学的提倡对于我国社会和国民，最是起死回春的特效药”（《儿童文学之管见》）和郑振铎的“儿童文学为传达道德训条和儿童期必要智识的最好的工具”（《儿童文学的教授法》），乃至六十年代的“教育儿童的文学”和八十年代“重新塑造民族性格”等观点的变迁，无不是中国儿童文学内在的“树人”使命和鲜明的教化动机在不同历史条件下的延伸和变奏。

西方儿童文学的内在动力则更多地来自资产阶级民主启蒙运动和浪漫主义思潮。十八世纪启蒙主义者（如卢梭）“发现”并肯定了儿童的独立人格，肯定了童年文学的地位与价值，而厌倦古典主义的繁复与做作的十九世纪浪漫主义作家们进一步将返璞归真的愿望转向儿童文学，作为未经雕琢的自然本身，纯洁天真的童年成为美的对象受到膜拜和讴歌。因此在西方儿童文学的基本观念中，儿童对文学的内在需要得到了普遍的重视，对儿童的挚爱及使之快乐的动机调动起作家们的全部幽默和想象的才智，并使他们的作品充满了童真的气息。有大量例子证明那些一流的、亲切的、充满趣味和欢笑的作品往往并非诞生于教训的、改造的动机，其中包括《安徒生童话》《阿丽思漫游奇境记》《水孩子》《宝岛》《汤姆·索亚历险记》《长袜子皮皮》等脍炙人口的世界儿童文学名著。正像《不列颠百科全书·儿童文学》曾指出过的，西方的儿童文学虽然始终经历着说教与娱乐两种力量的矛盾交织，但是在其黄金时代，占了上风的显然是那些“目的是娱乐而非自我改造，是感情的抒发而非灌输知识”的作品。标榜“快乐”的原则和返璞归真的内在动机，正是西方儿童文学与中国儿童文学在创作意向上的迥异之处。

三、伦理与哲理

如前所述，还在中国神话的时代，伦理至上的意识就已透过神祇们的形象清晰地表达出来了。在中华民族悠悠数千载的文化传递之中，伦理性成为我们文化的特征与遗产，始终保存和延续至今，并仍深刻地左右着现代中国的文化发展与社会生活，儿童文学本身的文化复演性质使这种传递通过“树人”的使命体现出来。“树人”意味着树立理想人格，而以伦理教导促成道德的自我更新便是“树人”的具体内容了。一如古代传说中敦厚仁慈、躬行孝悌的尧、舜被奉为历代圣贤的楷模，我们的儿童文学在半个多世纪中也始终在塑造集各种美德（热爱集体、助人为乐、尊长爱幼、谦虚谨慎、富于自我牺牲精神等）于一身的小英雄或正朝上述方向努力的好孩子的形象，尤其是后者，往往体现出某种自我克制的精神——克制不符合道德理想的欲望，克制不符合道德规范的行为，人物总是在个人欲望与利他主义之间徘徊和选择，总是在灵魂深处不断自我否定（自我批评），以实现道德的净化。

相对于中国儿童文学浓厚的伦理氛围，在西方儿童文学的精神空间中，道德评价与伦理启蒙往往没那么重要。还在希腊神话的时代，关于诸神命运的种种描述就已远远超越了善恶伦理的辨析而具有鲜明的人本的、哲学的性质。这种源于古希腊的爱智精神及对人的关注，经过神秘主义和中世纪玄思哲学的强化，在西方人的意识中便形成其特有的对人的本体和人生命运之类问题的普遍关注。这种意识通过启蒙主义者和浪漫派作家渗透进西方儿童文学之中，便又形成了西方儿童文学人文色彩浓厚的、哲理性的精神特质。十九世纪，这种带人文色彩的哲理性的精神特质或表现为为了获得一个人的灵魂而不惜舍弃一切的精神追求（如海的女儿），或表现为肯定自我、独立奋斗以实现人生价值的不懈努力（如丑小鸭），或表现为对人之心灵与生存自由的醉心强调（如汤姆·索亚和哈克贝利·费恩），或表现为嘲弄贵族与王权的平民意识及追求理趣的爱智精神（如阿丽思），等等。到二十世纪中期，上述精神特质又在一个新的哲学层次上表现了出来，即儿童观乃至儿童文学观在一定程度上的哲学认同。现代哲学、人类学、心理学的发达使人们注意到，儿童作为人类的原始状态，作为联系个体与种族、成长与发展的文化实体，以及童年所具有的文明初级阶段之复演和某种特殊文化形态之复演的性质，对于人类的自我认识有着超时空的科学参照价值，“儿童”这一概念由此而具有了丰富的文化哲学含义。所以在二十世纪中后期西方儿童文学中，常渗透着某种对人类生存现状的哲学象征和对现代少年精神生活的本体把握的创作图式。譬如在围绕“学会生存”这一时代主题而展开的三类作品中：第一类不同程度地从各个角度描绘了儿童或孤独、或忧郁的种种心理困惑，表现混沌而深刻的对本体生存状况的朦胧思索；第二类描写少年人面临来自社会、家庭与自然的挑战时的积极进取的精神和坚定的个性；第三类表现成年人对少年儿童的抚慰、帮助和导引。其中尤以第一类作品明显地具有浓厚的存在主义哲学的色彩。

四、群体和个体

出于教化与树人的动机，中国儿童文学自然重视教导者——创作主体的群体代言人——的作用，重视创作过程中群体意识及规范意识的制约作用。如前所述，中国儿童文学有明确的功利性质，以传递本民族文化传统（载道）和塑造理想社会人格（树人）为坚定目标，以政治伦理型为主要精神特征，因此儿童文学的创作必定源自社会群体的需求，必定以表达某个时代、某个社会群体的理想为最高原则，作品在主题性质、题材范围、情节构思、人物塑造、语言表达等方面都有明确的规范，合乎伦理的范围。如二十世纪三十年代的童话杰作《大林和小林》所表现的便是一种群体生活和阶级情感的展示，作者的创作激情主要并非源自个人生活体验，而是来自对群体生活的洞察和领悟，来自某种理论信念和政治斗争需要的动机。新中国三十年来的儿童文学创作实践，也大都着意表达某种属于社会理想范围内的伦理情感，即对新中国的建设人才所需具备的公认的道德品质进行赞美，对违背这种道德品质的行为或思想进行批评。重视群体原则的前提在一定程度上阻止了对规范之外的主体内在世界进行深入开掘的可能性，创作主体情感的自觉性潜在地服从于某种外在的、实用性的要求，因而在中国的儿童文学创作中，审美的或精神的内在空间往往是平面的、单层次的和容易导向雷同化的。八十年代以来，渗透着个性解放意识的“重新塑造民族性格”主题的倡导，使人们注意到塑造民族性格是通过塑造每个作为个体的儿童的个性来达成的，个体的自由而充分的发展便是群体发展的前提，同时，创作主体的艺术个性也开始得以发展和发挥。然而，这种个体意识的增强仍然是以种族的命运、群体的和谐为基本出发点和归宿的，即个体发展的意义和终极目的不在于个体的自我实现，而在于民族命运的保证（赶上并超过发达国家，实现民族利益的目标），因此个体意识的加入在丰富了儿童文学的表现领域的同时也增强着群体性的使命感。

对重视审美愉悦功能和倡扬人文精神的西方儿童文学来讲，个体性的原则显然是占上风的，在此原则之下，创作主体对人生的主观思考和体验支配着他的创作意向与过程，作者的内在情感则是重要的表现对象。譬如安徒生的童话，基本上回荡着一个感情的主旋律，即他本人毕生追求真理、追求爱情、渴望自我实现、热爱生活又屡遭坎坷的特定生活所积郁起来的浓烈的人道感情。重视个体原则带来了深入开掘创作主体内心世界、表现丰富艺术个性的极大可能性。即使二十世纪中期的生存命题将儿童个体与种族群体不可避免地缚在一起，儿童文学在哲学化了的群体意识观照下揭示出丰富深刻的童年文化哲学内涵的时候，这种创作的出发点及其归宿仍是基于儿童个体的生存现状，试图解决其生存的困惑，抚慰其生存的孤独感，帮助其学会适应复杂的环境和保持生存的勇气的。

五、日神和酒神

由于传统导向和内在动机的差异，由于创作出发点、创作心理和审美视野的差异，中西儿童文学在审美标准和美学风貌方面便必然地形成了鲜明差异。

中国儿童文学的审美标准突出地集中于一点，即“和谐”与“平衡”的观念——教育与审美的平衡（实际上偏重教育）、一般规范与创作个性的平衡（实际上偏重规范）、现实生活与幻想的平衡（实际上偏重现实）、平易与怪诞的平衡（实际上偏重平易）等等。在上述“和谐”或“平衡”背后，存在着深刻的历史渊源，即早在神话阶段就已奠定的崇尚理性、重质轻文，以严肃的想象为载道服务的，又为我们民族的文学先祖精辟地阐述过且代代相传的美学尺度——“中庸”：“喜怒哀乐之未发，谓之中；发而皆中节，谓之和。中也者，天下之大本也；和也者，天下之大道也。致中和，天地位焉，万物育焉。”（《中庸》）孔子对此做过“乐而不淫，哀而不伤”“思无邪”“文质彬彬”等具体的阐释。这种美学尺度有力地制约着中国的儿童文学，使之在相当长的时期内强调表现一种有节制的社会性情感，避免流入神秘主义和纵欲的宣泄，强调想象的现实基础和符合“逻辑”规范，因此造就了大多数儿童文学作品端庄平实、温柔敦厚的美学风貌。

西方儿童文学的审美准则，显而易见与“中庸”的尺度相去甚远。希腊神话之崇尚自然、赞美生命、歌颂冒险、肯定人生欢愉感，早已将古地中海民族民主的、现世的、个体至上的、开放的、浪漫的骑士文化传统（或曰海盗文化传统）表达得淋漓尽致；十八世纪护卫童真、倡扬个性解放的启蒙主义者及十九世纪讴歌天籁、偏爱神秘与怪异事物的浪漫作家们又将这种族的天性注入西方儿童文学之中，使之充满着或荒诞离奇、或激情洋溢、或忧郁感伤、或热闹活泼等气氛，像《敏豪森男爵》那样的吹牛故事，《阿丽思漫游奇境记》那样的荒诞想象，以及小木偶皮诺乔、汤姆和哈克贝利的淘气历险，除了让我们读了纵情大笑之外，几乎见不到丝毫的感情节制。这种审美个性的自由发挥，造就了西方儿童文学富于幻想、感情奔放、异彩纷呈的美学风貌。

原载于 1990 年第 4 期《浙江师范大学学报》

儿童文学创作心态探幽

芬兰儿童文学作家、1966年国际安徒生奖得主多维·杨森（也译托芙·杨森）曾经这样发问："为什么当人远离童年以后反而会突然动笔写作儿童故事？我们是为孩子们写作吗？我们是否也是为自己的快乐或忧虑而写？我们写的是悲剧还是童谣？"[1]

作为儿童文学的研究者，我也曾不止一次地这样发问："为什么偏偏是这些人，而不是那些人在从事儿童文学的创作？"

说到儿童文学创作的动机，每个人可以有不同的理由，譬如教育启迪儿童、反映人生百态、塑造某个时代的少儿形象之类，或者为了增添个人经济收入、为了获得一顶"作家"的桂冠等，可以是冠冕堂皇的，也可以是不那么冠冕堂皇但又不乏合理性的。但是如此种种，恰恰是黑格尔曾指出过的外在于文学艺术之本质的"其他目的"——"教训、净化、改善、谋利、名位之类，对于艺术作品之为艺术作品，是毫不相干的，是不能决定艺术作品概念的"[2]。那么，除此之外，真正促使一个成年人对儿童文学创作发生兴趣并且滞留于这项活动，从而获得某种非功利性快感的内驱力究竟是什么？

叶君健先生曾说："世界上伟大的作家和诗人大多数总要写些儿童文学作品。我想这不仅是因为他们愿意为自己的童年留下一点儿痕迹，并为下一代的儿童

1　毕冰宾译：《长满书的大树》，湖南少年儿童出版社1993年出版。

2　黑格尔：《美学》，第1卷，商务印书馆1979年出版。

赠送一点儿有意义的纪念，同时也是因为有某些思想和感情，只有通过儿童文学的形式才能表达出来。”[3]

根据现代人本主义心理学理论，人的基本需要分为五个层次，其中自我实现需要是最高层次的精神需要，而驱使一个人去从事艺术创作这一类活动的动力显然是来自他的自我实现需要。马斯洛在论述人献身于某一事业、号召、使命及工作的动机时指出，人的动机源自“内在的需求”与“外在的要求”。例如一个人喜爱孩子，或酷爱艺术，或潜心于科学研究，或热衷于政治权势胜过世上任何事情，并对这些充满幻想、迷恋——确切地说，这是“人内在地感觉到的一种与责任感完全不同的自我沉迷”，是他的内在价值的体现，因而他对此产生的反应是“我意欲……”“我想要……”；而外在的要求则是不同的另一回事，是“主体对环境的反应，对他人的命令的反应”，诸如发生了火灾“要求”扑灭，孤弱的孩子“要求”有人来照料，社会上不合理的事情“要求”正义来主持公道，等等。在此类情形中，人所感到的是责任感、正义感和使命感，无论如何，他是被某种外力安排或推动着去做出反应，因而他对此产生的反应更多的是“我必须，我应该，我不得不……”等。马斯洛论述至此时指出，真正的自我实现应该是二者——“我意欲”与“我必须”——的合二为一，内在的需求与外在的要求契合一致，“我意欲”正是“我必须”。[4]

艺术创造活动是与人的内在需求紧密联系着的，它大量地要求个体情感的投入和沉迷，儿童文学创作亦不例外。尽管我们在研究儿童文学创作起源之时，指出了诸多社会的、历史的驱动力对儿童文学产生和发展的推动作用，但我们却不能忽略创作主体的内在需求对儿童文学的深刻意义，这是促使我们深入儿

---

3 《我与儿童文学》，少年儿童出版社 1980 年出版。

4 《人的潜能和价值》，华夏出版社 1987 年出版。

童文学本体奥秘的途径之一。

那么，对一个儿童文学作家来说，哪些内在的素质导致他产生创作的冲动呢?

一、永远的儿童

每一个成年人的灵魂深处都有一个永远的儿童存在着，从他的幼年直到老年，这个儿童逐渐从生活的表层沉潜入生活的深层，却一刻也未放松地把握着、控制着他的整个性格和人生。这就是每个人自童年时代起形成的人格基质和那一份童年体验，它们伴随并影响着每个人的一生。

成年并不意味着与童年的永别，成年是童年在更高人生阶梯上的再现和扩展。根据现代心理学理论，一个人在成年后的每一时期，其情感和行为中都会有不同程度的童年人格再现，这种再现，常常是以执着于某种深刻的童年梦想的形式存在，或者是以对现实挫折的沮丧、逃避的形式存在。童年人格的再现还表现为一个人在成年之后还会经常回味童年时代的种种体验，从中获得情感的慰藉、刺激生命的活力。可以说，童年人格潜藏在成年人的灵魂深处，既是一个人在成年之后还能拥有的纯真、灵性、好奇、冒险、温情等心理特质的源泉，也是一个人在成年后还可能具有的幼稚、惰性、任性、逃避责任等人格弱点的源泉。

而唤醒童年人格的往往是那一种久远的童年体验。童年体验是个体在童年时代对自己、对他人、对环境的种种粗线条或细腻入微的感受、认知、幻想之类的总和，它是我们成年过程中生活体验、生活阅历的基础部分。由于童年时代发育尚未健全的神经系统对任何稍强的刺激都会做出强烈的反应，所以童年体验在个体人格塑造中留下的烙印远远比成年体验深刻。

“永远的儿童”使每个成年人都在一定程度上拥有童心，“从某种意义上说，心灵中的东西是没有所谓旧的、真正会消失的东西”（荣格），正由于此，作为成年人的儿童文学作家才有可能设身处地、感同身受地去了解、理解他的描写对象与读者——儿童。对一部分成年人来说，这个永远的儿童随着岁月的湮没，已深深地潜入他心灵的底层，在寂寞中沉睡，而对另一部分成年人来说，这个永远的儿童却巧妙地穿越了岁月的积尘，在心灵的表层活泼泼地跳跃着，因而这一部分成年人比前者更易于也更乐于与儿童接近，构成儿童文学作家群体的便属于这后一类成年人。

二、童年情结

所谓情结，一般是指个体在早年生活中经历过的某种深刻而持久的内部冲突体验，这种深刻而持久的特殊体验一直伴随着他的人格成长，直至影响到他成年后的思想感情、行为模式。

广义地说，童年情结产生于童年快乐的终结或被剥夺。人的一生，要经历无数由成长带来的这种终结或剥夺，因为我们每成长一步，必须以抛弃初级状态为代价，而在一个人成长过程中，童年的终结是首要的大事。维尔斯特在《必要的丧失》一书中将童年的终结喻为“我们离开了安全的地方，不能再回家了”。因为童年的终结不仅仅意味着脱离温暖的襁褓、母亲的怀抱，还意味着一个人不再享有放任情感、无忧无虑、无尽选择、逃避责任的特权。维尔斯特继续描绘童年的终结在人们心理历程中引出的剧烈震荡：“正是在此之后，我们才会逐步理解什么叫‘转瞬即逝’。因此我们很留恋那个黄金时代，那个一去不复返的时代。当我们叹息日薄西山、夏日结束、爱情迷途时，当我们吟诵这些描写失去使人满足的地方的诗歌时，我们也是在不知不觉地哀悼一种严重得多的终止：对童年的放弃。”[5]在那些情感纤细敏锐的人身上，这种心理上的震荡往往发展成为一种抗拒童年终结的无情现实，试图在精神上无限期地滞留于童年之襁褓氛围的企望。如二十三岁远涉重洋、背井离乡的冰心在《寄小读者》中不断发出带着淡淡忧伤的童年感叹和对童心、对母爱难以释怀的深深眷恋。童年快乐的终结使追忆童年梦想成为成年人寻找精神家园的基本内容之一。

此外，童年情结还往往是童年时期某种特殊苦难的产物，突如其来的足以改变一个人内外生活品质的打击、变故及其他重大事件，如幼年丧母之类，这类打击、变故往往带来强烈的缺憾、压抑、自卑等意外的磨难，这些磨难不仅极大地改变了他的童年物质生活，还在他的童年精神生活中造成剧烈冲突，从而导致某种刻骨铭心的情结的产生。此类童年情结往往生成作家对生活的独特感受，乃至塑造作家独特的人格和品格，并且引发某种强烈的补偿心理，使作家总是从更高的理性层次来反观童年，使情结获得升华。

譬如儿童小说作家常新港，曾写了一系列北大荒少年小说，小说中刻画了一系列有着不幸童年或贫困家境但个性倔强、坚韧向上的少年形象，这与作者八岁那年突然离开美丽、宁静、物质生活安定的大城市，来到陌生、寒冷、荒芜、贫困的北大荒，不久父亲又被关进牛棚，自己过早地挑起家庭重担，饱尝世态炎凉的童年生活变故有极重要的关系。“正因为如此，作者才能以饱蘸深情的笔墨，洞察幽微地写出不幸少年的爱与恨，写出他们对人间美好的情愫、对未来的热烈憧憬和不懈追求。”[6]又譬如陈丹燕的少女小说所表现的深深情结，那是由于她的少女时代“是在忧郁中度过的。家庭罹难，她只得与长年吃素、始终未嫁的姑妈住在一处。可以说，她是在苦难中战战兢兢地、愤怒地早熟。

5 维尔斯特：《必要的丧失》，北京大学出版社 1988 年出版。

6 束沛德：《在黑色的冻土上深耕细耘》，载于《独船》，少年儿童出版社 1988 年出版。

没有欢快悦耳的音乐，没有舒展腰肢的舞蹈，没有喜爱的电影明星，这对一个少女来说，生活是何等乏味……她非常羡慕今天的少女：她们的服饰、她们的笑声、她们的歌，以致想穿一穿少女们漂亮的裙子……也许正是少女时代许多愿望没有实现的压抑，成了陈丹燕如此强烈地渴望表现少女生活的内驱力”。[7]

童年的特殊磨难常常又是一代人的情结，既然发生于这一代人成长的关键期，也就更多地染上时代的色彩、历史的色彩，它在当事人心中引发的情感常常具有不同性质，但其强弱程度几无差异，像爬雪山过草地的“红小鬼”一代人，抡三八大盖的“小八路”一代人，新中国刚成立时的“红领巾”一代人和“文化大革命”中的“红卫兵”一代人，他们各自的童年情结便带有极不相同的历史色彩。作家们在回味童年情结的同时，往往也站在历史的高度回味着一代代人精神发育过程中的种种坎坷与辉煌，这便是理性的升华，对儿童文学创作有着重要的意义。

无论哪一类、哪一范畴的童年情结，都导致回归、补偿或延续的意向，这正是一个成年人尚能投入儿童文学创作的心理动机之一。

三、游戏冲动

游戏，曾被认同为“人的社会活动的一种初级形式”[8]，更多时候，游戏的概念在人们头脑中等同于“玩耍”，并且顺理成章地划归儿童之专利活动。

而美学家是这样来解说游戏的：“运动系统的新陈代谢和生长发育，从内

7 陈保平：《少女们·序》，重庆出版社 1987 年出版。

8 朱智贤：《儿童心理学》(上)，人民教育出版社 1979 年出版。

部要求动物不断地运动，这就是一种运动欲。这种欲望一般在物质追求的实际活动中得到满足，当实际的功利性活动暂时不能满足内在的运动欲时，动物就会自发地表现出‘无目的’的运动，当功利性的活动过量时，机体必然要求紧张后的松弛，这时动物也会表现出消闲式的‘无目的’运动，以使机体内部得到调整和休息。在高智能动物中，这种‘无目的’运动带上了更高的智能性和情趣性，带上了某种引人入胜的程序性，从而成为引起强烈快感的游戏。”[9]

由此可见，游戏不是儿童的专利，它对于成人有着同等重要的意义。事实上，成年人的各种艺术活动、旅游、体育竞技等无不部分地起源于游戏冲动，都具有或休闲，或宣泄，或审美的非功利性质，都是在正常的工作、学习之外的补充活动。除休闲和娱乐之外，游戏冲动还在某种程度上促进人的心灵健康和自我实现。对大多数人来说，游戏状态为他们提供了进一步认识和发展自身潜能，进一步自由地实现自我、增强自信心的机会。游戏状态通过身心的放松，特别是通过想象实现可望而不可即的梦想等，都有助于调整人的身心，促进人格健全与完善。尤其是人类的高级游戏形式，如艺术创造，往往能够培养起一种审美的人生态度，能够强化人的审美素质。因此，游戏在某种特定的范畴（如在儿童心理发展的范畴）之内是“人的社会活动的一种初级形式”，但从哲学与人本学的范畴来看，却是有关人类精神健全的高级社会活动形式，故而席勒指出：“在人的一切状态中，正是游戏而且只有游戏才使人成为完全的人，使人的双重天性一下子发挥出来……说到底，只有当人是完全意义上的人，他才游戏；只有当人游戏时，他才是完全意义上的人。”[10]

在诸多艺术创造活动中，文学恰恰是人类游戏冲动宣泄和升华的高级形式

9　刘晓纯：《从动物快感到人的美感》，山东文艺出版社 1987 年出版。

10　席勒：《审美书简》，北京大学出版社 1985 年出版。

之一，可以说，利用想象的形式实现童年的梦想或宣泄在现实中受到的压抑，或使性格的其他层面均有表现的机会，往往是成年人介入儿童文学创作的诸多重要动机之一。儿童文学作家葛冰曾在其小说集《绿猫》的自序中十分清晰地表达了这类动机：

曾有熟人对我讲，你的小说和你的性格有点儿大相径庭。看你平常挺老实，不苟言笑，可小说的语言还挺俏皮……一个人本来就过于老实，过于拘谨，老是用这样或那样的清规戒律束缚自己，活得不洒脱、不自在、不舒展，写文章再死死板板、畏畏缩缩，透出一股窝囊劲儿，那就太没味了。照直说，写小说时，我倒是想极力改变性格，把我心中隐藏的另一面，痛痛快快地发泄出来……

一本小说集是作者的一个世界。在这个世界里，你可以无拘无束、任意驰骋，可以跑，可以跳，可以叫喊。这个天地应该有什么，涂什么颜色，设计什么奇形怪状，完全可以为所欲为……[11]

另一位儿童文学作家郑允钦也曾讲过类似的话：

说实在的，我写童话并不完全是为了孩子，也为了释放自己的幻想力。我在心理上也许还是一个孩子，当自己头脑中涌现出一种奇怪的设想时，我仍像孩子那样激动和喜悦。[12]

精神分析学大师弗洛伊德这样说过，“我们大致可以这样说，每个做游戏

11 葛冰：《绿猫·自序》，重庆出版社1988年出版。

12 郑允钦：《童话之我见》，载《儿童文学研究》1991年第3期。

的儿童的行为，同一个富于想象的作家在这一点上一样：他创造了一个自己的世界。或者更确切地说，他按照使他中意的新方式，重新安排他的天地里的一切。……游戏的对立面不是真正的工作，而是——现实”。

四、重造童年

实现童年梦想，重温童年情趣，化解童年情结，这一切都令人产生了重返童年的潜在渴望，只有当一个人重新回到他的童年情结的发源地去重新体验，并按照自己的意愿改造了童年的不如意，即弗洛伊德所说“他按照使他中意的新方式，重新安排他的天地里的一切”（哪怕仅仅在想象中）的时候，他才能真正释怀旧梦，化解情结。这样，他便需要一个模拟真实的、借助于时间机器——想象再造——的童年世界，他自己的童年世界。

为什么大多数成年人热衷于让孩子重温自己的旧梦？譬如某人童年时渴望学习弹钢琴，却因家境贫寒终究没有学成，而成终生遗憾，于是当他自己有了孩子后，第一件事就是倾其所有替孩子买回一架锃亮的钢琴，不管孩子有无音乐天赋及是否情愿，都硬逼孩子日复一日地练习弹琴，诸如此类，不胜枚举。又譬如也有相反的表现方式，有些成年人少时深受某种事物之苦，再也不允许自己的孩子“重蹈覆辙”，甚至恫吓孩子，“你若再……便打断你的腿”云云。孩子，是成年人童年的延续和再生，成年人通过策划和支配孩子的童年来重新体验和改造自己的童年，这种对童年的下意识的重造当然具有相当的幻想性，但它同时又具有相当的现实性，这是人类生命自我延续与进化之本能的无意识表现。求生本能是任何动物一切本能之根源，人亦不例外，繁衍是生命延续的手段，进化是生命延续的结果，生命周而复始，童年便是成年生命的回归，同时又是成年生命的延伸，生命在这并非重复的回归中实现肉体与精神的双重再造，人类的生命便在这双重的再造中不断繁衍、进化，这正是人类身心成长必不可少的螺旋式进程。至此，我又想起了马克思那段被人无数次引用过的、关于人类童年在更高阶梯上再现的著名的言论，它说出了人类一个十分重要的本性——延续生命、发展（扩展）自我、重造童年（而且是在一个理想境界中重造）。因此，成年人才将全部的热情倾注于这种重造童年的艰巨工程之中，并且乐此不疲，在此，个体与种族的生命延续和进化是互渗及统一的。

大多数成年人便是以这样的现实途径艰难地实现自己多少带有幻想性质的重造童年之梦，而儿童文学作家却找到了另一条捷径，即通过想象为自己创造一个虚构的童年世界，在这个世界中，他可以重新体验（回归）和改造自己童年的种种不如意，从而使童年情结在这个重造的童年世界中得到宣泄、化解。

儿童文学作家大多是在纸上重造童年的好手，甚至可以说，成年人参与儿童文学创作的深层动机归根结底就是重造一个童年世界——为别人，也为自己。尼采曾将艺术活动过程解释为人在一种酒神冲动之中（迷醉的情绪中）与原始存在相沟通，那么也可以说，儿童文学作家在酒神冲动中与生命的初始状态相沟通，这种沟通使他在迷醉的想象中回溯至人格的发源地、情结的发源地，实现其宣泄和释放，他由此获得一种放松和亲切感，仿佛重新回到赐予安全感的襁褓氛围之中。我想，这可以看作文学家们通过想象的方式寻找精神家园的活动之一，正是这种活动导致了儿童文学的创作。

原载于 1996 年第 2 期《儿童文学研究》

孙幼军和他的童话

一提到孙幼军，人们常常首先想到他的长篇童话《小布头奇遇记》。这既是他的处女作，又是他的成名作；这是孙幼军的骄傲，也是中国儿童文学的骄傲。从《小布头奇遇记》发表以后，三十多年过去了，而到今天，孙幼军仍然是中国最富创作活力的童话作家之一。三十多年中，他的笔下一直源源不断地涌现出引人注目的童话新作，而且更重要的是，他把自己的童话创作当作一个不断探索尝试、不断自我超越的过程。孙幼军的童话创作之所以能令人读出三十年来中国童话观念的变迁，凭借的正是这种特殊的活力和不倦的追求。

尽管在相当长的一段时间里，《小布头奇遇记》一直是孙幼军童话艺术的代表，但是进入新时期不久，它就面临着越来越强劲的挑战。实际上，孙幼军自己也十分清楚这一点。他在二十世纪八十年代初的几次儿童文学研讨会上，都提到了这一点，即儿童文学如何从单纯的教育工具式的、耳提面命的状态中解放出来，童话特别是幼儿童话应向何处寻找独立的美学支点。

任何一部文学作品，都有其所产生的历史背景和社会思想氛围，都有具体的时代使命和生活内涵，每一位作家在创作时都不可能超越他所处的具体的历史和社会文化背景，因此任何一部，哪怕是优秀的文学作品都不可避免地要受到诸如时代、历史等的局限，因此，作为历史产物之一的文学作品也永远会面临时代变迁带来的挑战。而从这个意义上说，任何一个优秀的作家都应具有接受挑战和超越自我的勇气。

而孙幼军则在这一点上充分显示了他的创造活力。

一、独具一格的童稚美

创作于1981年下半年，后来荣获“中国作协首届全国优秀儿童文学奖”的短篇童话《小狗的小房子》，是孙幼军试图跨越“小布头”的成功的一步。这是一篇以传统的眼光看来“不知所云”的童话，只描述了一只小狗和一只小猫到河边的一次游戏经过，情节淡化，全篇都是平凡琐细的幼儿日常生活细节描写。对于小狗小猫的刻画，作者似信手拈来，却又极下功夫。小狗的憨厚老实，小猫的聪明任性，无不透过字里行间表现得栩栩如生，活像幼儿园里的两个小娃娃。而孙幼军在描写中并无任何成年人的说教或人为的褒贬定性，也并非通过示范性的挫折、羞辱和检讨来图解教育主题，他更重视的是幼儿在实际活动中认识自然与自我，不断丰富智慧，增长才干，因此小猫学会了关心别人，小狗也学会了开动脑筋。在这篇童话中，孙幼军迈出了超越过去的关键几步：其一，摒弃教训；其二，展现真实生动的幼儿生活本身；其三，强调童稚美。

二十世纪八十年代的最初一两年，中国儿童文学界刚刚从十年的沉寂中恢复生机不久，许多重要的理论问题都还没有来得及深入探讨，特别是由于教育至上观念的长期垄断，对儿童文学审美功能的广泛讨论和思考都还处在萌芽状态。孙幼军彼时果断地在自己的作品中进行了一次审美实验，可以说在一定程度上，这是对传统的童话创作思维乃至整个儿童文学美学观念的一次意味深长的冲击。

这种观念更新的影响不仅通过《小狗的小房子》显示出来，而且涉及他后来的一系列创作过程。在《神奇的房子》《玫玫和她的布娃娃》《妮妮画猴》《云里国历险》《亭亭的童话》等作品中，尽管作者也涉及了“道德品质”“溺爱孩子”“家长专制”等社会问题和家庭教育问题，但很明显作者注重的是描绘真实的幼儿生活本身，刻画幼儿丰富多彩的性格和精神世界，展现幼儿在游戏等活动中特有的矛盾和通过这种矛盾实现自我教育的过程。这里保留了从《小布头奇遇记》开始的那种异常清新稚气的格调，那种语言和细节的生动，那种性格刻画的细腻和丰满，却没有了《小布头奇遇记》《没有风的扇子》等作品中明显存在的政治演绎和道德教训的痕迹。

而表现“一种稚气的、天真的美”“一种童话这种形式所特有的美”（孙幼军：《让童话和孩子间少些隔阂》），正是孙幼军自创作《小布头奇遇记》以来始终在追求的艺术境界，这种追求尤其在《小狗的小房子》等低幼童话中进一步强化了。童稚美，其内涵正在于体现了幼儿时期的人格特征——天真、单纯和稚气，进一步讲，它体现了个体生命的初级形式所特有的外在的小巧精致、娇弱、稚嫩和细腻，以及内在的混沌、接近自然乃至物我不分的泛灵性等特征。在孙幼军的幼儿童话中，常可见到幼儿式的思维方式和叙述语言，从幼儿生活中提炼而来的大量精彩对话和细节，以及幼儿与玩具的独特的心理联系——物我不分，如桃桃和布娃娃、阿辛与竹脑壳、亭亭和布猩猩，甚至铁头与大猫飞侠，等等。孙幼军从来不依赖于“小手”“小脸蛋儿”这样的词语，而那稚气却透过语言、细节、氛围、形象等浓浓地自然而然地流露出来。譬如《神奇的房子》中杨杨的话：

……不哭也行。反正吧，你就使劲要。要得阿婆没办法了，阿婆就得说：“行啦，行啦！给你布，自己做去！”真的！阿婆就是这样子。告诉你吧，你要是想吃冰棍，就得向阿婆要雪糕。阿婆就说：“吃什么雪糕，挺贵的！买个冰棍算啦！”

要是你一开头就要冰棍啊，阿婆就叫你回家喝凉开水啦！

再比如《神奇的房子》中的另一处细节描写：

这天杨杨刚下了地，白妞儿就把桃桃送给她的一块糖给了他。……可是杨杨刚剥开糖纸，要把糖送到嘴里，白妞儿就急急忙忙跑上来问：“现在就吃呀？”

杨杨点点头。白妞儿把糖抢过去，又用糖纸包好，送到杨杨手里说：

“留着吧，啊？”

孩子气的小心眼儿跃然纸上，不由得叫人叹服作者观察力的敏锐。

孙幼军并不因为他的读者大多不识字而放弃自己的艺术追求，相反他认为：“童话应该有一类是由成人读给孩子听的，而且应该比例大一些。……孩子们不仅要听故事，而且要听‘大故事’。”（孙幼军：《我对幼儿童话的点滴想法》）基于这种对幼儿心理发育、智力程度及其对故事之需求的独到研究，孙幼军的低幼童话，从《小布头奇遇记》《小狗的小房子》《玩具店的夜》《神奇的房子》到《亭亭的童话》，大多是遵循这样的原则进行创作的，并由此形成了他独具风韵的天真稚气又幽默诙谐且充满温馨和亲切感、真正口语化的童话语言。继张天翼之后，在中国的儿童文学作家中，孙幼军当属为数极少的、在儿童口语化方面和滑稽幽默的艺术风格方面达到炉火纯青者之一。

二、对传统童话理论的突破

孙幼军不仅以他的独具一格的童话创作展现了生动的童稚美，而且还在童话创作方法论方面有所突破和创新。比如孙幼军曾经多次提到过，对于传统童话理论中提到的幻想、夸张等要素，以及将“现实生活的逻辑”作为“童话逻辑”的基础，他都有着不同意见。他认为，仅讲童话需要幻想、夸张和现实生活基础是不够的，因为任何文学创作都离不开这些要素，况且如果说童话有逻辑的话，那也应该是儿童思维特征中的逻辑，换句话说，童话的幻想应以儿童思维的特征为基础，以儿童幻想的逻辑为逻辑，而不是以往童话理论所强调的“符合现实生活的逻辑”（如茶壶不会走路、兔子应该吃素等等），虽然“现实生活的逻辑”是一切文学创作的总依据，但“儿童思维的逻辑”更有针对性，更适合于解释童话的幻想逻辑本质。

孙幼军的童话创作是他的童话理论的最好注脚。例如，在《神笔和笔帽儿的故事》里，老爷爷作家殚精竭虑为小朋友写故事，将头发中的墨汁一根根挤光，最后变得满头白发，这个令人叫绝的细节与张天翼《大林和小林》中那处“帽子挂在月亮尖角上等半个月掉下来”的细节实在具有异曲同工之妙。在这里，真正起作用的不是“现实生活的逻辑”，而恰恰是儿童思维的逻辑，因为只有儿童才会如此表面化地认识事物，才会产生如此判断和推理的逻辑。

儿童思维的逻辑，最经常地体现在他们的游戏活动中。而孙幼军恰恰是描绘儿童游戏的行家里手。譬如，孙幼军的《亭亭的童话》中描写了亭亭和爸爸一起外出郊游，乘坐的是用一个纸箱子、四个锅盖拼起来的“大汽车”，亭亭又随手将家里厨房中的三个水龙头“安”到了“大汽车”里，并且让它们一个出清水，一个出汽水，一个出啤酒。当他们到郊外痛痛快快地玩了个够之后，将“大汽车”开回到家里，赶在妈妈下班之前，将纸箱子、锅盖等统统收拾好。又如《妮妮画猴》，描写五岁的小女孩妮妮画画的情景。妮妮画了一只大老虎，又画了一只小猴子，老虎要吃猴子，妮妮赶快画了一棵树，让小猴子及时爬上去；小猴子饿了，妮妮便往树上画果子……这些作品都有一个共同的特点，那就是在幻想世界与现实世界之间，作者随意转换而有意不做任何有关合理性的铺垫或解释（做梦啊，咒语啊什么的），儿童假想的游戏与真实的生活水乳交融，结合得天衣无缝。这正是孙幼军对“童话逻辑”的解释，即在童话中幻想的逻辑支点恰恰就是儿童游戏中的假定逻辑。

三、多向度的童话触角

孙幼军的低幼童话创作成就是得到了公认的，然而孙幼军的创作并不仅仅限于低幼童话。新时期以来，他还创作了不少中高年级少儿欣赏的童话作品，如《老皮克和小皮克》《蓝色的舌头》《铁头飞侠传》《仙篮奇剑传》《怪老头儿》等。相对于他的那些充满温情的童稚美的低幼童话，这些作品在艺术风格上转向表现大胆荒诞的幻想和令人捧腹的滑稽感。在这一批作品中，大幅度的夸张，令人目不暇接的行动和出其不意的滑稽调侃，使作品充满了活力，像《老皮克和小皮克》中老皮克与孩子们捏橡皮泥的拉锯战，《怪老头儿》中动不动将房子叠成纸片儿，将镜子中的影子抖出活人，把耳朵放在家里值班等极度荒诞幽默的幻想情节，均对读者产生了深刻的审美冲击力。

除了在创作对象年龄段上的拓展之外，孙幼军还在童话创作的特殊风格、方法等方面进行了颇有意义的探索，特别是在童话的民族风格方面，做出了自己独特的贡献。过去人们谈到童话的民间风格，往往指的是民间童话、神话传说一类题材与形式，而在早些时候，包蕾的《猪八戒新传》《车马炮》等脍炙人口的作品就已为童话的民族化开辟了新径。孙幼军则在这个方面有自己的新的理解和尝试。譬如他的长篇童话《仙篮奇剑传》，这是一部将童话与中国传统武侠小说、章回志怪小说形式相嫁接的作品，在大胆的想象和尝试中带出一种奇异的特色；又比如他的长篇系列童话《怪老头儿》，孙幼军有意将它写成了具有浓郁的北京地方民俗语言文化色彩的“京味儿童话”，特别是他对中国古代志怪传奇的发挥，及对中国神话传说素材的再创造，都使他的童话艺术风格透出了强烈的民族文化气息。

纵观孙幼军三十多年的童话创作历程，热爱孩子，一切从孩子出发，是他严肃认真的创作态度和不断自我超越的内在动力。他曾说过：“有适合成人的东西，不妨放胆去写，为孩子写童话时却决不迎合成人的欣赏趣味，只专心在孩子身上下功夫。”（《让童话和孩子间少些隔阂》）这恐怕就是他的童话艺术魅力的重要来源。

写于 1997 年 3 月，原载于重庆出版社《孙幼军童话选》

多媒体时代的儿童文学

认识和把握一个时代也有各种不同的角度。如果说我们正面对的这个时代有什么突出的区别于上一个时代并且影响最广泛的特点的话，那么其中之一就是以电子计算机为代表的现代大众传播媒介的发展，它是构成我们这个时代文化背景的最重要的因素之一。

一、电子媒介给儿童生活带来什么变化

二十世纪七十年代末至八十年代，随着电视在中国大陆的迅速普及，人们也进入了大众传播的新时代。

二十世纪八九十年代出生的儿童，是在现代大众传播的环境中成长起来的，这个新的时代给儿童生活带来了几个根本性的变化。

第一，比起上几代儿童，这一代儿童面临着更多的媒介消费选择，除传统媒介报刊、书籍、广播、电影、唱片之外，还有电视(包括有线电视、卫星电视)、录像机、录音磁带、电子游戏机、电子计算机、激光唱片、激光影碟、卡拉OK等，媒介种类的争夺带来了信息数量和种类的剧增。这一代儿童(特别是一些经济发达地区的儿童)从接触各种媒介中认识到的是一个远远超出了他们直接体验限度的更丰富多彩、更立体化的世界。

第二，电子媒介，尤其是电视的介入，使儿童接收的信息发生了质的改变。在以印刷媒介为主的时代，儿童的阅读与成人的阅读基本上是分开的，儿童世

界与成人世界相对隔绝，而电视等媒介则向儿童开放了成人世界，儿童的电视活动几乎没有成年与童年的界限，成人世界的一切都可以通过电视屏幕进入儿童的视野。而录音磁带、卡拉 OK 等媒介则将小学儿童也卷入了成人社会的流行文化之中（参见卜卫著《进入“地球村”——中国儿童与大众传播》第 20 页，四川少年儿童出版社 1994 年出版）。二十世纪八十年代以来涌现的青少年“追星族”问题就是一个鲜明的例证。

第三，现代传播媒介的发展，已经开始改变儿童作为受众在信息传播过程中的传统地位。在过去，儿童基本上是书报杂志、广播影视等媒介传播信息的被动接受者，而现代儿童已不仅仅依赖大众媒介传递的信息去认识世界，了解他人与自我，调整自己的思想与行为，获得交往和娱乐，而是以前所未有的勇气和热情积极参与大众媒介的传播。如中小学校里的孩子们办报纸、刊物甚至红领巾电台，还有更多的孩子热衷于拨打广播电台和电视台的各类热线电话，向报刊投稿，等等，甚至随着计算机互联网的发展和逐渐普及，少年儿童在网络中参与信息传播也正在成为越来越普遍的事实。现代大众传播媒介系统的发展也为他们的参与提供了更多的机会。

由此可见，新兴媒介系统使儿童的生活发生了巨大的变化，他们的视野、知识结构等已经大大超出了我们的想象，随之而来的是成年人(家长、教师、作家……)在儿童成长过程中的权威地位在逐步削弱，大众传播媒介正以其对儿童思想及判断力的强劲影响，越来越频繁地介入到以往由家庭、学校、同龄群体等构成的儿童教育系统当中。

二、电子媒介给印刷媒介带来什么挑战

现代大众传播媒介的发展给人类的生活带来了各种影响和变化，而这些影响和变化中，也许我们最关心的是，印刷媒体一统天下的时代结束了。

前面已经提到，在新的传播时代中，儿童面临着多种媒介消费选择，其中电子媒介（电视、录像机、电子游戏机、电脑等）对儿童的影响尤为重要，在电子媒介的冲击下，印刷媒介（书籍、报刊等）对少年儿童的影响有所减弱，这是因为电子媒介在传播方面有着印刷媒介所不具备的多种优势。譬如同样是儿童戏剧类内容，印刷在纸上的童话故事与电视屏幕上的卡通节目、童话剧、幻想题材的故事片等相比，无疑后者在直观性、刺激性、娱乐性等方面占有明显的优势；而知识类、纪实类的内容，电视等电子媒介也由于鲜明的纪实性、直观性等优势而正在大量取代有同样内容的印刷物，如前些年，各出版社印刷出版的中小学校教学参考资料铺天盖地，几乎每个学龄少儿人手一套甚至数套，而近几年随着电视机、录像机的普及和电子计算机进入家庭，各种教学辅导录像带、录音带和教学软件、光盘以印刷品所不具备的音像优势正在拥有越来越多的消费者。

由于儿童面临多种媒介消费选择，选择的多向性与信息的分流就不可避免地造成儿童对印刷媒介消费数量的下降。又由于当代社会对于高升学率的一味追求，日益激烈的升学竞争将儿童抛入大量的功课堆中，再加上各类业余奥校、强化班、特长班等的活动，这一代儿童能够自由支配的课余时间比起上几代儿童已大幅度减少，这或许从总体上刺激了儿童对学习类、知识类印刷品的消费，但对文艺类印刷品的接触则无疑有所减少。这也许就不难理解为什么近十年来我们一直听到来自各儿童报刊关于订数下降的抱怨了。

三、多媒体时代的儿童文学面临着什么

在现代大众传媒时代，印刷媒体一统天下的局面的确一去不复返了，但这并不是说印刷媒体从此将被逐出历史舞台，事实上，印刷媒介仍有着其他媒介所不可企及的优势。当然，印刷媒介与电子媒介相比，在纪实性、直观性、刺

激性、娱乐性等方面不如后者，但是电子媒介往往有时间、地点和内容方面的限制，而印刷媒介则没有或极少有这些限制，儿童可以在任何时间、任何地点(包括旅途中、睡榻上及其他地方)选择阅读任何内容；而且，电视、电子游戏机等电子媒介所展示的内容转瞬即逝，而报刊书籍的内容则可以很方便地为儿童尽情、反复地欣赏玩味，变被动娱乐为主动娱乐。此外，电子媒介尽管在视觉、听觉等直观刺激方面给人以丰富多彩的外在享受和认知活动的兴趣强化，但在心理疏通、情感交流等的深度和广度上，以及对学习资料的细致掌握等方面，却又明显逊于印刷媒介，或者说印刷媒介在满足儿童学习需要和解决心理问题等方面的功能大于电子媒介。

由此可见，印刷媒介的特殊性决定了它在大众传媒时代仍有自己牢固的位置，并且据有关调查统计，我国少年儿童在满足其媒介需要(学习需要、新闻需要、交往需要、情绪刺激需要、缓解焦虑需要和消磨时间需要)的时候，主要还是依靠电视和书籍，也就是说，文字和声像各占一半。随着年龄的增长，儿童接触印刷物的数量也大幅度增加(参见卜卫著《进入“地球村”——中国儿童与大众传播》第66—73页，四川少年儿童出版社1994年出版)，这些都无疑表明了即使在现代大众传媒十分发达的今天，少年儿童仍然有着对于书籍的渴求，特别是那些正处于成长的微妙时期、有各种莫名困惑的青少年，报刊书籍尤其是文艺类读物仍是他们所需要的(在儿童的媒介需要中占多数比例的儿童戏剧类、纪实类内容恰恰是儿童文学的主要内容)，只是这种需要已不是唯一的了。

但是这又并不说明今天少年儿童对于文学的需求毫无变化，电子媒介高频率、快节奏的声光影像在很大程度上影响着少年儿童的审美趣味，譬如卡通片的兴盛(电视卡通片在电视节目中所占的比重越来越大，形形色色的卡通读物成为各种大小书摊上的畅销品)就具有典型的电子媒介时代的特色，其鲜明的通俗性、直观性、快节奏性、刺激性、娱乐性及其信息传递的“短、频、快”等特点无不构成流行的重要原因。

多媒体时代正快步向我们走来，这种高科技的时代背景对二十世纪九十年代的中国人的精神生活和物质生活的深刻影响正在潜移默化地发散开来。近几年电脑在我国城市家庭中的占有率正在迅速递增，除了一部分专业技术人员和一些搞文字处理的人员如作家之类，大部分家庭购买电脑是为了给孩子进行智力投资，而大量的电子游戏、三维卡通、VCD 等声光影像正在打造与二十世纪八十年代成长起来的那一代人拥有不同文化背景、不同生活方式、不同精神追求、不同审美趣味的新一代年轻人。

在这里，我们应当注意到一个事实：多媒体时代给我们带来的绝不仅仅是在过去的生活、思维方式、价值观念、审美趣味之外再加一个电脑而已，它正在带来一套全新的生活方式、思维方式和价值观念，乃至审美趣味。

首先，是信息传播的内容方面。比如，作家通过作品传递的信息只是这一代少年儿童在多元化的媒介接触中的一元，儿童们通过各种媒介完全可以接收到不亚于成年人的信息量及信息范围，这种信息分享的平等趋向，使成年人（家长、教师、作家等）的教育主导地位正在受到威胁和挑战，电子时代信息的开放程度已经使成人世界对少年儿童毫无秘密可言，儿童完全可以凭借自己的观察来认识和评判这个世界，因此这一代儿童讨厌说教、重视实际、对上一辈人缺乏崇拜之心是必然的，儿童文学作家的作用恐怕更多在于传递以自己的人生阅历奠基的生命体验，因为这种“体验”来自阅历，来自成长，来自丰厚的文化积淀，而这恰恰是少年儿童所缺少和向往的。

从儿童文学创作的角度来看，新的时代环境中儿童的生活背景的改变决定了他们的需求也在改变，儿童文学创作的内容急需相应改变，作家们必须要看到这一点，“以不变应万变”并不完全适合这个时代儿童文学的继续生存（要说有永恒的东西，“适者生存”什么时候都是永恒的）；而这种改变已经不仅仅是改写科幻题材，写些电脑啦，网络啦之类的题材就齐了的，否则大家只要一窝蜂去写科学幻想小说就得了，就像眼下的大多数卡通连环画那样，别看现在的卡通连环画满大街都是，让人眼花缭乱，其实目前我们的卡通连环画的内容还是相当狭窄、单调和雷同的。但有一点必须看到，卡通连环画的作者在一定程度上抓住了这个时代儿童审美心理的某些特点。像现在的少年儿童视野比过去的儿童视野要广，信息密度要大，知识结构和观念结构更现代化，他们所关心的事情、他们所遇到的问题都不可能与上一个时代的孩子完全相同，他们看待事物的眼光、审美趣味也已经有了极大的差别。儿童文学需要更进一步强化与当代少年儿童之间的联系，或者说更加贴近当代少年儿童的实际生活。所谓贴近当代少年儿童的实际生活，一方面意味着当代少年儿童的实际生活内容已有了巨大的改变，另一方面随之而来的是当代少年儿童的心灵结构也已发生了巨大的变化。当代少年儿童由于各种生存的压力、心理的压力，其精神世界已变得比过去几代少年儿童更复杂、更实际了，只要看看这几年少儿报刊中各种对话性和纪实性的文体正在占据越来越多的篇幅和版面，便可以了解到“实际”对于今天的少年儿童有多么重要（甚至少儿散文等纪实类文体也开始有了更大的发展空间）。当然，这并不是说，今天的儿童文学不再需要浪漫、幻想和理想，但可以肯定的是，今天的儿童文学将更关注现实，更关注精神的成长。譬如少儿报刊中虽然纯文学类数量下降，但综合类数量却上升了许多，不少原本属于纯文学的刊物也在悄悄地转型，朝综合方向发展（例如北京的《东方少年》杂志），这也从另一个方面反映了现代大众传媒时代少年儿童由于生活节奏的加快和信息量剧增而产生了各种精神问题，有一种心理疏导和与智者对话的渴求，而少年儿童在这方面需要的满足往往是通过某种纪实性、非戏剧性的读物来实现的。更不要说与我们这一代人的差别，今天成长于电子媒介时代的少年儿童与我们这一代人的成长背景已经迥异，很多差别已经不完全是年龄造成的了，还有时代（生活方式、文化背景）的差别，代沟在这个时代正在加速形成，人类文明进程的加快使时代更替的时间跨度也在缩短，比如在十八、十九世纪，也许一个时代能够延续八十年，二十世纪初一个时代能延续三四十年，而现在也许二十年、十年一个时代就更新了，所以如果我们的儿童文学作家还让自己的作品过多地沉浸在上一个时代的生活氛围、知识氛围或观念氛围中，就会与现在的儿童产生某种距离感。我们常常提到文学艺术有一些永恒的母题，但永恒的母题在不同的时代是有不同的具体内容的，而这个不同就是由各个时代的生活方式所决定的。

其次，是信息的传输和接收方式（信息交流方式）。电子媒介带给我们的诸多新观念中，恐怕“交互式”——人机交互、人机对话——是其核心（特别是电子游戏的出现，带来了现代媒介传播史上的一个崭新而重要的转折，这就是“交互式”的概念，使人机对话成为现实）。过去我们也讲儿童文学是两代人之间的对话或“交流”，但这个对话的含义与电脑带来的“交互式”概念的含义是极其不同的，交互，最直接的意义在于读者或信息接收者一方的参与，在现代大众传播媒介环境中，参与性不仅仅存在于电子游戏中，像广播热线、卡拉OK等都强调听众的参与，而在电脑游戏中，这种参与能够直接改变信息的内容和结构，能导致信息发布方与信息接收方双方关系在一定时空中发生根本性变化，过去单向的关系，即发布→传输→接收，变成了双向的、可逆的。游戏操纵者与电脑程序之间不断互动、交流信息，每个不同的游戏者由于性格、智能、趣味等的不同都会导致不同的反应，而这又直接影响着游戏过程的具体发展。这样一来信息的发布过程和接收过程变成了一个有生命的、个性化的过程。这种个性化不仅来自发布者的个性，还来自接收者的个性。

这种“交互式”的信息传输方式一旦产生，就不止于电子游戏的范畴，在信息高速公路——国际互联网中，“人机互动”是信息传输和接收的基本方式，人人（包括儿童）都有平等参与信息发布与传播的机会，人人都可以在信息的发布与传播中表现自己的个性。在计算机网络上，没有成人与儿童的区分或者男人和女人之分，甚至有句笑话说：“在网络上，你就是一条狗也没人知道。”计算机网络的迅速发展，对儿童也在产生不可估量的影响，“数字化生存”是新一代年轻人的生活方式。在一些国家，儿童十二岁上网，十四岁受正规的互联网教育已经不是天方夜谭，即使在我国，一些有条件的少年儿童也已经先于他们的长辈掌握了进入计算机互联网的手段。由于网络信息的平等共享，儿童上网不可避免地有成人化趋势，因为网络中无年龄的区分，互动的成人化的网络氛围对正处在成长发育期的儿童人格的形成将产生重要的影响。

应当看到，电子媒介的“交互式”概念带来的不仅仅是一个纯传输方式的问题，不仅仅是一个纯粹的形式问题，过去很多例子都说明形式问题会带来内容的问题。有人曾说，二十世纪对于文学来说是个形式的时代，但实际上，信息时代大众传媒方式的改变给文学带来的绝不会仅仅是形式上的变化。其实，“交互式”概念的出现本身就表明了现代人对于世界的一种新的认识。在互动中，认识者不是单纯被动地旁观和破译认识对象，而是通过直接参与和反馈来影响和改造认识对象。“交互式”体现了信息交流中的平等以及深度。

再次，电子媒介正在塑造一代具有新的审美心理结构的少儿。

我们会发现，我们正在面对一代具有新的审美心理结构的少年儿童，而这给我们的儿童文学创作将带来较大的影响。

1. 具有现代化的知识结构和心理结构。

前面我已经提到过，在电子媒介环境中的少年儿童，他们接触到的信息量远远大于过去的同龄人，特别是由于现代大众传媒已将一个色彩纷呈、眼花缭乱的世界几乎毫无禁忌地展现于他们面前，今天的少年儿童视野的开阔程度已超出了我们的想象。

比如一个十来岁男孩的脑袋里可能就杂七杂八地装满了有关电子游戏、汽车、现代武器、航天飞机、信息高速公路、希望工程、英格兰足总杯、意大利足球甲级联赛、NBA 篮球明星、阿迪达斯运动装、风靡全球的日本卡通等五花八门的内容……有些方面他们甚至比许多普通成年人知道得还多，今天的少年儿童已不可能再满足于过去的儿童文学那种单纯狭小的天地、境界与氛围了，他们开始追求更多方面、更多数量的现代生活信息。

除了电子媒介带来的现代化、成人化的知识结构，还有商品经济下生存竞争越来越紧张激烈的生活方式，这些都使得这一代少年儿童变得更加讲求实际和理性化。从整体上看，这一代少年儿童是比以往任何一代同龄人都知识丰富、眼界开阔的，同时又是比以往任何一代同龄人都更讲求实际的。他们也有理想，但理想绝不虚无缥缈，浪漫不着边际，而是和具体的物质利益息息相关的；他们也懂哲学，但绝不钻形而上学的牛角尖，因而显得更具有社会适应性。

由于儿童现代观念的生成和文字读物有直接的、密切的关系，这就使强化儿童文学的现代文化信息含量成为对今天儿童文学创作的基本要求之一。

2. 信息爆炸导致信息接触的“短、频、快”特征。

网络——信息高速公路已使今天的信息传送速度极大地加快了，而多种媒介消费选择又带来信息量的剧增，生活在这个时代的人们（无论是成人还是少儿）对于信息的接受正在不知不觉地习惯于“短、频、快”。换句话说，一个人要了解更多的信息，他的注意力在每条单个信息上停留的时间就不得不缩短。比如说，今天人们阅读印刷品的方式更多地就是浏览而不是精读。特别是对未知事物、新鲜事物永远充满好奇心的少年儿童，他们的好奇心不费点儿力气已经是不大容易满足的了，除了适宜的题材，还有适宜的节奏张力、刺激度等，比如抒发感情的方式和格调就不能还是田园牧歌时代的那些方式和格调，甚至不能还是我们这代人所习惯的方式，像那种缓慢的抒情和叙事节奏，今天的孩子们会贬之为“拖沓”。打个比方，像京剧艺术要赢得今天的年轻观众，也要部分地适当吸取其他现代艺术的表现手段，使之“好看”起来，这里就不仅仅是形式包装的问题，而是审美心理的问题。

3. 多感度的审美趣味。

电子媒介高频率、快节奏的声光影像对少年儿童的影响是潜移默化而又相当深刻的，可以说，今天这一代少年儿童的成长背景和我们那一代的重要区别之一就是，我们那一代可以说基本上是在印刷的文字的媒介影响下成长起来的，我们的思维方式、观念、情感和审美趣味，是与文字紧密相连的，是借助于文字来传输和表达的，而他们，是在电视、录像、CD 和铺天盖地的卡通读物等造成的声光影像中成长起来的一代孩子，他们的思维方式、观念、情感和审美趣味等，在很大程度上是与画面、声音之类紧密相连的，现代大众传媒手段的多样化，已经使当代少年儿童认识世界的方式发生了某种改变。虽然在国外已经有研究者提出，儿童看电视过多，接触印刷读物过少，会影响其逻辑思维的正常发育，但时代是不可逆转的了，而且我们不得不看到，在电子媒介环境中长大的这一代少年儿童，他们对世界的认识更加丰富化、感性化，在电子媒介的帮助下，他们的感觉触角延伸的能力正在极大地增强，延伸的范围也越来越广，覆盖全国的电视网以及多媒体技术的多感度刺激，已构成对传统媒介（包括书籍、报刊、影视等）的单一感知度、单向信息传输方式的有力挑战。因此，一方面，视野狭窄的或观念陈旧的东西写出来不受他们青睐；另一方面，刺激度不适宜的也不易引起他们的兴趣。对于儿童文学作品来说，应该强化其审美体验性和感受性，增强其在审美过程中对小读者的感觉冲击力，这是十分重要的。

4. 儿童文学面临传播途径与文体表现手段的多样化。

传播技术的日新月异使固守传统形式的儿童文学面临严峻的挑战，传播手段的多样化导致的信息分流也给儿童文学的生存和发展带来了一些难题，但我们换个角度看，说是时代赠给儿童文学新的发展机会也未尝不可。儿童文学与广播、影视的联姻早已不是什么新鲜事了，但这毕竟还只是外部的合作，而电子媒介，特别是“交互式”的概念所暗示的未来儿童文学创作与欣赏的新型方式、新型审美空间，必将引发儿童文学的创作和出版模式的深刻变革。事实上，近一两年已有一些敏锐的作家和出版社进行了这方面的努力，如北京少年儿童出版社的少年自我历险小说“漫画奥林匹克科幻游戏”系列丛书，将童话、科幻故事与游戏结合了起来，再如甘肃少年儿童出版社 1996 年底推出的“少年绝境自救故事丛书”，注重编、创、读三方的共同参与和交流等，都是从不同的角度对于“交互式”新概念的大胆尝试。当然，这些尝试的质量如何、成功与否还有待进一步分析评说。此外，安徒生童话、格林童话等的光盘版和世界童话名著故事游戏一体化系列光盘等的出现，则以全新的多感度和“交互式”的形式，在儿童文学的创作者、出版者和欣赏者面前打开了一个充满诱惑的世界。可以想见，未来中国儿童文学的发展会更富戏剧性，更出人意料，世纪之交多媒体时代的高科技背景绝不会仅仅作为创作题材进入儿童文学，它给予儿童文学的深刻影响或许是划时代的。

原载于 1998 年第 2 期《儿童文学研究》

关于二十一世纪儿童文学走向的思考

站在千禧年的门槛上，面对即将到来的新世纪，近年来创作与出版中一些引人深思的现象，不能不令人对下一个世纪中国儿童文学的走向产生些许疑虑，这些疑虑与思索积淀下来，就形成了针对下一个世纪儿童文学走向的一些问题。

第一个问题：社会文化背景的后现代走向是否会销蚀新一代的人文精神和历史感？

不容忽略的是，二十世纪九十年代的中国面临着一种新的文化氛围，即在西方自六七十年代起就已出现的后现代文化氛围的包围和浸润：一方面，是整个社会文化生活在紧张的经济竞争环境下日趋商品化、休闲化、表面化；另一方面，由电子文化所造就的“读图时代”的来临，使我们过去那种关注精神、价值、真理、终极意义之类形而上事物的“深度阅读”，正在日益被关注消费、时尚、流行、感官愉悦之类形而下的“平面阅读”所取代（从某种意义上也包括少年儿童对卡通、星座等的迷恋）。而且商品化趋势的强力渗透，使我们社会的高雅文化和通俗文化的界限日益模糊甚至消失，“诗意存在”的空间被迫大幅度缩减自己的地盘。在少儿文学创作领域也有类似的情况，九十年代伊始，中国儿童文学在整个八十年代所营造的那种追求深刻的、负载着厚重的历史意识的理性艺术氛围开始被打破、被消解，从忧患走向放松，从思考走向感受，从深度走向平面，从凝重走向调侃。此后有一系列儿童文学作家纷纷自觉不自觉地朝这个方向努力，放弃历史的观照与理性的沉思，放弃典型环境中的典型人物、理想化人格的塑造，作品的内容越来越关注少年儿童生活状况的当下时态，作品中的人物逐渐由世俗化而走向流行化……

面对着一个新的世纪，我们也许不得不思考：我们将如何在这种后现代文化氛围的平面化模式与八十年代的历史深度之间寻找平衡？下一个世纪的中国儿童文学还需不需要人文关怀？我们的儿童文学创作与出版将如何弘扬人文精神？

就整体上来讲，文学是内在化、理性化的艺术。以语言文字为载体的文学，毕竟要向观念、向理性倾斜，最终的浓缩结果是思想。无论它的表述形式多么形象，描写与叙述的细节多么生动，思想力量总是它的最大优势。大的艺术家都是大的思想家，作家尤其如此，因为文字就是思想的符号、思想的外壳，儿童文学也不应例外。

第二个问题：下一个世纪的中国儿童文学是否应建立新的价值体系和艺术准则？

这些年我们看到儿童文学的创作队伍在不断扩大，成人文学作家和少年儿童在出版社编辑的组织下，成批地从两极介入到儿童文学的创作队伍中来，他们给儿童文学带来了两种不同的价值体系和艺术准则：一种，是作为成年人的作家的角度——在主流文化基础上构筑一个“诗意空间”，尽量使它与理念中的“儿童精神”相通（比如说“大幻想文学”的概念）；另一种，是少年儿童的角度——反叛与少儿天性相悖的正统价值观的意识状态，进行新一代真实的生存现状的自我展示，以及采用调侃的、游戏化的话语形式来张扬其独特的审美个性。事实上，来自少年儿童的反叛正统文化的意识状态比起过去来说其影响力正在扩大，尤其是那些由少年人自己写自己的青春自画像式的文学创作，除了其中有一部分是按照传统习惯的美学价值标准创作的以外，有不少作品体现出某种另类话语的倾向（例如小说《灵魂出窍》《你好，花脸道！》和《“疯”流人物》等作品）。这些另类话语的一个突出特征，是一种处于当前社会主流价值边缘的生存状态的话语显现，它具有鲜明的反叛正统价值观的“新新人类”的性格特征，还有一个突出特征就是它们所呈现出来的“游戏化”审美心理倾向。

这些作品往往在语言和情节的营造上刻意突出一种调侃的荒诞氛围，并通过卡通化的叙述方式来体现某种游戏性倾向。

由此我们看到，儿童文学创作要想真正获得少儿读者的青睐，最重要的还不在于是否反映描写了少年儿童的当下生活表象，更重要的是作品是否反映了生存在信息高速公路时代的一代新人正在形成的新价值观念和审美心理倾向。而一个新世纪的来临，恰恰标志着一种建立在新的生存方式基础上的价值体系将主宰世界，儿童文学也无法将自己排除在外。

第三个问题：电子媒体对儿童文学创作的介入乃至网络文学的异军突起将给下一个世纪的中国儿童文学带来什么？

实际上，我们已经生活在多种媒体并存的时代了，电子媒体介入文学创作势在必行，而且是不可阻挡的，尤其是互联网，随着网络的发展和网民队伍的迅速扩大，网络文学的发展势头很快，越来越多的作家上网，甚至出现了网络文学的专栏作家。文学借助于网络走下了以往高不可攀的圣坛，成为普通大众人人都可以“过把瘾”的东西。

而网络文学使用的话语与纸质媒体文学所使用的话语有着巨大差异，因为网络文学并非是印在纸上的文学作品的直接“转载”。因特网本身所特有的无限链接特征（也就是超文本特征），产生出可以无限延伸的开放性、立体化空间，因而网络文学也不可避免地是一种非线性的（不按顺序的，没有绝对的起点，也没有绝对的终点）、非情节化的、短篇的、高信息含量的文本；同时，又由于网上交流所特有的大信息量和快速更新的特点，网络文学不可避免地具有鲜明的口语化交流特征，也就是说，网络文学的话语形态往往是即兴的、破碎的、跳跃的、无始无终的、无限链接的和可涂改的，一言以蔽之，网络文学的文字自我约束力降低，随意性增强。此外，互联网最本质的特征是互动性和超文本，作者与读者之间几乎“零距离”的快速反馈以及网络的无限链接功能，给网络文学的文本带来极大的可变性和不确定性，不像印刷在纸上的文学作品的文本具有固定的内容与外延,所以网络文学又具有作者与读者之间界限模糊的特征。总而言之，网络文学以电子媒体特有的新概念消解着传统文学创作的神圣性、内省性、贵族化和创作主体的完整性等固有特征。

少年文学范畴内的网络化趋向应该说也是存在的，因为在我国的几百万网民中，青少年占了绝大多数，有统计数据表明，在目前中国的大中城市中中学生拥有电脑的比例达到30%—40%，其中上网者达5%。而随着我国信息高速公路的建设和发展，这些数字只会迅速增加。而网络化将会给儿童文学带来什么？其中最大的可能应该是少年儿童读者的参与性空前提高，少儿文学与读者的距离会相应拉近，少儿文学的游戏性、娱乐性都会随之强化起来，文学价值观的表述也会更接近少年儿童的本体世界。但不可避免的问题是，网络的互动与超文本特质会在一定程度上和传统儿童文学的阅读习惯产生冲突，甚至在一定程度上消解建立在线性阅读基础上的文学固有的理性深度。如何在准确把握印刷媒体和电子媒体各自优势的基础上互动互补，也将是下个世纪摆在少儿文学面前的课题之一。

原载于2000年第1期《中国儿童文学》

老一辈儿童文学理论家的风范

——读《浦漫汀儿童文学论稿》

中国的儿童文学理论，始自鲁迅、周作人、赵景深、郑振铎等“五四”一代大家，于二十世纪头二十年，以启蒙之笔振聋发聩，开启大众对于儿童文学的混沌认识。二十世纪三十年代以后，则有陈伯吹、魏寿庸等一干教育工作者始建“概论”，儿童文学作为一门独立学科的框架方初步显现。新中国成立后，有一批儿童文学作家兼理论家怀着强烈的时代责任感和一腔艺术激情先后涌现，如陈伯吹、贺宜、鲁兵等，但由于这一批理论家大多由作家兼任，故而重个人情感感悟的抒发，重创作经验而相对轻思辨性、体系性，其理论阐述有较多的随意性（例如贺宜的《小百花园丁杂说》、陈伯吹的《散论儿童文学》、鲁兵的《教育儿童的文学》、洪汛涛的《童话学》等在写作文体上就带有非常鲜明的随感性）。与此同时，穆木天、蒋锡金、蒋风、浦漫汀、张美妮等先后涌现的一批高校教师队伍中的理论家，则将严谨的、思辨的、注重逻辑性和体系性的学院风格注入儿童文学理论研究之中，使始于陈伯吹、魏寿庸等人的“概论”研究得以延续下去，并得到极其重要的发展和完善。这个发展与完善的过程持续了整整三十年，直至二十世纪九十年代初，两部《儿童文学教程》（浦漫汀、蒋风各自主编一部）的出版，方标志着新中国第一代儿童文学理论体系的成熟，是我国儿童文学学科建设的重大成果。

从二十世纪五十年代开始投身于儿童文学教学和理论研究的浦漫汀教授，迄今已出版了多种儿童文学理论著作，而最近由河北少年儿童出版社出版的《浦漫汀儿童文学论稿》一书，则是她自二十世纪八十年代以来有关儿童文学的研究和评论文章的集大成著作，是她二十年来又一部呕心沥血的理论结晶。

《浦漫汀儿童文学论稿》收录了五十多篇论文与评论，还收录了两部专著，所涵盖的知识面和信息量甚广，从世界不同地域的儿童文学源流与演化，中国古代至现当代儿童文学的发展，到各种体裁（包括童话、儿童小说、儿童散文、儿童诗歌以及科学诗等）的中外儿童文学作家作品特色赏析，均有论及。

作为一位长期在高校从事教学与研究工作的著名儿童文学理论家，浦漫汀教授的评论及理论文章十分鲜明地体现了严谨的、思辨的、注重逻辑性和体系性的学院风格，对于所涉及的专题都有相当细致和系统化的研究，文风稳健而严谨，逻辑性、释义性极强。

例如，《东方童话概说》一文，浦教授从东方童话的起源、分布谈起，论及东方童话的特色及艺术成就，对东方童话中的超人体、常人体、拟人体等诸种不同形式的大量作品逐一进行典型解析。此外，她在文中还对东西方童话在题材、形式、哲学观等诸多方面的异同进行了颇为系统的分析。她首先指出，童话作为一门独立的文学体裁，其基本艺术特征在东西方都应是相同的，像上述各种“体”式，像拟人、夸张、象征、比喻、怪诞等手法，都不免用到，而且东西方童话的同宗同源也带来了大量相同或相似的题材与主题，因而“东方童话与西方童话虽各有千秋，各具其趣，但就总体考察，仍可谓大同小异”。随后浦教授又提出，正是东方文化“合二而一”的基本思维模式与西方文化“一分为二”的基本思维模式相异，造成了东西方童话在内容的价值取向上的一定差异，譬如西方童话中常见矛盾对立、难以调和的处理，而东方童话中则更多的是矛盾转化乃至大团圆的结局，等等。这些分析和阐述，细腻而严谨，显示出作者相当深厚的文学史研究功底。从这篇文章，我不免联想到曾读过浦教授的另一篇文体专论《童话四题》，其中谈到宝物含义的发展变化时，从中外、古今娓娓道来，旁征博引，有理有据，丰富的知识量、逻辑的说服力均令人叹服。

其他如《从古代到建国初期的儿童文学》《关于中国古代儿童文学》《中国当代儿童文学精品·散文卷》《中国当代儿童文学精品·童话卷》《〈当代名家最新童话精选〉序》《〈中国当代儿童文学国际主义主题作品选〉序言》等文，亦莫不是立足于高处，对一段时期或一个方面的儿童文学特色与走向所做的学术性总结和概括。

除了对中外儿童文学发展史进行各种不同角度、不同层面、不同板块的研究探索之外，浦教授在几十年中还写了大量的对中外不同时期儿童文学作家作品的分析鉴赏文章，《浦漫汀儿童文学论稿》中就收录了数十篇。而写于二十世纪八十年代的专著《安徒生简论》，则是其中的代表作。这部著作从安徒生坎坷不凡的一生入手，牢牢地抓住了决定安徒生奋斗道路及其童话创作成就的"个人性格的秘密"，结合着特定的文化历史背景，分析和阐释了安徒生童话创作中独特的人生轨迹及艺术成就。这种新颖的研究视角在国内的安徒生研究中独树一帜，其对艺术人性的发掘所达到的深度和独特性已具有了"填补空白"的意义。而同时，视角的独特性也使《安徒生简论》成为一部具有女性之细腻优美风格的论著，作者把自己深深地浸润在安徒生的艺术世界当中，沿着安徒生穷极一生献身艺术的每一个足印去探幽发微，研究者的丰沛感情与作品的盎然诗意水乳交融，使安徒生的艺术世界呈现出更加丰富多彩的魅力。

除了《安徒生简论》这样的扛鼎之作以外，浦教授对各个时期的儿童文学作家作品始终投以全身心的关注。书中共有数十篇作家作品评论，评论的对象既有诺贝尔文学奖获得者及叶圣陶、张天翼、高士其、严文井等中外名家之作，也有不少当年还是初出茅庐的中青年新人的作品。这些评论文章每一篇都含着饱满的热情，将每一部作品精微的艺术内涵以及创作得失尽量充分地发掘和阐释出来，其认真的态度可钦可敬，仿佛得见浦教授鼓励新人、提携后进的一颗高尚善良之心。譬如，在二十世纪七八十年代，正是中国儿童文学在十年动乱结束后的一个创作井喷期，曾经在社会的底层挣扎过、有过漫长困惑的一代青年儿童文学作家，怀着积蓄了十年的激情与冲动，通过儿童文学的创作表达他们对人性、对社会和对民族下一代的种种深沉的关切和思考，在那个时期浦教授写了大量作品评论，为那一代青年儿童文学作家的探索创新进行分析和指导，尤其为他们在冲破“文革”的人性樊篱方面的种种热血尝试呐喊助威，如今这一批儿童文学作家都已经步入中年，并且已成了中国儿童文学创作的中坚力量。时至二十世纪九十年代，中国社会又面临商品经济大潮带来的新一轮大动荡，这时期涌现出了一批更年轻的儿童文学作家，他们带来新时代生活所给予的崭新价值观和艺术观，从新的角度、新的视野审视当下的少年儿童生活，而浦漫汀教授仍以蘸满热情的笔支持着他们那也许并不顺利的步伐。可以说，在“文革”后的新时期，乃至整个中国当代儿童文学创作发展的进程中，浦漫汀教授都是重要的评说者、指导者、见证者之一，从满头青丝到霜染两鬓，她已经把几乎全部心血无私地奉献给了一代又一代儿童文学作家。

二十世纪七十年代末期至八十年代初期，我尚在北师大读本科期间，有幸多次聆听过浦漫汀老师讲授的儿童文学课，就是从那个时候起我初次了解了这个乐趣无穷的学科，并对之产生了浓厚的兴趣，以至于本科毕业后追寻着当时国内唯一的儿童文学硕士点，千里迢迢从北京跑到浙江去，师从蒋风教授在儿童文学专业深造。在这个领域工作了多年后，一个强烈的体验是：儿童文学理论研究是一个寂寞的领域，儿童文学理论工作者们多年来都以非凡的毅力与恒心，在默默地奉献着。他们艰辛地一砖一瓦营建儿童文学理论大厦的同时，名和利却皆与他们无缘。而老一辈儿童文学理论家却仍然无怨无悔地全身心地投注在这个事业中。时至今日，浦教授依然每天伏案走笔，乐在其中，尽管已是古稀之年，可谈及著述的计划，仍然神采焕发。我衷心地祝愿浦教授体康笔健，在不远的将来再获新的丰收。

写于 2004 年 5 月

商业化趋势中的儿童文学建设

我们讨论儿童文学的问题，是不能离开它所处的社会环境的，二十一世纪的中国儿童文学面对的是一个完全不同于上一个世纪的商业化时代，时代的转型已经带来了生活方式的剧变、价值观念的剧变，在这个时代中，对当下中国儿童文学产生重要影响的有两个因素：一是阅读环境，二是营销环境。

（一）商业化时代的大众阅读环境

我简单谈谈商业化时代大众的浅读与速读。

大家都说现在是读图时代，一方面是电子媒体的发展，另一方面是社会竞争的激化导致生活节奏加快，因此人们（包括儿童）的阅读口味日益倾向休闲化、功能化和简单化，阅读或者是为了娱乐和放松，或者是为了获取分类信息，形而下的操作更多地取代了形而上的思索，那种为了提高自身修养或探索人生意义的阅读已经日益淡出或压缩，浅层次的阅读越来越占上风。（比如“名著缩编”“速读”之类的大量出版，这是一种阅读倾向的引导和暗示。）这种阅读环境，导致了儿童文学创作方向的分化。

儿童文学界对儿童本位的重新重视，是从二十世纪九十年代中期开始的，这恰恰是与前述转型时期的人们阅读心理的普遍变化相一致的。现实是：中国儿童文学正越来越从沉重、深刻走向轻松和娱乐，同时这种走向正在受到来自市场的怂恿和推动。

市场，是商业社会中谈论最多的概念之一。儿童文学在商业化时代中是通过营销运作来实现其市场化的。

（二）儿童文学的商业化运作

2002年“哈利·波特”在中国的登陆，是一个偶然中孕育着必然的事件，它以一种“空降”的方式将儿童文学的商业化时代强加给了我们。

“哈利·波特”让大多数人认识了“市场营销”这一商业化时代的重要概念，以及营销的巨大市场推动力。

“哈利·波特”本身是一个儿童文学商业营销在全球范围内的成功案例，它的全球销售额高达几十亿美元。这种营销首先是通过对媒体力量的整合利用来展开立体多维的宣传攻势以强行树立品牌，便于使它的图书在发行渠道中赢得第一层面的利润；接下去则是通过授权将这个已经建立起来的儿童文学品牌向图书以外的影视、数码游戏、文具、服装等各种相关的文化及消费品领域延伸，使该品牌的商业价值在这种多层次立体化的产业链经营中实现效益最大化。除了“哈利·波特”，我们熟悉的还有如迪士尼的“米老鼠”“唐老鸭”，这是从动画片起家的形象，而迄今以“米老鼠”“唐老鸭”为品牌形象的图书已经出版了七十多年，品牌延伸到音像、数码、服装、文具、食品、游戏娱乐等多个领域，形成庞大的卡通产业，以“米老鼠”“唐老鸭”等卡通形象为主的迪士尼乐园，在世界上有好几个。仅美国迪士尼乐园，在2003年的一年时间中，就已经接待了4.5亿人次。在中国，由于立体营销的产业链尚未真正形成，目前儿童文学的营销运作还仅限于在出版发行这个单一经营层面上展开。但是，即使仅仅在出版发行这个单一层面上，营销的力量也已经相当惊人，已经对传统的发行概念形成了颠覆。一个最极端的例子是，前些年，上海三联书店出版过一本《学习的革命》，一个做软件的企业——科利华公司把它拿来进行发行炒作。就这么一本书，在1999年的发行量达到了天文数字。有报道说是800万册，也有说是500万册，科利华公司名声大振，当年就成了上市公司，而且股价从4元人民币一度飙升到30元。最近两三年，像“鸡皮疙瘩”系列、“冒险小虎队系列”、“淘气包马小跳”系列等图书，单册的发行量也都在十几万册到几十万册。随着中国大陆出版社的转制，这种营销趋势必会在各地的少儿出版社全面展开。

从这个意义上来说，二十一世纪的中国儿童文学面临着一个巨大的市场机遇，营销——这个商业化时代的重要工具对儿童文学的繁荣有巨大的推动意义。

但是，营销的性质和运作特点决定了它对中国儿童文学来说是一柄双刃剑。

首先，营销是资本增值的工具，它只对市场负责，只对利润的最大化负责，这是它的最终目的，因此它对作品的选择标准是以市场需求为尺度的，而非艺术的尺度。所以营销的力量的确很惊人，它能够捧红优秀的作品，同样也能够捧红不那么优秀的作品。中国儿童文学在商业化时代的命运是微妙的。

其次，营销运作的特点决定了它对中国儿童文学的双重作用。

现代营销的概念包括了对产品的全程开发、包装设计和推广销售，已经置身于产业化运作过程中的儿童文学自然不是例外。作为营销的不可分割的环节，这种开发、包装设计和推广销售是完全一体的，即从选题内容、表现方式、外观形式到宣传口径、出版时机、上市节奏，再到卖场管理等等，是完全贯穿到底的。在商业包装中，某种价值观会以“概念炒作”的方式被无限放大（比如娱乐、刺激、享乐主义等），从而左右着读者对作品的理解和诠释，并调动起读者的购买冲动。因而此时的产品（包括儿童文学作品）已经不纯粹是作家个人的主观创作了，因为在市场营销的产业链中，资本对利润回馈的预期已经作为一种条件介入创作阶段。尤其是系列化、规模化的作品，这种营销的干预和介入的痕迹越发鲜明。

而这种营销主体的干预与介入，正是商业化写作的催生剂。

商业化写作是作家、艺术家自觉地为迎合市场、迎合大众口味而进行的写作。商业化写作从某种意义上说是对作家艺术个性的背叛，因为这种写作从一开始就受到来自市场需求的强烈制约。商业化写作也有几个鲜明的特征：第一，商业化写作以市场覆盖率为直接追求目标，而在大众（包括儿童）的阅读需求中覆盖面最广的是“放松”和“娱乐”，因此，商业化写作的主题和题材往往娱乐性较强，为了获得消费市场的最大认同，最具普遍性的大众口味就是商业化写作自觉遵守的标准；第二，商业化写作以标准化取代个性化，因此商业化写作往往是模式化的，譬如好莱坞的电影在不厌其烦地翻制美女帅哥领衔的爱情至上和英雄主义的神话，中产阶级的欣赏口味已被分解为构成作品内在质地的若干艺术元素；第三，模式化的写作给产业链的营销运作带来了便利，这就可以解释为什么那些超级营销产品往往是大规模的或系列化的产品（作品），如迪士尼的动画片、“哈利・波特”等。从二十世纪八十年代后期由一群文化人攒的电视连续剧《渴望》开始，商业化写作就已经出现了，中国儿童文学的商业化写作出现得较晚，这与营销介入儿童文学较晚有关。近两年在我们的儿童文学创作队伍中，商业化写作已经悄然浮出水面，例如一些青春文学作品、惊悚作品等，甚至还有一些工作室根据市场热点或流行口味策划一些类型化的情节元素、人物关系，然后以流水线的方式来快速和大批量地生产一些为市场量身定制的系列作品。我们无法回避这样的现实，因为我们无法拒绝一个时代的到来。实际上，商业化写作也曾有过相当出色的作品，例如金庸的武侠小说，迪士尼的卡通作品《米老鼠和唐老鸭》《狮子王》，好莱坞的《魂断蓝桥》《泰坦尼克号》等。但是毋庸置疑的是，商业化写作大潮往往泥沙俱下，大量格调不高的作品会贴上营销的标签而混迹于市场。

营销的上述性质与特点，正如水可以载舟，也可以覆舟这个道理一样。好的营销能够引导市场需求乃至创造市场需求，点燃消费者内心的高尚的渴望，引导消费者认识高雅的文化产品的内在价值；而平庸的营销则只会一味迎合市场，迎合人类更接近本能的那些心理需求，远离文化良心，甚至怂恿低级趣味，这后一种营销盛行的结果就是大量的文化垃圾被制造出来，从而阻碍了文明的进步。前一阵市场上“伪书”泛滥就是一个恶劣营销的典型例子。

况且，在阅读浅化、功利化的今天，中小学生心理健康问题不容乐观，而这种心理上的困惑、情感障碍，甚至道德感的严重缺失等等，并不是一味娱乐、休闲所能够疏导纠正的，而需要具有一定人文深度的作品来给予他们精神上的滋养，拓宽和丰富他们的精神空间。今天我们的儿童文学的确已经有了相当大的发展，但这个发展主要是在数量上，比起十年前，可以说，我们在艺术成就方面突破性的进步太少了，这无疑与我们今天的阅读环境和营销环境密切相关。

优秀的儿童文学作品永远是独创的、充满艺术个性和魅力的。在商业化时代，儿童文学的发展必须要借助于营销这个有力的市场工具，利用它来推广优秀的儿童文学作品。同时，我们也必须强化营销主体的文化责任感，树立更长远的眼光。同时相应地，我们的儿童文学理论研究应当加强应用性的研究，为儿童文学的营销主体探求将市场规律与艺术提升相结合的发展道路。另外，我们还应该调动各种社会机构的力量来倡导、鼓励优美、高品位的儿童文学创作（譬如，各级作协每年为新出版的优秀作品提供一定的宣传资助，用以免费召开研讨会之类的形式）。

总之，我们对新的商业化时代儿童文学所处的环境要有充分的认识，相信在各方面的共同努力下，中国儿童文学应能获得健康的发展。

原载于 2005 年第 4 期《中国儿童文学》

图画书出版中编辑的作用

一、编辑的观念造成了图画书的差异

其实说到图画书，我们各地的少儿出版社这些年出版的并不少，所以今年五月份中国作家协会儿童文学委员会在济南召开中国原创图画书论坛，有一些出席会议的出版社代表就在那里困惑：我们一直在出图画书呀，儿童读物历来就是图文并茂的呀，你们怎么今天忽然要来讨论什么？究竟有什么不同？但是其实考察一下我们的出版社这些年来出版的大部分图画书，无论内容还是形式都与我们今天正在讨论的那种图画书理念相距甚远，从这些差距中，我感觉到我们的编辑在观念上存在着几方面的问题。

首先是对图画书的概念认识上有差异，这其实也是我们遇到的第一个重要的观念问题。实际是，大家普遍认为，儿童读物的图文并茂，就是文字配上插图，到目前为止在我们国内出版的图画书中间，真正会用图画讲故事的作品并不多见。

一般儿童图书的插图规律，每幅插图只是对文章中的一小段文字的图解，全书一百多页可能穿插十几幅甚至几十幅插图，它们相互之间没有什么关联，可多可少，绝不会影响到读者阅读时对内容的理解，它们主要是使这本书增加了观赏趣味，调节纯文字阅读会带给儿童的单调感。

可是我们在这里所讨论的图画书，其实更强调的是其中的图画如何主动地“讲故事”，而不只是图解一两句文字。会主动“讲故事”的图画书，里面的插图是一环扣一环的，相互之间有着十分紧密的关联和明确的不可替换性，通过这些画面的构图、造型、色彩变化、细节的交代和过渡，以及画面的大小、拼接或分割等，营造出特定的情绪氛围、节奏感和方向性，从而完整地讲述一个故事，甚至往往比文字还完整地在讲述故事。因此说，优秀的图画书可以让读者欣赏到三重故事：文字讲述的故事（这是成年人读到的故事）、图画讲述的故事（这是不识字的幼儿所读到的故事）、文字和图画一起互相配合补充所讲述的故事（这是成人朗读同时幼儿自己看图所了解到的故事）。而一般的文配图的书，所谓构图、造型、色彩、画面大小等等只是服务于单个独立版面的视觉欣赏效果。

所以尽管多年来，国内各个出版社都在不断地出版各种儿童图画书，可是，有很多书中的图画其实就是密集的单幅插图而已，相互之间没有太多有机的关联和互动，这样的图画书故事其实主要是靠文字来讲述的，形不成文图有机结合的关系，离开了文字，图画不能连贯而完整地讲述故事。儿童图画书形态的这种差异，当然作者的原因占有很大比重，但是作为策划者、加工制作者的编辑的作用是绝对不可小视的，我们从图画书的差异中能够明显看出编辑的差异。

其次是对图画书的读者对象的阅读心理有认识上的差异，这也是影响到图画书面貌的一个很重要的观念问题。

图画书的读者对象究竟是谁？幼儿阅读图画书的生理心理过程，他们在图画书的阅读中能够获得什么？得到了哪些心理上的满足？

比如说，成人读书，无论有没有插图，插图的细节是否丰富，实际上并不影响到他对书的内容的把握，对他来说，阅读的趣味性更多来自文字内容的启发性、丰富性，更多的是一种逻辑思维活动的快感，所以插图对于成年人来说主要是美学的欣赏，抓住成人眼球的是插图的整体情调、格调、意境或者幽默氛围等大的美学风格，在这种情况下他甚至会忽略画面上的很多细节。简单说，对成人来讲，一本书哪怕只有极简单的绘画，只要有一个独特深刻的主题和表达十分巧妙隽永的文字，就足以流芳百世。

幼儿则不同，他的形象思维大于逻辑思维，并且后者在很大程度上要依赖于前者，所以幼儿的阅读一般是从具体事物、细节开始一点点认知，逐步构成完整的印象和概括性的认知。画面细节的缺失，会带来幼儿对图书内容认知的贫瘠苍白，若过于抽象，甚至不知所云，就会因此少了趣味。

再比如，文学和美术的标准，怎样的文字和绘画是儿童图画书所需要的？

在那些已经被公认为是世界经典的图画书中，我们既读到过非常清新优美的完整的文字脚本，也读到过平淡得像说明书一样的文字，甚至有的仅仅是一些感叹词和象声词，也有的干脆就是无字书！

我们知道很多优秀图画书的绘画作者具有一流的绘画水平，甚至有一些是世界级的大师，同时我们也知道，有一些成为经典的图画书却出自无名小辈之手，甚至有的作者可以被称为初学者，比如彭懿在他的《图画书：阅读与经典》中提到的那本《古利和古拉》，由一位没经过专业训练的学生作画，该书仅在日本就卖出了五百万册！它被列入图画书经典的行列。

这些都令我们认真思考儿童图画书的读者真正需要的核心东西究竟是什么。

文字作者和绘画作者创作的时候当然会考虑很多方面：比如由于图画书所能容纳的文字篇幅有限，这往往更容易激发作者追求文字的哲学意味和凝练的诗意，这种努力有时会带来一些很好的作品，当然有时候也会适得其反；画家也会很有兴趣去探索新颖独创性的方法、工具、风格，或者考虑绘画的纯艺术功力展示，比如采用中国画画法的作者，他的兴趣点在于营造一种独特的水墨情趣，或者采用油画、水彩画等的画法营造一种质感和光影的效果，或者突出民族风格，包括吸收借鉴民间艺术元素，等等，作为一个全身心投入绘画创作的作者来说，他的创作注意力很可能会被这些因素所吸引。

可是作为一个图画书的编辑，必须头脑清醒地把你的读者的趣味放在考虑的首位。如果仅仅站在纯艺术的角度考虑问题，我们创作出来的可能会是从纯美术角度看艺术档次很高，但是儿童却不喜欢的图画书。

如果作者既有很好的文学和美术功底，同时又深谙图画书的真谛和读者的阅读心理，那就再好不过了。如果作者在创作的时候不能做到两全，那编辑要怎么做?

再次，图画书的题材内容有差异。中国大陆的图画书创作，大多围绕儿童的社会化教育方面，如品德教育、良好习惯的培养、情感教育、价值观教育等等，而纯粹的健康娱乐题材、儿童自然生理心理成长题材（如德国作者玛努拉·奥尔特创作的图画书《尿尿》）、心理疏导题材（如美国作者艾芙瑞的图画书《生气汤》等），这些题材内容的图画书就很少很少……这很显然与中国大陆出版人对儿童图书内容的观念看法有直接的关系，当然近几年这方面在逐步改变、放开，相信以后我们的原创图画书的题材内容会越来越丰富多彩。

二、编辑在图画书创作出版中的作用

在解决了有关图画书的基本观念问题的前提下，编辑的职责有这样几大项。

1. 选择。即对作品的选择和对作者的选择，前者（对作品的选择）是要有一种对图画书的真正的鉴赏力，不要让真正优秀的作品从自己手上漏网，与好作品失之交臂，同时也不要选择平庸的东西；而后者（对作者的选择）则更要慧眼识英雄，从一个作者的其他作品中品鉴出他创作图画书的良好潜力。所以说，一个好的编辑就是一个伯乐。而能成为图画书的伯乐，需要对图画书有深刻的理解和敏锐的鉴赏力，以及要有一颗活跃的童心。选择就是取舍，编辑怎样选择怎样取舍往往反映出他的文化修养、观念意识、策略和心胸，有时候做出正确的选择判断需要过人的眼光和胆识，但背后还是修养和观念等等在起作用。有一些关于图画书编辑选择的例子是发人深思的，比如上野纪子的《鼠小弟的小背心》曾经在六家出版社碰了钉子，而在第七家获得了成功；又比如福音馆的松居直先生大胆选择了未经过专业训练的年轻学生大村百合子来为图画书《古利和古拉》绘图，这个选择并不是随随便便做出的，而是建立在松居直先生对大村百合子的画风以及儿童读者的心理的透彻分析基础上的。今天这些图画书都成了广受读者欢迎的经典作品。

2. 引导。即帮助那些有潜质的作者理解图画书的概念，掌握创作图画书要遵循的规律，这在目前中国大陆图画书创作刚刚起步的阶段更显得十分需要。成熟的、有经验的图画书作者甚少，很多人做了多年的儿童图书插画，习惯了一般儿童读物的图解式的插图路数，需要更新观念，在这方面编辑往往能够起一定的引导作用。

3. 协调。主要是帮助文字作者和图画作者进行沟通，像一座桥梁，使文字与绘画之间通过磨合找到最佳的互动配合方式，达到文图相辅相成而不仅仅是图解文的效果。当然，如果一本图画书的文字和绘画都是由同一位作者来创作，那么就不存在沟通的问题，但是目前在中国大陆，能够独立创作的图画书作者毕竟还是很少的，像明天出版社的“小企鹅心灵成长故事丛书”、江苏少年儿童出版社的“我真棒丛书”都还是文字作者与绘画作者分头约请的，这就需要编辑做一些沟通协调的工作。另外，为了实现一定的编辑意图，编辑其实不仅仅要当一座桥梁，往往还要适当地介入创作环节中，起到极为重要的作用。除了协调文字作者和图画作者的工作，还有编辑加工、出版印刷等工序需要与创作者进行沟通。

4. 制作。即把文字作者写好的文字和绘画作者画好的图画通过编辑排版、装帧设计、印刷装订等环节，最终加工成为一本图画书，一个完整的艺术品。这是图画书出版流程中落实到具体的环节，做好了是锦上添花，做得不好则会导致出来的是一本平庸和粗糙的图画书，浪费了创作资源……

这是考验一个编辑各方面的知识素养和动手能力的过程。一个好的图画书编辑，既要有相当程度的儿童文学功底，又要懂得鉴赏绘画，还必须懂得图画书特有的“讲故事”的绘画语言，这样才能更好地协调文字与图画（相互的唱和、互补、韵律性的和谐，相互矛盾时产生的幽默诙谐效果等等，有时候要为了修改一个字词甚至一个象声词而反复推敲，从这方面来看，编辑实际上相当于半个作者），还要懂得各种材料、印刷工艺、装帧设计的规律，以便于充分运用开本、封面封底、前后勒口、前后环衬等等潜在资源（它们各自的物理位置和特性决定了它们可以用什么方式参与故事）……

比如说，故事从哪里开始，到哪里结束。一般来说，故事是从正文第一页开始，到最后一页结束。但是很多图画书的封面、封底、扉页，甚至环衬，都巧妙地融入了故事之中。

封面的绘画往往是整本图画书中最精彩的，它浓缩了全书的精华和神韵，交代了故事的主要人物，抓取了故事中最具有戏剧性的瞬间场景，一下子就能把读者带进故事的特定情境之中。不少图画书的故事情节从封面就开始了，比如我们大家都非常熟悉的经典图画书《猜猜我有多爱你》，第一句文字是这样的："小栗色兔子该上床睡觉了，可是她紧紧地抓住大栗色兔子的长耳朵不放。"而封面画中，小栗色兔子恰好就那样调皮地踮着脚，抓着兔妈妈的长耳朵。翻到扉页一，调皮的小兔子已经骑到了兔妈妈的背上，兔妈妈则弓起了后腿，准备跳跃。扉页二，我们看到兔妈妈背着小兔子连续跳跃的几个动作画面。而到了正文第一页，兔妈妈刚好跳到了小兔子的树叶小床跟前！

又比如《好脏的哈利》，故事是从第一个扉页开始的：小狗哈利从浴缸里叼出了浴刷。第二个扉页，哈利叼着浴刷离开浴缸向外跑。而到了正文第一页，哈利叼着浴刷跑下了大门台阶……

韩国图画书《红豆粥婆婆》的扉页上，在一大片浓淡相间的土黄色中间，有一幅小小的画：一个四四方方的炉膛口，里面塞着一把柴火，红彤彤的火苗正在燃烧，看不见炉子上的锅，只看见因为煮沸而溢出的一团浓浓的蒸汽，在这一团灰白色的蒸汽上面是一个锅盖。在这一幅小小的画下面，有三行文字："很久很久以前，山里住着一位老奶奶，一位很会煮美味的红豆粥的老奶奶。"然后翻过来，才是正文的第一页，"阳春三月，又是一个春暖花开的好日子。

有位卖红豆粥的老奶奶正在田里除草”，然后一只大老虎来了……

这个扉页很有味道，很巧妙，像一出戏剧当中的小小的序幕，一部完整的音乐作品中一小段精致的前奏曲。主人公红豆粥婆婆还没出场，她煮粥的锅灶先出场了，这是个重要的道具，贯穿了故事的始终，每一位角色出来都要先喝一碗香甜的红豆粥。

日本图画书《第一次上街买东西》，故事在合上书之前其实已经讲完了，小女孩把千辛万苦买来的牛奶交给了妈妈。可是封底上的画，使故事得到了延续，也可以看作一个精彩的尾声。在封底上，画着小女孩的妈妈正在用奶瓶给怀里的婴儿喂小女孩刚刚买回来的牛奶，小女孩坐在妈妈的身边捧着杯子，也在喝牛奶，她的一条腿伸直了放在妈妈的膝盖上，腿上贴着创可贴（故事里说小女孩在买牛奶的路上曾经跌倒摔破了膝盖）。

环衬参与故事也是非常普遍的，而且参与的方式多种多样。比如图画书《尿尿》，讲一个小男孩怎样学会自己上厕所，这本书的前后环衬画的都是：在厕所的墙上挂着一排颜色各异、长短不一的卷筒卫生纸。《身高 99 厘米》的前后环衬都画着一根弯成了几截的折尺。《我看见圣诞老人啦！》这本书的前后环衬是感觉温暖厚重的带竖条纹的棕红色，看上去就是主人公小熊家里厚厚的窗帘。《特别的礼物给特别的你》的前后环衬则是清新碧绿的草丛，那恰恰是故事发生的环境。《真正的男子汉》的前后环衬上用炭笔潦草地画满了两个小主人公哈哈大笑的面孔，有挤眉弄眼地笑，有吐着舌头笑，有捧着肚子笑等等，而其中却有两个面孔是完全不笑的、呆若木鸡的，细心的小读者一定会发现这里的变化，会产生疑问，而读过了故事再回头来看，就会领略到环衬的幽默了。

还有画面的节奏。图画书讲故事的独特绘画语言，除了画面本身的构图、造型、动作、表情，还包括画面的分割、连接。比如，一页的画面被分割成两块以上会使故事进展的节奏加快，而一个画面跨过了两页的时候，形成一个大的画面，会使行进中的故事出现一个小小的带有抒情色彩的停顿，就像我们一路爬山，忽然爬到一个平台，看到了一片开阔的景致，我们眼前会豁然一亮，我们会很自然地驻足一会儿，玩味一下再往前走。甚至有的图画书将两倍面积大甚至更大的书页折在一起，当读者一个角度一个角度逐一打开之后，呈现在眼前的是一个巨大的画面，它所带来的心理震撼会达到相当的深度（例如图画书《完美的一天》）。这种节奏的变化其实不是故事情节本身节奏的变化，而是编创者预设的一种心理节奏，它直接影响着读者的阅读感受，这种技巧运用得好，会给读者带来很大的乐趣。

还是以《红豆粥婆婆》为例。这是一个民间传说故事。从前山里住着一位会煮红豆粥的老婆婆，有一天忽然来了一只老虎，要吃红豆粥婆婆，老婆婆求老虎等到红豆收下来，让她喝完红豆粥后再来吃她，老虎答应了。约定的时间快到了，老婆婆煮好一锅香喷喷的红豆粥，开始哭了起来，家里的东西一件一件跳过来，问老婆婆怎么了，他们听完事情的原委，各自喝了一碗红豆粥，答应帮助老婆婆赶走老虎。在故事的前半段，小栗子、小乌龟、臭粑粑、纳鞋底的锥子、石臼、草席和背架，一个个来到老婆婆跟前，询问，喝粥，然后躲起来。这半段故事的画面，全都是两两拼接的，看上去相当于两页合成一个画面，因此这前半段故事行进的节奏是舒缓的、温馨的。而故事的后半段，描写老虎来到老婆婆家里后被大家齐心协力赶跑，这是故事的高潮部分，一共六页，其中的五页各自被竖着分割成了两块动作画面，形成了十个连续的动作镜头，分别是：老虎在灶火旁坐下烤火，被栗子炸疼了眼睛，把脸凑到水缸里，被乌龟咬疼了鼻子，忙不迭后退时踩到臭粑粑摔倒，又被锥子扎疼了屁股，逃出门时又被门框上的石臼跳下来砸到脑袋，然后被草席卷起来，被背架扔到背上，背架一直跑到悬崖上将老虎扑通一声扔进了深深的江水里。这些画面被分割后，故事情节的进展速度也明显加快了一倍，紧凑、连贯，一气呵成，快速流畅，老虎连滚带爬落荒而逃的那种感觉，非常生动，恰恰迎合了孩子们那种心理：“我们希望出事，而且要快！”而且中译本的编辑还特别把这十个小画面中老虎的话统统改成了一模一样的重复句式："哎哟，我的妈啊，眼睛疼死了！""哎哟，我的妈啊，鼻子疼死了！""哎哟，我的妈啊，屁股疼死了！"中译本出版以后，编辑把书拿回家读给孩子听，他的孩子最喜欢的就是这一段，一边看一边咯咯地笑。

另外，图画书的"讲述"功能往往还体现在翻页的过程中。画面与画面之间异同之处的对比，后一页比前一页多了什么东西或少了什么东西，或者某个静止的物体改变了位置等等，都揭示着故事情节的发展和推进，比如《月亮，晚安》是在同一个场景里，那些相同的事物位置在不断变化，标示着时间的变化。《小牛仔》中，迷路的小土狼，在小鸟、小蛇等的依次出主意指引下，一路往前走，整本书小土狼都是朝着一个方向走着——翻页的方向，而每一个右手页的切口处都出现了下一页场景中的标志物的一小部分（比如一个仙人掌或者什么），这就像一个个路标，又像一个一个小小的悬念，故事就在读者翻页的动作中自然流畅地展开，乐趣也就产生了。

图画书的编辑对于图画语言的了解程度，给了他更多细致的用武之地，在一定程度上影响着他所编辑的图画书的艺术魅力。

还有一些图画书属于异型书，有的是开本比较特殊，有的是内页比较特殊（开孔、模切、折页等等），能够增加阅读时的游戏性，这些都需要编辑有更多的印刷业务知识和沟通协调能力。

由此看来，在图画书的出版过程中，编辑是一个观念传播者、引路人、伯乐，必须有一双善于发现的眼睛；编辑又是一座桥梁，要能够穿针引线，沟通协调文字作者和图画作者；同时，编辑还是一个耐心细致、富于创造精神的制作人、锦上添花者，而编辑的素养和观念意识最终决定了他能够起什么样的作用。

写于 2008 年夏

白冰：创作是他的定海神针

很久没有见到白冰了，在我的印象里，他是个整天事必躬亲、忙得脚不沾地的大忙人儿，没想到前不久竟收到了他用电子邮件发给我的一部最新创作的幼儿童话作品“小老鼠稀里哗啦”，在强烈的好奇心驱使下我飞速浏览了第一小节文字，恰似酷暑天喝下一罐冰镇可乐，受到的震动难以言表。

一个人要想创作出如此清新、纯净、一尘不染犹如天籁的作品，非凝神调息、心平如镜不可，而作为同道中人，我了解当今做出版有多么艰辛，市场犹如战场，像白冰这样的出版社老总往往一天到晚忙得像打仗一样，精神状态几乎时时刻刻处在躁动不宁之中，他怎么会有时间和状态写出这样的作品来呢？我向白冰求证过这个问题，白冰笑称：创作幼儿童话是他休养生息的一种特殊方式，一进入创作状态，各种世俗的烦扰就统统被屏蔽掉了，每当他在市场上摸爬滚打疲惫不堪的时候，每当他被种种不尽如人意之事搞得焦头烂额的时候，幼儿文学创作就是他的避风港、他的大后方、他的定海神针。

我不由得慨叹，这个人，有军人的骁勇、商人的精明，骨子里，还是一个诗人。面对当下在商业利益的湍急漩涡中随波逐流的儿童文学创作现状，白冰的创作心态显得弥足珍贵。当一个作家将滚滚红尘屏蔽于身外，让创作真正成为打开胸襟，放飞灵魂、想象和情感自由流淌的过程，才会有真正的好作品问世。

毫无疑问，“小老鼠稀里哗啦”是我近年来读到的最精彩的国产原创儿童文学作品之一。这部系列幼儿童话故事值得称道的地方很多，比如生动丰满、富于时代特征的童话人物塑造，比如极其生动、传神、简练、韵律鲜明、朗朗上口的语言，比如将幼儿生活和“小老鼠生活”巧妙结合的丰富想象，比如故事情节中处处不经意流露的耐人寻味的幽默感，还有适宜幼儿理解接受的深入浅出的哲理内涵，以及符合儿童心理和儿童教育规律的表达方式等等。

“小老鼠稀里哗啦”主要描写了一对小老鼠姐弟俩的可爱、可笑、可叹、可敬的生活故事。出现在作家笔下的稀里和哗啦，是一对活蹦乱跳、非常可爱的小家伙，性格鲜明，童趣盎然，所到之处，无不伴随着歌声、笑声和稀里哗啦的喧闹声。与所有性格外向型的幼儿一样，他们精力旺盛，活泼好动，好奇心强，充满热情，什么事都要跑去凑热闹，喜欢自己动手，还热心帮助别人，尽管有时候粗心、莽撞，帮忙变成了帮倒忙；并且，这个年龄的孩子常常将劳动与游戏混淆在一起分不清界限，只要能让他们发泄过剩的精力，让他们手脚动起来，并且事情新鲜有趣，就能吸引他们乐此不疲。例如，《稀里哗啦爱帮忙》中描写道，老鼠爸爸妈妈不在家，小稀里小哗啦在家里没事干，闷得慌。于是他们帮助爸爸妈妈洗衣裳。他们一边洗，一边还兴致勃勃地唱着歌儿，把妈妈的脏背心和爸爸的臭袜子洗干净了，可是，洗衣服溅出来的水却把地板弄脏了。于是他们唱着歌儿把地板擦干净漂亮了，可是，白墙上溅上了许多泥点和水点，变得很脏很脏。他们用毛巾蘸着水擦墙，把白灰擦掉了，露出了红砖，白墙变成了红墙。接下来，他们发现自己个子太矮，高处的墙擦不到。小哗啦把所有门窗关上，把水龙头打开，水哗啦哗啦地流到了屋里的地上，屋里变成了小湖……

除了精力旺盛、热情善良、活泼可爱，稀里和哗啦身上还有一种生气勃勃的自信和乐观精神，一股初生牛犊不怕虎的勇气和丰富的想象力，这是一种只有在身心健康、发展良好的儿童身上才会表现出来的可贵的创造精神。例如，在《稀里哗啦和大喷嚏》中，小姐弟俩看到奶奶年迈体弱需要帮助，希望自己能够及时赶到奶奶身边，便想出了让小象用鼻子将他们喷到奶奶家的好办法。可是小象一开始喷的时候很不熟练，一不小心将他们喷到了泥塘里，他们把泥巴当盔甲，打败了蚊子和马蜂，胜利地回到家。

这样热情善良、勇敢自信、充满创造活力的儿童形象无疑具有新的时代烙印，而在这样的儿童身边，也一定有着性格开朗、教育观念不拘一格、尊重孩子个性的家长，作品中的老鼠爸爸妈妈正是这样。在《稀里哗啦爱帮忙》中，老鼠爸爸和妈妈虽然看到家里发了大水很着急，但是并不粗暴对待孩子，而是尊重孩子独到合理的想法。故事的最后，爸爸妈妈还能够快快乐乐地与孩子一起分享劳动成果，在保护孩子劳动积极性的同时，也保护和鼓励了孩子积极健康的发展个性。而且，老鼠爸爸和妈妈并不总是以教育者的面目出现，他们本身也充满童心童趣，比如老鼠爸爸喜欢作诗，常常在高兴的时候吟唱一些十分滑稽的打油诗。

拥有这样的父母是一种幸福，他们对孩子们天真稚气的游戏中所蕴含的美丽理想、善良愿望给予充分理解和欣赏，并且怀着一颗未泯的童心和深沉的父爱母爱，以那样一种不无孩子气的举动悄悄参与到孩子们的游戏中去，分享孩子们的梦想。

很多作家都曾感叹过，给儿童写东西很难，给幼儿写东西更难，难就难在表达上，文学是语言的艺术，一个成年人写的东西要让小孩子喜欢，首先就必须要过语言关。优秀的文学语言，能使读者在欣赏过程中感到余音绕梁、口角噙香、身心舒畅。而“小老鼠稀里哗啦系列”令我爱不释手的第一个原因，其实恰恰是它那颇富特色的语言。

这部作品的阅读定位非常明确，是由大人读给学龄前幼儿听的，因此作品中没有一个复杂难懂的字，更没有一个意义深奥的词，句子短小，句式简单，可以说通篇都是浅语，即学龄前儿童口语交际水平范围内的语言元素。能做到这一步，已实属不易，而要让这通篇浅白的语言变得生动传神、活泼有趣，变得魅力十足能够吸引幼儿，则又须攀上一个新的层次了。“小老鼠稀里哗啦系列”便向我们展示了这种浅语的魅力是如何炼成的。

有一只小老鼠叫稀里，有一只小老鼠叫哗啦。

姐姐是稀里，弟弟是哗啦。

姐姐爱说："没事儿，没事儿，想办法！"

弟弟爱说："别急，别怕，有我哪！"

读到这里，相信很多小读者都会被这朗朗上口的语言深深打动，也会被老鼠爸爸的一番话所折服："名字嘛，你想它好，它就好，你想它不好，它就不好。你们从名字想到了下雨和树叶的声音，这个名字是不是挺好？"发人深思的哲理被巧妙地放进如此动听的语言当中，生动、活泼、温暖、有趣，充满爱和诗意。

原载于 2011 年 5 月 10 日《中国图书商报》

站在中国儿童文学的制高点上

——读束沛德同志理论新著《束沛德谈儿童文学》

作为一个后进之辈，我对束沛德先生始终怀有深深的敬意。

拜读束沛德先生的理论新著，我感触很深。特别是重读《情趣从何而来》这一篇，感到分外亲切，因为这篇文章是把我带入儿童文学研究领域的第一盏引路灯，是我学写儿童文学评论的第一篇重要范文。那是我在读大三的时候，应该是 1980 年，我参加了北师大中文系老师组织的儿童文学兴趣小组，那时候对儿童文学研究还很懵懂，也不知道儿童文学评论如何写，可以参考学习的资料又极少，到图书馆去大海里捞针，寻找相关的学习资料，好不容易在善本室里发现了《情趣从何而来》这篇文章，如获至宝，但是因为是善本室的资料，不能借出来复印，我只能坐在那里一个字一个字地手抄，抄在我自己的本子上，这种情景这么多年来一直历历在目，让我对束沛德先生也一直怀有一种亲切的感激之情。可以说，反复精读了那篇文章，我才开始尝试写儿童文学评论。而后来，1987 年，在束沛德先生的提倡下，《文艺报》开设了“儿童文学评论版”，我就是在 1987 年这一年应吴泰昌先生邀请，有幸成为“儿童文学评论版”的第一任特约编辑，专门负责组稿，那套“新潮儿童文学丛书”的好几篇序言就发表在了这个版面上，那个阶段，正好也是我自己刚刚在儿童文学评论领域上路的阶段，恰好获得了这样一个施展发挥的舞台，对我后来在专业上的发展有着很重要的影响。所以说，我自己的专业成长，与束沛德先生直接或间接的影响和提携分不开，这是一种美好的缘分，让我心怀感激。

读《束沛德谈儿童文学》，我不由得思考一个问题，即，束沛德先生对中国儿童文学的贡献是极其特殊的，在中国儿童文学史上是要留下重重一笔的，这个贡献主要是在两个方面。

一方面，特别是新时期以来，束沛德先生作为中国作协的领导和儿委会的领导，作为中国儿童文学的优秀组织者、推动者，把他的热情、才华和精力都无私地献给了中国的儿童文学事业，做了大量实事，包括创办《文艺报》“儿童文学评论版”和在作协儿童文学评奖中增加理论奖项等，二十世纪八十年代以来的中国儿童文学走上了一条发展的快车道，这些年无论创作还是理论研究都得到了极大的繁荣和发展，积累了大量的宝贵财富，这些成绩的取得当然与束沛德先生的辛勤工作和无私奉献有着直接的关系。可以说，他是尽最大努力推动促进着当代中国儿童文学创作和理论研究的繁荣。

另一方面，束沛德先生又是一位睿智、严谨、眼光独到的儿童文学理论家、评论家。摆在我们面前的这本新作充分说明了这一点。

束沛德先生的儿童文学论文，对当代中国儿童文学有着全面而深入的阐述、精准和独到的分析，他的思考广泛而又深刻，研究的目光关注着当代儿童文学的每一个新动向（如大幻想文学、大自然文学、冒险文学等等）、每一点一滴的开拓与创新、每一批新人的涌现，涉及儿童文学的题材、体裁、美学领域的拓展等许多方面，特别是他的高屋建瓴的视角和严谨的思维特点，对全局态势与各个层次的精到把握和深刻而富有前瞻性的观察，非常值得我们学习和研究。比如这本新书中的《回眸与前瞻》《新景观大趋势》《开拓·探索·创新·嬗变》等一些长篇论文，都具有这种鲜明的特征，对新时期以来每一个阶段中国儿童文学的发展脉络进行富有层次的梳理、归纳和准确形象的描述（譬如《新景观大趋势》中的“一道亮丽风景线、两种艺术追求、三面美学旗帜、四块驰名品牌、五个创作方阵”，给人印象极其深刻），敏锐地挖掘出问题并准确地抓住问题的症结，且对中国儿童文学的未来一段时期的发展轨迹做出前瞻性预测。

除了这样的全局性宏观研究论文，还有对一个省的儿童文学创作或是对儿童文学的某一种文体的观察，以及对一批或一位作家的创作的分析评论……可以说，他从纵的方向描述了中国儿童文学的发展趋势，从横的方向描绘了儿童文学的发展格局，就这样纵横交错地描绘了一幅中国新时期以来儿童文学的立体地图。因此，束沛德先生的儿童文学论述从整体上对中国儿童文学创作与研究具有非常重要的文献价值和理论学科价值。

束沛德先生的职位恰站在中国儿童文学的制高点上，站得高必然看得远，这为他观察和把握中国儿童文学的发展、大趋势创造了高屋建瓴的视角。而对中国儿童文学高屋建瓴的把握，又反过来促使他的工作更加有的放矢，更富于成效。所以说，束沛德先生对于中国儿童文学的特殊贡献是只有他才能够达到的、独一无二的。

除了组织工作和潜心研究，束沛德先生还怀着一颗博爱、宽容的心，不遗余力地培养年轻作家，提携年轻的儿童文学工作者，这方面很多受到过束沛德先生关注和帮助的同志都深有体会，包括我自己。

束沛德先生在他的《追求真善美——跟少年朋友谈谈读与写》一书“卷首语”中这样写道，“座右铭：凡事讲究一个‘真’字，读书、做事要认真，待人、处世要真诚，言谈、写作要真挚。人生追求：做堂堂正正的人，写朴朴实实的文，力求做人与为文的完美统一”。我觉得，这段话完全就是束沛德先生的自我写照。

写于2011年8月16日束沛德先生八十寿诞座谈会前夕

诗人中的诗人
——写在金波先生文学创作五十五周年之际

作为中国当代抒情儿童诗的代表性诗人，金波的诗已经成为中国当代儿童文坛的一道亮丽风景线，与柯岩等人为代表的热闹活泼型儿童诗创作相映成趣，共同构成了中国当代儿童诗坛丰富多彩的合唱景观。

金波的儿童诗，是美与善的典范。他在诗歌艺术方面的造诣，在他的十四行儿童诗集《我们去看海》中得到了进一步的体现和升华。这是我国第一部十四行儿童诗集，也是一种对诗歌艺术形式极致的大胆探索。十四行诗由于其产生的特殊历史背景，有着形式格律方面的种种苛刻规范，例如韵脚的排列组合、音节的抑扬顿挫、内容的起承转合、最后两句对偶等，都有相当严苛的格律要求，难怪有人把十四行诗的创作称为“戴着镣铐的舞蹈”，甚至有人把十四行诗诗人称为“诗人中的诗人”，创作十四行诗无疑需要更加深厚的艺术修养和积累。金波把十四行诗的古典形式与现代诗的自由、清新结合在一起，把舶来的形式与民族化的情感、内涵及语言习惯结合在一起，把这种古典矜持的诗歌形式与一颗纯真活泼的童心亲密无间地融合在一起，于是就有了许多妙不可言的如歌如画的诗句。例如：“拥着一轮圆月向大海流去／大海就有了一颗发光的心”（《月亮浸在溪水里》），“好像星星从天上飞了下来／来到草地上，开起了晚会／重重夜幕，骤然间被揭开／萤火虫的舞蹈最让人陶醉”（《草地上的萤火虫》），“走到哪里也忘不了乡音／只因乡音让我想起母亲”（《乡音》），“妖魔鬼怪的故事早已忘记／只记得萤火虫的夜最美丽”（《草地上的萤火虫》）……

金波对十四行儿童诗探索的最高成就，集中体现于他的“十四行花环”组诗《献给母亲的花环》，这是十四行诗创作中难度最大的一种格律形式：构成“花环”的十四首十四行诗必须首尾相叠（即每一首的首句需用上一首的末句，其第十四首的末句，则需要用第一首的首句），而“尾声”一首，必须由前十四首的首句，按顺序排列组成。可想而知，如此森严的格律曾让多少诗人在“花环”前望而却步。《献给母亲的花环》中，充沛而喷薄的赤子感情，凝重而深厚的人生思索，却并未由于这苛刻森严的格律而打了折扣，母亲的沧桑人生和“我”的成长在回环往复的旋律中流畅而富有层次地展开，宛如一幅幅浓墨重彩的图画。这个璀璨的“花环”，使我们看到金波的诗歌创作在艺术上已达到了一个令人惊叹的高峰，在儿童诗惯常的天真欢乐、和谐纯净之外，增添了厚重的生活内涵，有了一种复调之感。令人惊叹的是，这格律森严的“十四行花环”，金波先生在他的长篇童话《乌丢丢的奇遇》中再一次尝试，并且这一次的难度更大，十五首十四行诗不仅首尾相叠，而且还要与童话故事的内容密切相关，如同给整部童话戴上了一个精美的花环。如此高难度戴着镣铐的舞蹈，诗人金波却怡然自得、游刃有余。

二十世纪九十年代中期在当代中国儿童文学发展史上是一个明显的转型期，同时也是金波文学创作生涯中的一个重要的转型期。在此之前，中国的儿童文学创作群星璀璨，各种体裁竞相争艳，各路流派熙熙攘攘，当时一批年轻的或刚刚走向成熟的儿童文学作家，用他们奔放跳荡的童心和想象力造就了大约十年儿童文学创作的热闹与繁荣。岁月流逝，社会转型，儿童文学也逐渐走向写实或传奇，抒情类的体裁，尤其是诗歌、散文、抒情童话等，一度几乎淡出读者视野，曾经活跃的儿童诗诗人和抒情童话作家们，有不少悄然退场。然而，身为诗人、抒情体儿童文学代表作家的金波，反其道而行之，走出一条独特的艺术探索之路。

他在继续坚持创作儿童诗的同时，在童话和儿童散文领域开始了他别开生面的探索与尝试，尤其是童话。九十年代是金波的童话创作进入成熟的时期，也是他创作的第二个高峰期，出版了几十本童话集，包括短篇童话《苹果小人儿的奇遇》《两只手套》《踢拖踢拖小红鞋》《小狗的铃铛》《小老鼠上灯台》《曼曼钓鱼》等，及长篇童话《乌丢丢的奇遇》《追踪小绿人》等，其丰富的想象、巧妙的构思、生动的形象、鲜活的童趣、富有韵律感的语言等等，都达到了相当高的艺术水准。尤其值得一提的是，金波先生正是从这里开始独辟蹊径，开创了诗歌与童话相嫁接的跨文体新艺术形式。

金波的短篇童话大都名副其实地短，短得就像一首首小诗，具有诗的凝练、集中，作家从想象的世界撷取了一个个富有情趣的片段，巧妙地构思出一个个生动可爱的童话故事。故事的结构紧凑而又流畅，事件、人物、抒情写意熔为一炉，高度凝缩在短短两三千字（有不少作品甚至不足两千字）的篇幅里，极富张力。即使中长篇童话，章节的划分也讲究长度适中、格局匀称、节奏分明。

更重要的是，金波童话作品的语言文字具有鲜明的韵律感，包括叙述语言和人物对话，都非常清新干净，一律是精炼流畅的短句，没有多余的废字，也没有任何难字或成语，句子之间长短交错构成跌宕起伏、摇曳多姿的节奏感，以及恰到好处的反复与排比，朗朗上口，在朗读出来的时候效果尤其显著。例如《白丁香 紫丁香》：

奶奶种了一棵白丁香，爷爷种了一棵紫丁香。

年年春天，白丁香开白花，紫丁香开紫花。

白丁香，紫丁香，谁更香呢？

又如《半个月亮》：

夏天的傍晚，天渐渐凉爽了，一阵阵微风吹进草丛里，送来一阵阵花香。

“阿——嚏！”一只名叫呱呱的小青蛙打了个喷嚏。

“阿——嚏！”一只名叫咯咯的小青蛙打了个喷嚏。

它们顺着声音彼此找一找，就碰面了。

而且，除了叙述语言朗朗上口之外，几乎金波的每一篇童话中都穿插有诗歌或童谣，更强化了其文字的音乐性和诵唱性。

从金波先生这一阶段的创作中，我们已经几乎看不到传统概念中的童话、散文和儿童诗了，他已将诗的文体特征、诗的艺术手段与童话、散文等文体相糅合，将诗的气质灌注到这些文体之中，因此他创作的每一篇童话、散文乃至评论文章，都有一种诗的张力存在着，有一种浓浓的诗的韵味回荡在字里行间。无论写什么，无论怎样变，他骨子里都仍是一个诗人，一个有着充沛情感、纯真童心、丰富想象的诗人。因此我们读到的是富有诗意的童话和富有童话意味的诗，还有富有童话诗意味的散文……金波先生以他的全部作品向读者诠释了什么是中国语言文字之“美”，特别是中国语言文字的音乐之美。

当下的中国社会，急功近利多了些，物欲多了些，世风日渐浮躁，人们的感情世界日渐粗糙，对于美的感受日渐钝化，发现美的能力日渐衰退。我们的儿童文学，这些年也越来越追捧热闹的、传奇的、供儿童娱乐狂欢的作品，这在一定程度上对儿童审美感官的钝化、情感世界的粗糙化具有不可小觑的影响，因此我们需要那些能够引领和培养儿童的审美敏锐性、精致化和丰富性的作品，这对于一代人的成长，对于一代人素质的形成来说，是维护一种重要的精神结构的平衡。因此金波先生的创作就显得弥足珍贵，他的诗、童话和散文，以其纯正的中国传统诗文化的典雅品质，通过优美精致的语言进行传递，润物无声地在儿童幼小的心田播下美和智慧的种子，无疑是给他们白纸一样的心灵涂抹的第一层明亮优美的底色。

原载于2012年2月24日《文艺报》

我读张之路的《吉祥时光》

这是一本醇厚动人的书，写的是孩子眼里的老北京城，一个时代的变迁，一个孩子的成长，在一座古老城市里长大的童年。

随着新中国成立以来的北京旧城改造，随着改革开放以来的全国城市化建设，古老北京城的面貌早就发生了翻天覆地的变化。特别是近年来，北京内城原来的四城区合并，以及传说中进一步的大行政区合并等，都不由得令人惆怅：在这座日新月异的现代大都市里，那悠久而独特的老北京韵味还留存有多少？如今生活在北京的孩子们，对这座城市的了解和感情又有多少呢？

所以看到张之路的这本书，我首先想到的就是，作家在抢救他对于童年的记忆，而我们的读者也需要抢救关于古老北京城的记忆。

全书是一个小孩子的视角，小祥有一点儿像《城南旧事》里的小英子，那一双纯真的眼睛里，形形色色的人世百态像一幕幕舞台剧映在其中。字里行间带出很强的年代感，读的过程中甚至仿佛能看到那个年代的色调：灰色的城墙、灰色的胡同、瓦蓝的天空和穿长衫短褂的来往的路人。（文学的感觉就是这样不可思议，在读萧萍的《沐阳上学记》时，眼前晃动的就是五颜六色的流行色。）

因为是小孩子的视角，目标读者也是小孩子，所以滤掉了很多过于复杂的东西，点到为止，但是完全没有刻意的儿童腔，含蓄中隐隐透着深邃，童趣中也有些许沉重，作者举重若轻的叙述，读来十分流畅。

因为是小祥的视角，所有的叙述全都是围绕他的日常生活展开，因此一个聪明好奇、淘气又胆小的小男孩生动地跃然纸上，从幼稚园时代被母亲温暖呵护，到扮演朱大嫂，跟父亲学种菜，和小伙伴爬地下室，偷邻居的玩具，为同学仗义执言……和所有的小男孩一样，他经常犯错，但是也从对错误的反省中不断成长，逐渐成长为善良懂事、知书达理的少年。

除了小主人公之外，我印象最深的有两点。

一点是作者刻画了生动的老北京人群像。张之路很善于刻画人物，他的很多作品都刻画了栩栩如生的人物形象，写人物最见功力之处就是细节，而精到的细节恰恰是张之路擅长的，这个特点也体现在了这本书里。虽然《吉祥时光》并不是一部传统意义上的情节紧凑、贯穿到底的长篇小说，书中写到的人物众多，来来往往，着墨都不多，但是由于作者善于捕捉细节，所以人物的特点，往往在寥寥几笔之间就很鲜明，很有辨识度。

比如，写母亲的知书达理，几个细节写得透彻，对孩子“不能耽误功课”的严厉，在要饭母女面前对孩子的镇定保护（自己挺身而出做孩子与危险之间的屏障）以及不怒自威的气度，对邻居小女孩玛丽的既得体又温暖的关爱，展现出她也许不是大家闺秀，但却拥有良好的修养且充满智慧……玛丽的爸爸受到深深的感动，作者也只写了他一个极其内敛的细节动作——不停地眨眼睛。

写父亲也是，父亲每天进门，有一个习惯性动作：用一个掸子把衣服掸干净。人物的身世背景、性格修养和精气神儿，就全出来了。

写姐姐的倔强而善良，刀子嘴豆腐心，也是用了几个细节，像与母亲顶嘴争辩重男轻女的问题，同时又特别疼爱弟弟，瞒着父母悄悄给弟弟熬糖吃。

写胡同里的一些老北京人物。比如父亲的老朋友郑大爷，豪爽地送来救命的貂皮，在小祥眼里，郑大爷又高又胖像个佛爷，吃饭喝酒大嗓门儿，“不时有尘土从屋顶上被震落下来”；又比如，必须有三个以上听众才肯讲故事的董大爷，把“好儿”放在窗台上的李大爷，说话算话、爽快大度的小人儿书店谭老板，飘着三根胡须、教训自己的孙子做人要光明正大且对朋友讲义气的曲大爷，心灵手巧的邻居老先生和喜欢小孩子却孑然一身的老大小姐，还有儒雅而威严的培基小学校长，等等。其中印象最深刻、最叫绝的一个细节，就是李大爷中秋节晚上来问好，把“好儿”放在窗台上。太有特色了！那种只属于老北京文化的只可意会的味道，那种只属于老北京人的淳朴豪爽的情谊以及一种不经意的幽默感，都跃然纸上。

这样一些人物，在他们身上凝聚着一种浓浓的老北京人的风格情调，就像人们提到老上海人会联想到一种“上海爷叔”的精致考究的腔调，老北京人身上也有一种“北京大爷”的豪爽义气、古道热肠的做派。这些老北京的长辈都在用自己的言行给孩子们树立做人的“范儿”（榜样），润物细无声。他们体现着老北京的风韵、老北京的生命力。

另一点，也是与此相关联的，就是《吉祥时光》里有很多关于淳朴的老北京人教育孩子的描写，非常自然，与日常生活浑然一气，与老北京的风土人情融为一体，那是一种传统文化韵味浓厚的老北京人的“规矩礼数”（换句话说就是“家教”），比如孩子们一起玩的时候，大孩子要有责任感，或者是朋友相处的时候不能小气，邻里之间来往也要有分寸感，还有做人要“光明正大”和“义气”等等。这些大都是在日常生活琐事中，母亲一点一滴教诲小祥的。还有培基小学校长对小祥的批评教育，董大爷对孙子的批评教育，关老师对学生的批评教育，等等，都是有礼有节，不需要高声大嗓，更不需要暴力打骂，但是孩子却受用一生。甚至像在小祥入队的事件中，我们看到了董大爷、关老师呵护孩子人品的良苦用心。所以书里的小祥，处在这样一种氛围中，也自然而然地越来越知书达理，越来越懂事了。

而今天，随着社会生活的流动和文化交融越来越驳杂，老北京的“规矩礼数”这种东西越来越淡化了。

写于 2017 年 3 月 17 日

2018年闯入儿童文坛的一匹黑马

——读《耗子大爷起晚了》

著名作家叶广芩的儿童文学处女作《耗子大爷起晚了》，是近几年的原创儿童文学中最令我印象深刻的作品之一。

作家描绘出了一幅活色生香的老北京风情画卷。所有的人、事、物，都用地道的京味儿语言叙述出来，所有的人、事、物都染着地道的老北京色彩。那一段特定历史时期北京百姓的生活情景，鲜活生动，而这段历史生活，作家尤其聚焦在了颐和园。

颐和园是皇家园林建筑艺术的精华，是皇权贵胄奢靡生活和残酷政治斗争的历史见证，然而作家描绘的并非一般游客眼里、导游册上作为历史标本的颐和园，而是从一个别出心裁的角度，写出了一个小姑娘眼里独具魅力的颐和园。这个颐和园是有耗子丫丫、耗子大爷和乌龟005的趣味无穷的颐和园，是有老三、老张、老宋奶奶、卖酒老李、卫生所女大夫、男孩老多、梅子姐姐等人的充满人情味儿的颐和园，是与北宫门外酒肆饭馆市井气息相交融的颐和园。"四大部洲"是耗子丫丫的探险乐园，"景福阁"永远和好吃的零食篮子联系在一起，"延年井"是龙王常年出入的地方，十七孔桥的铜牛会半夜下湖游泳，房檐上的小兽们神气活现地论资排辈，长廊上各式各样的图画在绘声绘色地讲故事，还有慈禧太后坐炕上看戏的大戏楼、幽禁光绪皇帝的玉澜堂……总之，耗子丫丫眼里的颐和园，是一个既藏着无数秘密和传说，又平易亲切、生机勃勃的颐和园，是一个历史与现实交汇、皇家气派与百姓生活和谐共存的颐和园，是一个只属于耗子丫丫的独一无二的颐和园。

这本书里刻画了一系列异常生动的人物形象。当然最重要最突出的就是主人公耗子丫丫，这是一个地地道道的北京儿童的典型形象，在我们历来的儿童文学作品中,像这样能够鲜明凸现一种地域文化性格的儿童形象,实为凤毛麟角。读着耗子丫丫的故事,作者叶广芩对老北京人性格特征的概括跃然纸上：善良、大气、包容、幽默。

耗子丫丫极富个性，她天真烂漫，活泼淘气，像假小子，聪明机灵有主意，甚至透着股精明劲儿，小嘴巴不饶人。才不过六七岁的耗子丫丫对周围人一概称“老”某某：老三、老张、老李、老宋、老多等，颇有一种大大咧咧满不吝的风格,就连丫丫因为自己属鼠被家里人称为耗子丫丫,也透着几分粗糙的亲切。丫丫不像一般的乖乖女，她不怕耗子，敢徒手逮乌龟玩，敢走夜路，敢一个人去烧饼铺吃早饭，敢和老三顶嘴。丫丫和老三的互动特别诙谐，兄妹俩唇枪舌剑，一对儿欢喜冤家。老三比丫丫大很多，似父似兄，介乎于长辈与哥哥之间，但是毕竟还年轻，粗心大意“放养小妹妹”，跟丫丫争食斗嘴，任由丫丫独自一人在园中游荡，丫丫尽管对哥哥的放养颇有微词（“也不怕我淹死”），却也尽情享受着天高任鸟飞的自由自在。

就是这么一个古灵精怪的小丫头形象，让我觉得作者叶广芩老师是天生会写儿童文学的人。《不列颠百科全书》在评价英国作家斯蒂文森的儿童文学名作《一个孩子的诗园》时，说他“表现出一个成人在重新捕捉童年的情绪和感觉时的异乎寻常的精确性”。叶老师对耗子丫丫的心理把握就体现了这种精确性。譬如丫丫偷吃老三的酱牛肉而让耗子大爷受了冤枉，她为此痛哭流涕并执意要老三给耗子大爷道歉；又譬如老三跟女朋友约会，丫丫像个小电灯泡跟在旁边，可是丫丫的注意力全在那一篮子吃食上；又譬如丫丫见老三失恋情绪低落，就拉出乌龟 005 表演翻跟头逗老三高兴；再譬如丫丫为了三块金币巧克力大闹老张婚礼……这些完全是一个小孩子的心理状态。

跟老三一样，书中的其他人物也都是在跟丫丫的互动中刻画出来的，如丫丫跟老三围绕耗子大爷产生的种种口角，丫丫跟李大爷围绕乌龟005产生的种种矛盾冲突，都是着墨虽不多，却极其生动，细节入木三分，人物性格鲜明。还有善良仁厚的老宋夫妇、自卑木讷却又超级细心的男孩老多，就连一些过场人物，都是寥寥几笔便活灵活现。跟《城南旧事》里的小英子不同的是，丫丫不是世态的旁观者，而是积极的参与者，所到之处被搅得生机勃勃。

作家在人物刻画上采用了多样方式，包括突出人物性格之间的反差。同样是介绍颐和园中蕴藏的古典文化知识，关于宫殿飞檐上的神兽（瑞兽），和颐和园长廊上的绘画典故，前者是由摆着祖宗官谱的捡粪大爷李德厚来讲解，后者是由清秀雅致的江南少女梅子姑娘来讲解，讲出了两种截然不同的韵味，却都恰如其分，而且生动地烘托出了各自的人物性格。

极具魅力的语言风格是这部小说之一绝。

小说恰到好处地运用老北京方言，给全书染上了浓郁的老北京色彩。开篇的老北京童谣一下就给全书定了叙述风格的基调，轻松、活泼、幽默，充满老北京风情风味。童谣中的耗子大爷极具画面感，生活起居在孩子们游戏的诵唱中逐一展现：起床、穿衣、漱口、洗脸、喝茶、吃点心、吃饭、剔牙、抽烟、遛弯儿……活脱脱儿就是一个“北京大爷”的模样。

而且这个童谣开篇引出了一种圆融活泼的叙事结构。从耗子大爷把尾巴先伸出顶棚上的洞开始，整个故事就很自然接上了那个童谣引子。然后，随着每一个道具的出现顺序来写人，读起来非常顺畅，如行云流水，这是一种特别适合少年儿童的阅读体验。

小说的语言，无论是叙述语言还是人物之间的对话，都透露着浓浓的老北京市井气息，生动而爽利，白描中处处散发着幽默，没有故意做作的“儿童腔”。用老北京方言讲发生在颐和园里的人和事，内容与形式水乳交融。小说描写的是发生在颐和园里的一段生活，而颐和园本身就是一个包罗万象的地方，文化历史、自然常识，方方面面。难得的是，作家把这一切都糅合在生动活泼的故事叙述和人物的行动轨迹之中了。

总的来说，阅读《耗子大爷起晚了》是一份难得的享受。

这几年有越来越多的成人文学作家涉足儿童文学创作，其中有不成功的，南辕北辙打不到点儿上，比如有的先锋作家写的童话，晦涩难懂……像《耗子大爷起晚了》这样令人惊艳的出手是不多见的，作家叶广芩在儿童文学创作方面有很强的天赋和潜力，这是一位成熟作家的审美表达方式与儿童文学的大道至简一拍即合。希望以后能读到叶广芩老师为少年儿童写的更多更好的作品。

写于 2018 年 10 月 11 日

隐藏的文采

——刘海栖《小兵雄赳赳》序

说起来，我跟刘海栖先生的小说还挺有缘分的。1991 年第一次见到他，就是去济南参加他的小说研讨会，那时候他意气风发，一口气写出了好几部长篇儿童小说。那次见面印象最深刻的，是被他不经意透露出的独门写作方法震到了。那时他三十多岁，已经是明天出版社的总编辑了，当老总日常管理工作可想而知很忙，哪里有大块时间写长篇小说呢？海栖说，就先“搭个骨架”，然后白天上班，晚上回家“往骨架里填肉”。说得很轻松，听的人感叹这是一个才思敏捷的人，一个特立独行的人，一个执行力很强的人，不由得留下深刻印象。

然而海栖写小说这件事，似乎就在那次研讨会之后戛然而止了，三十年间，再没听到他在小说写作上有过什么风吹草动。

多年之后，他从明天出版社的社长兼总编辑的位子上退休了。再然后，就是今年年初，出版社寄来了他重拾创作后的第一本儿童小说《有鸽子的夏天》。再几个月后，这本《小兵雄赳赳》也要出版了。

有些人真是上天的宠儿啊！比如刘海栖，他做出版社领导时做得风生水起、业绩骄人，把明天出版社做成了国内少儿出版业数得着的强社之一，退休后一个漂亮转身，拾起笔便写童话，写小说。本想按惯例说句客套话儿：又是一位被出版事业耽误了的作家……转念一想，不对啊，谁说他被耽误了？搁笔三十年只是导致他的作品数量较少，他的创作文脉似乎毫不费力就接续上了，并且还以三级跳的速度在前进，瞧瞧他端出的热乎乎的新作，说实话比起许多三十年来笔耕不辍的人，有哪一点差了？

对于一个作家来说，活过的每一分钟都不是浪费，无论什么样的人生都是一笔财富，三十年的发酵，足以把当年那个意气风发、才思敏捷的青年，酿成一窖美酒。与三十年前的那几本小说相比，这两部新作分明已经站在了更高的阶梯上。

翻开这本《小兵雄赳赳》，这是一部与我们多年来习惯了的儿童小说很不同的作品，它太有辨识度了。它的辨识度不是因为写了校园之外军营新兵的题材，不是因为写了几十年前那一代少年人的生活，说它有辨识度，是因为其与众不同的文字表达风格。我惊讶地发现，海栖不知什么时候已然成长为儿童文坛的一介另类，或许换句话说，是他终于在文字中找到了自己。

艺术的表达是多种多样的。一个文学家最见功力的应该是他对文字的运用，正如一个歌唱家最见功力的是他对嗓音的运用，一个舞蹈家最见功力的是他对肢体的运用……文字，才是文学家用来盖房子的砖头。我觉得，看一个作家是否有天赋，要看他对文字的感觉，这一点，也正是我对海栖最认可的地方。

很多时候我们以为，文字的美是与辞藻的华丽程度呈正比的，但其实更多时候，文字的美是与表达的准确程度呈正比的。

《小兵雄赳赳》乍一读好像没有什么文采，换句话说，没有华丽的辞藻，连形容词都极少用，全是简单陈述句，全是憨憨的大白话，甚至是带有山东方言味道的口语。而恰恰从这一点上，我感受到了作者的良苦用心。这本小说，写的是军营里一群十六岁左右的新兵，他们来自祖国各地，有的来自城市，有的来自山区，有的家境优渥，有的家境贫寒，生活习惯、文化素养差异很大，但却都怀揣一个共同而朴素的士兵英雄梦，在日复一日的艰苦训练中，一点点磨炼着意志品质。所以，作者抹掉了所有表面的纹饰，就用这样憨憨的、质朴的、青春期男生味道的口语化的第一人称，来呈现军营里半大小子们那种懵懂的、愣头青式的气质和原生态的生活气息。这不是我们习惯中的“作家的语言”，而是小说中的“人物的语言”。

但是，由此便说《小兵雄赳赳》没有文采那是不对的，因为这部小说的叙述语言太有魅力了，堪称“隐藏的文采”。

这些隐藏的文采在哪里呢?

描写的准确性。

小说是要写故事、写人物、写情感的，人物则是小说的灵魂。《小兵雄赳赳》写了一个警卫连新兵排的群像，相关的有名有姓的人物有二十来个，其中有一多半给读者留下鲜明生动的印象，这得归功于作者准确的描写。

比如陈连长和侯班长，这是小说中非常重要的两个带兵的人，作者用了一些非常生动的场景细节描写，两个性格反差极大的人物形象便呼之欲出了。

例如：

陈连长揪着何晓凯的耳朵发出怒吼，像端着机关枪扫射：

“好你个何晓凯！你不得了啦！你尾巴翘得高啊！都翘到天上去啦！你的尾巴赛过孙猴子的金箍棒子，把天捅得砰砰响，把天都捅破啦……”

我们听了想笑不敢笑。

吕连长站在那里，笑眯眯地看着陈连长发火。

“……我就知道你骄傲，何晓凯！”陈连长继续轰炸，“你爹打电话给我，告诉我你骄傲，说你从小就骄傲，说你吃那什么玩意都要抢热乎的……”秦东久嘴里咯嘣咯嘣响，陈连长看了他一眼。陈连长继续吼何晓凯：“你爹叫我坚决不能表扬你！我开始还没当回事！我心想一个小毛孩子有什么骄傲的。可是那次紧急集合就看出你骄傲，我故意叫你出出洋相好长点记性！”

……

“可是何晓凯啊何晓凯！”陈连长说，“看来你没长记性！傲气也没煞掉啊！”

“长了长了！煞掉了煞掉了！哎哟哎哟……”何晓凯的脖子都给拽长了。

“根本没有！”陈连长大吼，“我说没有就没有！”

“没有没有！”何晓凯的脸也歪了。

再看看这段：

我擦了一把眼睛，发现面前的根本不是我弟，而是侯班长！我问干吗？侯班长拿着那个装闹钟的小木盒朝我晃晃。

侯班长来叫我上岗啦！

我钻出暖和的被窝，跟着侯班长去上岗。

一出门，一股凛冽的寒风迎面扑过来，我打了个哆嗦。我吸进了一口凉风，嗓子痒起来，我咳了两声。

侯班长看了看我。他伸手把我的大衣领子竖起来，又叫我把棉帽的帽耳朵放下来。到了哨位后，侯班长又叮嘱了我一些站岗需要注意的事情。

……

我结结巴巴地一喊，那边就说：

“刺刀！回令——”

“草鞋！”

那天的口令是“刺刀草鞋”。

我听出是谁了！

果然，侯班长从黑影里走出来。

换岗的人也过来了。

我这才知道，侯班长竟然陪我站了整整一班岗！

一个粗犷，一个细心，活像是小兵们的一对儿严父和慈母。

有时候，作者对文字的运用几乎达到了只用寥寥数语便准确呈现出人物状态的程度：

过了一会儿，营房门口传来自行车铃声，所有人的头都扭过去了。

侯班长就大喊，那谁谁，谁谁，别顺拐！谁谁，谁谁，你们怎么都顺拐了……

“好吧，”侯班长说，“算了，解散！”

所有人都朝通信员那里跑过去。

为什么顺拐呢？心不在焉嘛！正在队列操练的小兵们满心惦记着通信员送来亲朋好友的信。一句“谁谁，谁谁，你们怎么都顺拐了”，就写出了一群人的状态。

生动的比喻和画面感。

海栖很少使用形容词，却精于运用比喻，并且不知是否因为他自幼爱好画画，对文字运用有些潜移默化的影响，反正他的比喻总是与画面感直接对接，带来生动的效果。例如写娇气的城市兵秦东久半夜想家躲在被子里哭，侯班长过来掀开被子一看：“嗬，秦东久像一只蜷在豆叶上的豆虫，一耸一耸哭得好伤心！”又例如写不会打篮球的董副师长：“他抱着篮球在篮架底下转了好几圈。趁几个人目瞪口呆，两手端着球往上一抛，像泼洗脚水一样，把球扔进了篮筐。”再如写一位科长让新兵阮三成给理发，理完发又要阮三成为他掏耳朵：“阮三成拿着掏耳勺给他掏。这位科长像给挠了痒痒的猫，瘫在椅子上，舒服得长吁短叹。”

不动声色的幽默。

用朴实无华的语言、憨厚无辜的口吻，来幽默地叙述人和事，比起用色彩斑斓的语言、眉飞色舞的口吻，添油加醋地叙述，前者的杀伤力往往更大，尤其是在写实性作品中，这倒成了海栖小说文字风格的一个鲜明特色。

例如：

董副师长和蔼可亲，他常到警卫连来和战士们聊天。郝司务长很怕他。有一次董副师长和大家一起吃饭，边吃边和战士们拉家常。董副师长嘴里咯嘣一声响，他从嘴里掏出一块小石子。“通信员！”董副师长叫道。“到！”通信员跑过来。“叫郝司务长来，带着扁担和筐！”郝司务长赶紧带着扁担和筐跑来了。董副师长指着饭桌上叫郝司务长把东西抬走。郝司务长找了半天找到一粒小石子。郝司务长赶紧检讨。“好吧，”董副师长说，“这次算了，以后再有石头，把战士的牙硌掉了，我叫你自己抬着筐把自己扔掉！”

“董副师长和蔼可亲”，可是为什么“郝司务长很怕他”，不用多解释，原因竟是如此令人忍俊不禁。

再来看看军营里的春节联欢会，军营中最常见的场景之一就是唱歌：

陈连长清清嗓子又起了个头，“说打就打预备——起”，这是他最拿手的三重唱，他用巴掌朝一班一拍，又朝二班一拍，再朝三班拍，大家扯起喉咙唱，“说打就说打就说打就打……打他个样儿叫他样儿叫他样儿叫他看一看，杀！”三十六条喉咙像三十六门小钢炮，炮弹咣咣地炸响，声浪简直要把屋顶掀翻了。

读到这儿我已笑翻。

令人感慨的是，海栖就是用这样憨憨的、质朴的、准确的、散发着幽默感的文字，把一群小兵在解放军大熔炉中如何成长的过程，写得丝丝入扣、铭心刻骨。从第一次往领章和军帽里面写上自己的血型，第一次夜间紧急集合十公里越野行军，第一次打背包散了架，第一次站夜岗想家哭鼻子……到调去前线指挥部参加全师军事演习，跟随大部队野营拉练，小兵咬着牙顶着艰难强迫自己一点儿一点儿长大，一步一步学着做一个真正的军人。

小兵刘立宪第一次夜间站岗那一大段写得真好，如行云流水般酣畅淋漓，人物的心理活动层层推进，到最后竟然读得人眼眶有点儿湿了。一个十六岁的小兵，在那样天寒地冻的时刻想家，想的都是在父母温暖羽翼下做幸福孩子的感受，而一旦坚持过来，他就不再是孩子，而是一个顶天立地的军人了！

结尾意味深长，刘立宪走在野营拉练的行军路上，因为没有经验，他的裤子总是勒着腿，他的脚底板也磨出了泡，但是他不肯上收容车，也不肯让马参谋替自己背背包，他听着宣传队的女战士打快板给大家鼓劲，心里想着：还有五里路，那真的不算路！读到这儿，本书的书名忽然响亮地浮现在脑海里：小兵雄赳赳！

在这世界上，有一些东西是永恒的，比如勇气，比如担当，比如男孩的成长……

几十年前那一代小兵的故事，希望能在今天的少年中找到知音。

写于 2019 年 4 月 18 日

原载于刘海栖著《小兵雄赳赳》，青岛出版社 2019 年 5 月出版

童年的天空多姿多彩

——读秦文君儿童小说“小香咕”系列

二十年前，正是中国少年文学风起云涌的时期，秦文君创作的儿童小说“小香咕”系列出现，为被忽略了的童年期文学填补了一方空白，展示了在校园之外的童年期儿童特有的日常生活和他们的成长。

翻开这个系列，便跳出来一群天真活泼、伶俐可爱的形象：故事刚开始时，八岁的香咕和胡马丽花、七岁的表妹香拉和十一岁的表姐香露，以及她们的宠物大狗路易驹、小猫小秧秧、看不见的小猪小木头和布娃娃小饭，以及邻家的两个淘气男孩，基本上就构成了这一方小小的世界。

在作家笔下，这些孩子都是那么的可爱，而每一个孩子又都有自己与众不同的可爱之处。小香咕的可爱是她的温柔、安静和善解人意；胡马丽花的可爱是她的大大咧咧的宽容、不拘小节的随和；小香拉的可爱是她的天真执拗，念念不忘自己幻想中的“你这猪，小木拖”，令人忍俊不禁；就连香露在表妹们面前那种幼稚的优越感和小小的霸道，有时也让人觉得有几分可爱；甚至邻家那两个淘气男孩的恶作剧和道歉，也仍然带有那个年龄可爱的憨萌。当孩子们凑到一起时，他们之间也会争吵，也会有人哭鼻子，也会有种种不如意，可是乌云总是很快消散，他们的天空永远明朗、多姿多彩。这些可爱的儿童形象，不仅能够引起小读者的共鸣，而且也在大读者心中激起最柔软的怜爱，就像我们读到《小洛塔和她的哥哥和她的姐姐》以及《小淘气尼古拉》一样。

秦文君是一位相当着意并且擅长研究和把握写作对象心理年龄特征的作家，

这部作品的成功有诸多方面的原因，而准确把握童年期儿童的心理特征是最重要的一点。我们把“小香咕”系列与《男生贾里》做个比较，就不能不叹服作家对不同年龄阶段儿童心理的把握之准确。

童年期儿童成长的主导路径是：感知与学习。这个阶段是三观从无意识向有意识转变的关键期，也是学习知识、学习人际交往和形成各种行为习惯的重要时期。童年期孩子的日常生活是以父母和玩伴为中心构建的，他们往往更享受与同伴一起游戏的乐趣并且在游戏中建立友谊，遇到挫折时，更渴望得到父母或其他长辈的安抚与慰藉，父母和其他长辈，包括老师的喜爱与夸赞，是他们最看重的。少年期儿童成长的主导路径则是：探索与叛逆。这是孩子开始逐渐走向独立的阶段，也是三观初步成型的阶段，相对于童年期儿童，他们更多追求的是：独立的思考、独立的表达、独立的个人空间、标新立异的表现及社会性的肯定。少年期的孩子在内心深处更像个独行侠，开始对广阔未知的更大世界产生了向往，对友谊也有了明显的选择性，遇到挫折时更渴望得到他们心中的权威人物的指引，而不仅仅满足于父母的安慰。童年期还是儿童幻想力大爆发的阶段，他们喜欢玩带幻想色彩的游戏，也喜欢自造幻想中的理想玩伴，童年期的孩子有许多无法用语言厘清的细腻复杂的内心感受，常常会对幻想中的小伙伴倾诉和宣泄，幻想中的小伙伴会永远接纳他们全部的喜怒哀乐、语无伦次和异想天开，永远陪伴并且永不背叛，就像香拉幻想中叫小木头的小猪，香咕的布娃娃小饭和那一条叫沙沙的小路。

“小香咕”系列故事，正是因为准确地抓住了童年期儿童的心理特征，加之适合童年期儿童阅读理解的温柔生动的浅语，所以才获得了那么多童年期小读者的喜爱和广泛共鸣。

“小香咕”系列的语言特色十分鲜明。第一是有明确的阅读及表达的年龄定位，即林良先生所说的“浅语”。秦文君所运用的浅语有很强的童年期年龄阶段指向性，难词和成语很少，多用短句，大量采用童年期儿童口语词汇，不仅浅显易懂，而且还增添了一些活泼的幽默感，譬如孩子们的口头禅“烦死老百姓”，这些都与她的《十六岁少女》以及《男生贾里》《女生贾梅》的语言有明显不同；第二是字里行间流露出一种浓浓的母性的温情与宽厚。虽然这部作品主要是从儿童视角叙述的故事，但是描写小香咕和表姐表妹之间层出不穷的小矛盾、小争吵时，你仿佛能看到作家嘴角上那一抹宽容又诙谐的微笑，而小香咕对小路沙沙倾诉心中的忧伤时，你又仿佛能看到作家的手在轻轻抚摸小香咕的头顶。

秦文君的“小香咕”系列无疑是中国童年期文学中最可爱的标本之一。

祝贺秦文君。

写于 2021 年 3 月 27 日

·儿童诗与散文·

等我也长了胡子

等我也长了胡子，
我就是一个爸爸，
我会有一个小小的儿子，
他就像我现在这么大。

我要跟他一起去探险，
看小蜘蛛怎样织网，
看小蚂蚁怎样搬家。
我一定不打着他的屁股喊：
“喂，别往地上爬！”

我要给他讲最有趣的故事，
告诉他大公鸡为什么不会下蛋，
告诉他小蝌蚪为什么不像妈妈。
我一定不对他吹胡子瞪眼：
“去去！我忙着哪！”

我要带他去动物园，
先教大狗熊敬个礼，
再教小八哥说句话。

我一定不老是骗他说：
“等等，下次再去吧！”

哎呀，我真想真想
快点长出胡子，
到时候，不骗你，
一定做个这样的爸爸。

原载于 1982 年第 3 期《黄金时代》

小丫学说话

我家胖小丫，
牙牙学说话。
先叫声“妈——妈”，
妈妈亲亲她，
再叫声“奶——奶”，
奶奶笑哈哈。
还有爸爸呢？
好像不认识啦！
眨眨眼，叫个啥？
小嘴一咧叫
“娃——娃”！

原载于 1983 年第 4 期《教学月刊》（小学版）

月亮的泪珠

妈妈，月亮哭了吗？
你看，那么多星星
就是她洒下的
亮晶晶的泪珠吧？

宝宝，快快睡吧！
明天，太阳妈妈起床时
会用一块五彩的手帕
替她擦去泪花花。

原载于 1983 年第 5 期《幼儿教育》

蒲公英（外一首）

草地上，远远地
飘来一朵
小小的白云。

小姐姐说：
那是一个
会飞的蘑菇；

小弟弟说:
那是一个
勇敢的小伞兵。

近了，近了，
呵，原来是一朵
长了翅膀的蒲公英。

萤火虫

一颗会飞的
一闪一灭的小星星，
飞进了我的梦，
它给我讲了个
田野妈妈的故事。

原载于 1983 年 5 月 25 日《浙江师院学报》

阳光空气花和水

雪白色的墙栅，海蓝色的窗，窗下挺立着几棵硕大浓绿的仙人掌，在携着蒙蒙雨丝的斜风中，摇曳出一派浓郁的异国情调。沿着袖珍型卵石甬道直入海蓝色的木门，在柔柔的灯光、细碎的低语以及侍者年轻灿然的笑容里一番曲径通幽，峰回路转，便坐定在最里面一间陈设简单雅致的咖啡室内了。依然是雪白色的墙壁，依然是海蓝色的窗棂，那为了追求某种特殊质感而故意涂刷成凹凸不平的墙壁上，装点着一排排色泽艳丽的艺术挂盘或大小不一的各色陶瓶。我和台湾《民生报》的桂文亚女士、北京电影学院的葛竞小姐，就在三月末一个暖意融融的湿润的黄昏，悠悠地坐在台北市一家小小的颇具南美情调的咖啡馆里，每人面前摆着一大杯美味的“天堂鸟汁”，任魂思天南海北地遨游。

这家咖啡馆有一个别致得令人叫绝的名字——“阳光空气花和水”。

这里是台北市繁华商业区中一条幽静的小巷，四周林立着桅樯般的高楼大厦，我诧异于这都市的密林中还有这样一块充满“阳光空气花和水”的小小绿地。在现代人生存的物理空间和心理空间都正变得越来越嘈杂和拥挤的今天，生活也像一张缩了水的网，我们时时处处感到它的束缚和压力，却无可奈何。

曾几何时，我们居住在简陋的大杂院内，没有高楼大厦，没有华丽的装修，没有高档的家具和电器。放学了的孩子们在紫丁香盛开的院子里笑着叫着跑着，捉迷藏，跳皮筋，过家家，玩官兵捉强盗的游戏，男人们赤着膊，摇着扇，天南地北地闲聊，从狭小灶间冒出的饭香菜香袅袅地醉遍了大院的每一处角落，女人唤孩子回家吃饭的声音充满嗔爱地回荡在热浪尚未退尽的黄昏……

而一夜之间，人们发家致富的意识突然被唤醒，对自然生活的那种淳朴的热情就开始迅速萎缩和消退。除为家庭的存折和孩子的功课而焦虑之外，人们的心已经被每日的油盐酱醋和永无止境的发家致富梦填得满满的，甚至没有多余的空间驻留一份朴素的爱情。在“十亿人民十亿商”“风吹落一片瓦，肯定砸到一个经理的头”的今天，为生计奔波的人们再也无暇停下匆匆的脚步，哪怕片刻倾听秋虫唧唧、小鸟鸣啭。品味生活、享受自然已沦为一种奢侈的诱饵出现在房地产商的广告中。很多人做梦都想挣更多的钱，生活变成一个永远上满发条而又不断被拨快的钟，我们听到的最时髦的问候是：“你如今在哪儿发财？”

正像德国作家恩德的童话《时间之谜》中的毛毛一样，我们大睁着无助的眸子，眼看生命的触角渐渐僵硬、萎缩，正在失去灵性，变得越来越麻木和莫名地不安，焦渴的灵魂流浪在生活之外，找不到家园，于是我们从各种媒体中听说当今最时髦的都市病症是“抑郁症”“工作环境焦虑症”之类，最具发展前途的职业之一是心理咨询……

与此形成鲜明对照的是，在霏霏春雨中召开的“海峡两岸童话研讨会”，给了我一种难忘的体验。这是一次学术的交流，又是一次友情的交融、灵性的激活。从台湾同行身上我无疑见到了许多值得汲取的品质：科学而严谨的治学精神、开阔而独到的眼界、活跃而敏锐的论辩风气。我更高兴的是认识了许多善良热情的朋友。不知是生趣盎然的儿童文学使人变得纯真善良，还是纯真善良的人们使儿童文学生趣盎然，儿童文学圈在某种程度上总使人感到有几分纯净和安宁，堪称物欲横流的现代世界中一块充满“阳光空气花和水”的净土。我看到无论是海峡的这边，还是海峡的那边，都有着一群怀有同样诚挚的执着与生命冲动的人，置身于这一人群中，实在让我体验到一种无可言喻的快乐。

人在成年以后，为什么还要创作儿童文学？这是个谜，又不是个谜，我曾经无数次地沉浸在这样一个谜中，我喜欢它带来的那份神秘和超然的感觉。从事儿童文学的人总是在灵魂深处保有一个生气蓬勃的“永远的儿童”，总是对自然对人生怀有一份稚童般朴素的冲动，正是这种神秘的来自童年的灵性，使一个人的生命之树永不会枯萎，生活对他永远是新鲜和充满创造活力的。

短短十天，对于宇宙，仅仅是亿万分之一秒的瞬间，而对于人，却可能成为永恒的体验。

因此，在三月末台北的霏霏春雨中，在这个弥漫着咖啡浓香的黄昏，一个播撒“阳光空气花和水”的儿童文学盛会伴随着短暂而又永恒的体验深深驻留在我的记忆中。

写于 1998 年春

小路舞蹈家

我静悄悄地走着，轻轻地快步走着，心中藏着一个秘密，它使我快活不已，歌儿扑扇着翅膀从心里往外飞。

干校的周围，有许多蜿蜒出没于乱草丛中或沙碱地上的小路，我特别喜欢的是通往我的房东奶奶家的那一条——它是“我的”小路，因为唯有在这条穿行于密密树丛中而又人迹罕至的小路上，我可以尽情尽兴地跳舞而不受到打扰，那些遮住小路的密密的柳树、桃树、槐树就是最好的帷幕，况且这条小路上藏有我的秘密呢。

这儿两旁都是一眼望不到边际的苹果树和梨树，现在是六月，果子才只有婴儿拳头大，我蹦起来揪下头顶上颤颤吊着的一个，是京白梨！啊呜咬一口！呸！呸！呸！舌头和牙齿一齐叫起苦来，鼻子和眼睛全都挤到一块儿去了。看果园的大伯追过来，却并不凶狠，也没带狗，沙哑的嗓音里透着温和的调侃：“喂！少吃一点儿啊！这果树昨天才打过药！”我脸臊得通红，咯咯笑着逃了。

我放慢了脚步，左顾右盼，这么多树哇，密密的、高高矮矮的，有几段路旁是即将收割的沉甸甸弯着腰的麦子和半人高的青玉米。这就是青纱帐嘛，我像游击队员一样猫着腰，斜着身体在其中穿来穿去，自我感觉神气得要命。一会儿，我直起腰来，倒退着一蹦一跳地走，多么好哇，四下里一个人影儿也没有，六月的微风撩拨着我脸上的汗毛，有点儿痒痒的。我的凉鞋里灌满了沙粒，我像马驹一样踢起脚来。我仰着头看天，天蓝得明晃晃地刺眼，听过的一个笑话忽地撞上心来，幼稚园的老师问孩子们：小朋友，我们的头顶上是什么？是——

头——发！再高一点儿！是——屋——顶！再高一点儿！……

我哼唱起来了，是芭蕾舞剧《红色娘子军》中的清华独舞：吴清华饱经艰难拖一身伤痛来到苏区……红旗……清凉甘甜的椰子水……我心痒难耐，热烈地边走边舞，如醉如痴……鹤立……雁翅跳……掀身探海……仙人指路……我感觉身体正逐渐变得柔软灵活，四肢也变得颀长苗条起来，我快活地踮起脚，跳跃着往前走，轻盈得宛若一片透明的羽毛……

忽然，我停住了，小路拐了一个弯，柔长的柳枝轻轻晃来晃去，舞姿神秘而富于暗示，前面就是了，我的秘密！这儿的柳树特别多，特别密，在沙地上投下一小片一小片窄窄的阴影。我屏住气，慢慢地，一寸一寸地看过去，终于在一道土坎下边依稀辨认出那两处看上去有点儿奇怪，却只有我知道意味着什么的痕迹。

那一处是两只脚搓弄出的长长擦痕，是我上一次在这里练习劈叉留下的，那一处是两只手和两只脚印出的痕迹，是我上一次在这里练习下腰时留下的。我咬咬嘴唇，比着那痕迹又来了一次，这次沙地上留下的擦痕更长，而两手两脚的间距更短了。我跪下来，用手轻轻地推动被太阳晒得热烘烘的沙土，把那两处新留下的痕迹堆成两道细长的土埂。

好啦，现在没有人会知道这些痕迹是怎么回事了。

谁也没料到窥破这秘密的竟会是它！

当我仔仔细细地做完那一切，抬起头来的时候，冷不丁与一双近在咫尺的乌溜溜的眼睛打了一个照面！我吓得浑身一激灵，心咚咚狂跳起来——原来是一只“四眼”黑狗！怪不得有一次我仿佛听到过窸窸窣窣的声音，原来它一直幽灵样无声无息地跟着我。黑狗也怔了怔，一双鬼鬼祟祟的小眼珠打量着我，眉毛上面的两块黄白色斑点一耸一耸的。它和我尴尬地对峙了一小会儿，迅即垂下头，好像心里有鬼似的，耷拉着尾巴颠着小碎步跑掉了。

我认出来，这就是官庄村口槐树下那独门独院养的看家狗，它怎么会跑出来？哼！它一定全看见啦，我的舞姿、我的秘密……我有点儿气恼。不过，不过，还会不会有别的狗冷不防冒出来呢？我也变得鬼鬼祟祟起来，不敢再停留，一溜烟离开了这段藏满秘密的小路。

后来，我曾经百思不得其解：我是属狗的，怎么偏偏怕狗怕得要命，我生为我以前曾经是什么？是猫吗？人家都说猫怕狗。我偷偷问过与我同屋的席小珏，她像渴极了的人突然发现了一口井，哗地大叫起来："哎哟哎哟！我跟你想的一模一样哟！我吧，就老觉着我以前，没生出来以前，肯定是个别的什么人，像现在一样，对以前的事一点儿也不知道。说不定以前的……以前的我就是一个皇帝呢！""准的！"我们又蹦又跳，高兴得要死，我忽然觉得席小珏那张尖尖的、布满雀斑的瘦脸蛋儿变得无比亲切，我老想搂着她的肩膀。席小珏叹了一口气："不知道我们死了以后，过好多年，又会变成一个什么样的人生到这世界上来？"

我想起了我那个秘密，不禁脱口而出："我呀，我下辈子一定变成一个芭蕾舞演员！"

写于 1999 年 12 月

怀念张美妮老师

2007 年 5 月 25 日那个似乎格外炎热的早晨，我一如往常来到办公室，刚刚打开电脑开始计划中的工作，手机突然急促地震响了两声，是赵静发来的短信：“张美妮老师驾鹤仙去，希望她安息。”我一下子惊呆了，过了十几分钟，陈晖的短信再次证实了这一噩耗：“张美妮老师于今日五时辞世，特此讣告。”我简直不能相信，就在大约一个星期之前，我去北京肿瘤医院看望住院的张老师的时候，她虽然面容清癯、十分虚弱，但是还在打趣守候在病床边的丈夫张先生呢！仅仅才过了一个多星期，竟已天人两隔！

几天后，在八宝山人民公墓的遗体告别室，看到张美妮老师静静地躺卧在洁白的鲜花丛中，我才在泪雨倾盆中相信了，张老师是真的永远离开我们了！

然而，这些天来，张美妮老师的音容笑貌在我的脑海中始终栩栩如生。从 1978 年 3 月走进北师大读书迄今，我认识张老师已经二十多年了，我的事业成长与张老师有着密切的关系。

在北师大中文系 77 级念大一的时候，张美妮老师担任我们班的写作课教学任务。站在讲台上的张老师虽然身材瘦小，却十分热情干练，声音清脆响亮，非常具有亲和力，清秀的脸上总挂着热情开朗的笑容，没有架子，平易近人，同学们都很喜欢她。

大四的时候，我有幸参加了张美妮老师和浦漫汀老师、梅沙老师领衔的儿童文学兴趣小组，从此打开了一扇门，走进了一个五彩缤纷、童趣盎然的天地。记得 1981 年，在张老师的督促下，为了完成儿童文学兴趣小组的作业，我写了第一篇儿童文学评论习作，内容是赏析孙幼军的两篇童话新作，张老师把我的这篇评论推荐给了中国少年儿童出版社的《儿童文学通讯》发表，我受到了莫大的鼓舞，这是我走上儿童文学研究和评论道路迈出的第一步。再后来，本科毕业、读研，从事儿童文学编辑工作数年之后，在张老师的热心举荐下，我曾一度成了张老师的同事,在张老师的领导下从事儿童文学的教学和研究工作……

张美妮老师自1956年在北京师范大学中文系毕业留校任教以来，跟随穆木天先生及陈伯吹先生学习、讲授儿童文学，将毕生的心血都奉献给了中国的儿童文学教学研究事业。特别是“文革”以后，北师大恢复了儿童文学教研室，张老师和教研室的其他老师一起，将全部的智慧和激情，倾注到教学科研工作之中。他们在几十年间用大量的研究成果逐步建立和丰富完善了儿童文学基础理论框架教材，培养了一批批儿童文学专业研究生和进修生，为各少年儿童出版社等相关儿童文化机构输送了大量专业人才，扩大了北师大中文系儿童文学学科在国内外的影响，为今天北师大文学院的中国儿童文学研究中心奠定了极其重要的基础……

在这么多年中，我始终对张美妮老师怀有一种敬仰之情，她不仅仅是那个最初为我打开儿童文学事业之门的启蒙者，而且在我和张老师相处的日子里，我深深地感觉到，她高尚的人格魅力深深地影响着我，也影响着她所教过的每一个学生。做张老师的学生是幸福的，因为她既是言传身教、诲人不倦的师长，还是热情慷慨、富有生活情调的朋友、亲人。她对学生的学业严格要求的同时，还无微不至地关心他们的生活，甚至关心他们毕业之后的工作事业发展，她曾热心地为不少毕业生推荐工作单位。身为广东人的张老师还是一个美食家，做得一手好菜，加之慷慨热情，重视师生友情，许多学生在毕业多年之后仍然是张老师家的座上客,就说我自己,也已经记不清曾经多少次到张老师家蹭饭吃了。

作为我深深尊敬的师长,张美妮老师令我感动、值得我永远铭记和学习的,还有她那种积极开朗、乐观坚强、不向命运低头的宝贵品格，那是一种令人肃然起敬的品格。早在好几年前我就听说张老师患上了家族遗传的慢性白血病，然而仍旧不时地在各种学术活动中见到她的身影。张老师一如既往地快人快语、谈笑风生、精神抖擞，丝毫看不出她是一个身患重病的人。直到2006年的夏天，张老师还最后一次参加了北师大文学院儿童文学方向博士生论文答辩会，当年秋天张老师就因病情恶化住进了肿瘤医院进行化疗。2006年10月的一天，我到张老师家去探望她，同行的还有中国少年儿童出版社的编辑高荷美。张老师刚刚经过了两三次化疗，身体十分虚弱，瘦得几乎剩下一把骨头，薄薄地躺在被单下面。闲谈中间，正在编辑一套世界儿童文学名著精品集的高荷美忽然想起向张老师咨询有关一位法国儿童文学作家的情况，张老师立刻声音清晰响亮地一一道来，然后清晰地指明该作家的作品中译本在书柜中的具体位置，让小高取出拿去使用。今天我仍然能够清楚地记起那一幕情景，实在是感慨万千，张老师真正是做到了生命不息，奉献不止，为了中国的儿童文学事业鞠躬尽瘁，死而后已！

愿张美妮老师安息，她永远微笑着活在我们的心里。

写于2007年9月

那些人那些事

——漫忆少读工委文学编辑年会

少读工委的文学编辑年会，实在是一群有趣的人弄出来的有趣的事。

文学编辑年会究竟始于哪年？——连早已退休的老会长庄之明先生都声称记不清自己曾经当过几届会长了。我则是在1999年第一次参加文学编辑年会的，在千岛湖，这倒记得很清楚；后来又参加过两次，一次在九寨沟，一次在拉萨，都历历在目。在我看来，每一次年会都像一次狂欢节，一次职业同行交流信息、相互启迪、增进友谊、抚慰心情的重要聚会，从临近出发时的跃跃欲试，到曲终人散后的意犹未尽，狂欢至少会持续十天半个月，在日复一日紧张单调的工作日程表上留下一抹生动的色彩。

翻检一下我参加过几次年会的记忆，鲜灵灵跳出来一些难忘的人影儿。

比如说刘海栖，自从我1999年开始随文学编辑年会游走全国，每次年会都是在他的策划领导下有条不紊地举办。海栖身上颇有一派“大哥”范儿，热情豪爽、慷慨义气，他领导的明天出版社不仅承担着年会的组织工作，有时还仗义地拿出银子来弥补会议费用的缺口。同时，精力旺盛、活泼幽默的他，也给文学编辑年会带来了磁石般的凝聚力，在专业研讨之余，无论是上山下海逛沙漠，“老会友”们每每跟着海栖变换花样疯癫一回、忘形一回。最令我难忘的是，那次在拉萨，海栖携我们一群老友到一位活佛家中做客参观，真是大开眼界！而最令我感动的是，每次年会结束众人纷纷准备作鸟兽散时，无论白天还是深夜，海栖总是站在会议宾馆大堂门口，关照这个关照那个，帮着抬抬箱子之类，直至将每一位送上奔赴机场或火车站的面包车，每个人视线中最后定格的恐怕都是海栖那招牌式的笑容和热情挥动的手。

文学编辑年会的另一个重要人物自然是孙建江，自从他郑重其事接任了年会的“军师”角色之后，每一次年会的信息交流和专业研讨便愈加有模有样起来。在建江的精心策划下，每一次研讨会都有一份详尽如专业文献般颇富收藏价值的日程表，有一个凸现当下少儿文学读物出版迫切需要解决之矛盾的主题和十几个分议题,这些议题大致涵盖了当前少儿出版人最关心的一些重要问题。经过这样“专业”的策划，和他自己以身作则拉开架势的侃侃演讲，文学编辑年会的专业性、学术性想必是大大提升了一把。不消说，如此擅长“策划”的人物放在浙少社，实乃“放虎于山林”。

年会的操办显然是一桩吃力不讨好的辛苦活儿，百来口人的吃喝住行，订票接送……可以想见那是多么烦琐的一大摊子具体事务，还要随时处理防不胜防的突发事件。在我参加过的三次年会中，有两次都是四川少年儿童出版社社长王建平带领一群能干的小伙子小姑娘张罗的，与会者无不感受到有胆有识、吃苦耐劳的王社长之体贴周到。难得的是，操心受累之余，美女王社长总是打扮得漂漂亮亮，偶尔还心情很好地在联欢会上引吭高歌，比如那次在九寨沟，王社长一曲令人惊艳的《人说山西好风光》，让我第一次领略了她深藏闺中的清亮歌喉，还是典型民歌味儿的呢。

每次年会都会留下一些妙趣横生的故事，而福建少年儿童出版社的陈效东就是那位机智幽默的故事演绎讲述者。一副略显憨厚的眼镜，很替陈效东平添了几许大智若愚的保护色，可那眼镜片后面闪烁的全是若隐若现才华横溢的坏笑。每一次年会的故事经他演绎加工后讲述出来，总是源于生活而高于生活，尤其是高于生活的那部分，惟妙惟肖，往往令人忍不住为演绎者的神来之笔拍案叫绝，比如其素材本身便匪夷所思的“杭州万向宾馆深夜打洞奇案”，经陈效东“高于生活”的加工演绎后，一时流传甚广，闻者无不笑翻。

尽管我这人记忆常常大撒把，但还是有一些人一些事给我留下了深刻印象。比如千岛湖那次年会，我与时任中国少年儿童出版社文学编辑室主任的温航仅有短暂接触，可是十年后的今天，她那极富异族风情的棕黄卷发和极具感染力的大笑却仍会在我脑海中有声有色地浮现。同是在那次年会上，来自江苏少年儿童出版社的郁敬香一席细声慢语的发言，将大家闺秀的温婉与大学讲师的雄辩完美结合，着实令我惊艳不已。再比如，2006 年的拉萨年会，秦文君将慢镜头式的漂浮步态和屏息般凝固的表情所节省下来的体力，用于每一个凌晨 5 点钟的“闻鸡起写”，竟在那短短几天中赶完了《小钢盔笠笠》的收尾活儿。还有两位可以赢得淑女大奖的女士，安徽少年儿童出版社的温湲与重庆出版社的杜虹，无论穿林还是越岭，无论春夏还是秋冬，均见她们以一袭不变应万变的袅娜长裙夺人眼球。还有和平出版社的庞旸，脸上永远不知疲倦地绽放着一朵靓丽笑靥，仿佛天生的一样，仍记得我和她在拉萨街头如饥似渴地四处搜寻奶茶店的情景。还有明天出版社的孟凡明，只要他出现在卡拉 OK 厅（不幸的是他每次都会出现），那热情奔放到颤抖不已的歌声和堪与噪声媲美的炸雷般掌声总能激起一片不无惊异的欢笑。还有几位行色干练、精力旺盛让我钦羡不已的背包族，比如江苏少年儿童出版社的薛屹峰、云南少年儿童出版社的李香明……

从 1999 年我第一次参会算起，已经流过去了十年，这样一群爱思考、爱玩、爱闹、爱笑的人，通过文学编辑年会都成了好朋友。尽管有着形形色色的人生、沟沟壑壑的岁月，他们无不在文学编辑年会收获了内心释放的无数瞬间。不知不觉，文学编辑年会已成了这群人的一份亲热念想。

2009 年 7 月 30 日于北京

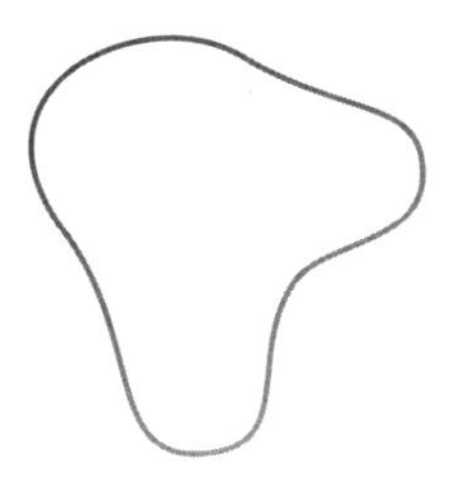

汤锐学术年表

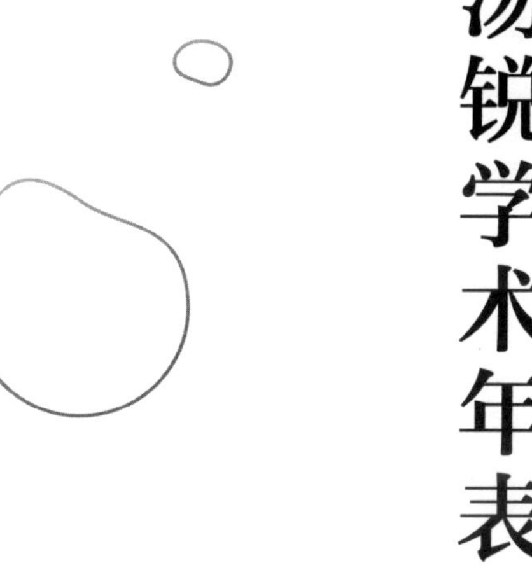

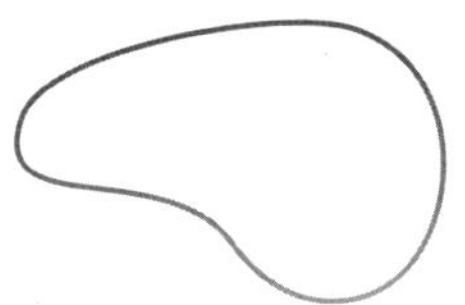

1981 年，在《儿童文学通讯》发表第一篇儿童文学评论《一束小葩》。

1982 年 1 月，北京师范大学中文系本科七七级毕业。

1982 年 2 月，进入浙江师范大学中文系，师从蒋风教授攻读儿童文学方向硕士研究生。

1982 年，题为《关于童话创作的几个问题》的文章发表于《儿童文学通讯》第 7 期、第 8 期合刊。

1983 年，论文《想象，童话的血肉和灵魂——由郑渊洁的童话所想到的》发表于《儿童文学研究》第 19 辑。

1984 年 8 月，进入中国少年儿童出版社《儿童文学》杂志编辑部工作。

1984 年 12 月，获得杭州大学文学硕士学位。

1985 年，论文《历史是一面镜子》发表于《儿童文学通讯》第 15 期、第 16 期合刊。

1985 年，论文《独特的艺术世界——张天翼前期儿童文学创作特色谈》发表于《浙江师范大学学报·儿童文学专辑》。

1986 年 5 月，参加文化部与中国作家协会在烟台举办的“全国儿童文学创作会议”。

1986 年夏，应邀担任江西少年儿童出版社（现二十一世纪出版社集团）“新潮儿童文学丛书”编委会成员。

1987 年，应邀担任《文艺报》“儿童文学评论版”特约编辑，历时两年。

1987 年 2 月 21 日，论文《不断丰富的童话创作》发表于《文艺报》。

1987 年，评论文章《印象：一束浪漫主义者的心灵之光》作为序文发表于《暮色笼罩的祠堂——曹文轩作品选》，由中国少年儿童出版社出版。

1987 年，评论文章《中国儿童文学的生动标本》收入《张天翼论》，由湖南文艺出版社出版。

1988 年 4 月 23 日，论文《酒神的困惑——近年儿童文学速写之一》发表于《文艺报》。

1988 年，评论文章《论沈石溪的动物小说》发表于《儿童文学研究》总第 27 辑。

1990 年，调入北京师范大学中文系任教。

1990 年 2 月，学术专著《比较儿童文学初探》由湖北少年儿童出版社出版。

1990 年 3 月 10 日，评论文章《阳刚之梦——读刘健屏长篇小说〈初涉尘世〉》发表于《文艺报》“儿童文学评论版”。

1990 年，评论文章《理性的超越——评张抗抗中篇小说〈七彩圆盘〉》发表于《文艺评论》。

1990 年，论文《中西儿童文学的比较》发表于《浙江师范大学学报》第 4 期。

1991 年 1 月，应邀参加刘海栖作品研讨会，并做题为《走向开放——读刘海栖儿童文学新作》的发言，该文章发表于《儿童文学研究》第 6 期。

1991 年，评论文章《孙幼军：不懈的探索者》发表于《儿童文学研究》。

1991 年，论文《多元探索中的一个特殊领域》收入《眼中有孩子，心中有未来——

’90 上海儿童文学研讨会论文集》，由少年儿童出版社出版。

1991 年，论文《在历史与未来的交叉点上——1989、1990 年童话创作漫评》发表于《儿童文学选刊》。

1991 年夏，应邀参加湖南少年儿童出版社与湖北少年儿童出版社联合举办的“三峡笔会”。

1992 年，论文《淡泊之中见沧桑——1991 年少儿短篇小说管窥》发表于《儿童文学选刊》第 3 期。

1992 年，评论文章《评赵立中三部小说》发表于《儿童文学研究》第 4 期。

1993 年 8 月，应邀出席在日本福冈举办的第二届亚洲儿童文学大会，并做大会主题发言。

1994 年 10 月，文论集《酒神的困惑》由甘肃少年儿童出版社出版。

1995 年 1 月 7 日，评论文章《追寻永恒——评董宏猷的小说〈十四岁的森林〉》发表于《文艺报》。

1995 年，应聘为新闻出版署“小松树儿童图画书奖”评委。

1995 年，获评北京师范大学副教授职称，同年获得硕士研究生导师资格。

1995 年 8 月，学术专著《现代儿童文学本体论》由江苏少年儿童出版社出版。

1996 年，学术专著《现代儿童文学本体论》获北京市第四届“哲学社会科学优秀成果”二等奖。

1996 年 4 月，与桂文亚、班马、王泉根、孙建江、方卫平、管家琪、李建树共八人游学浙江，共同探讨儿童散文创作，翌年在台湾地区合作出版了《这一路我们说散文——’96 江南儿童文学散文之旅》一书。

1996 年，论文《儿童文学创作心态探幽》发表于《儿童文学研究》第 2 期。

1996 年，论文《暖冬：1995、1996 年之交儿童文学创作简评》发表于《儿童文学研究》第 2 期。

1996 年 6 月 3 日，论文《90 年代中国儿童文学的发展》发表于《光明日报》。

1996 年 8 月，评论文章《呼唤真情——评薛涛的三篇小小说》发表于《儿童文学》。

1996 年，论文《戏剧性还是纪实性——对少儿散文审美指向的一种看法》发表于台湾地区《儿童文学学会季刊》。

1996 年，评论文章《从桂文亚的儿童散文所想到的》发表于《儿童文学选刊》。

1997 年，评论文章《论柯岩的儿童文学创作》发表于《甘肃高师学报》第 1 期。

1997 年，评论文章《讴歌人与自然的史诗——读刘先平“长篇系列探险小说”》发表于《江淮论坛》第 2 期。

1997 年 6 月 1 日，评论文章《生动有趣的“小鳄鱼丛书”》发表于《人民日报》（海外版）。

1997 年 6 月 28 日，评论文章《秦文君〈男生贾里〉〈女生贾梅〉的启示意义》发表于《文艺报》。

1997 年，科研项目“高师儿童文学教学体系改革与学科建设”获北京市“普通高校优秀教学成果”二等奖、北京师范大学“优秀教学成果”奖。

1997 年，文论集《酒神的困惑》获第三届“全国优秀少儿图书”二等奖。

1997 年，应聘为中国社会科学院媒介传播与青少年发展研究中心特约研究员。

1997 年 8 月，应邀参加第三届亚洲儿童文学大会汉城会议，并做发言《对人类来说儿童文学是什么？》

1997 年、1998 年，招收并指导 97 级、98 级儿童文学专业硕士研究生。

1998 年，学术专著《现代儿童文学本体论》获教育部“普通高等学校第二届人文社会科学研究成果奖”中国文学类二等奖。

1998 年，学术论文《儿童文学创作心理探幽》获北京师范大学首届“人文社会科学研究优秀成果奖”论文类一等奖。

1998 年，国家社科基金资助研究课题论文《多媒体时代的儿童文学》发表于《儿童文学研究》第 2 期。

1998 年，应邀在鲁迅文学院做《多媒体时代的儿童文学》讲座。

1998 年 3 月，应邀参加在台北举行的“海峡两岸童话学术研讨会”，并做学术发言《当代童话的美学价值观》。

1998 年，评论文章《孙幼军和他的童话》载入《孙幼军童话选》，由重庆出版社出版。

1998 年，论文《复调时代——1997 年、1998 年之交少儿小说创作管窥》发表于《儿童文学选刊》第 6 期。

1998 年 5 月，评论文章《为一种梦想而感动——评曹文轩长篇少年小说〈草房子〉》发表于《中国校园文学》。

1998 年 6 月 24 日，应邀接受北京广播电台访问，并做发言《当下孩子们的“集体失语症”？》

1999 年，评论文章《只记得萤火虫的夜最美丽……——评金波儿童诗集〈我们去看海〉》发表于《中国图书商报・书评周刊》。

1999 年，调入中国美术出版总社。

1999 年，应邀担任中国作家协会“全国优秀儿童文学奖”终评委。

1999 年 4 月，学术专著《北欧儿童文学述略》由湖南少年儿童出版社出版。

1999 年，论文《儿童图画读物与早期阅读》发表于《儿童文学研究》第 2 期。

1999 年，评论文章《迷人的创作状态——读台湾作家林世仁短篇童话集〈十一个小红帽〉》载入《十一个小红帽》，由台湾地区《民生报》出版。

1999 年，论文《戏剧性还是纪实性——对少儿散文审美指向的一种看法》发表于

《儿童文学研究》第 2 期。

1999 年 12 月，作为责任编辑之一的少年小说《你好，花脸道！》一书由朝花少年儿童出版社出版，同时在中青网开通“花脸道初中部”网站与读者互动，因其走在时代前沿的“双媒互动”概念，一时引发《中国新闻出版报》《中华读书报》等二十多家媒体竞相报道，并被评为年度“中国少儿出版界十大事件”之一，该书获得第五届“全国优秀少儿图书”三等奖。

2000 年 4 月，论文《美国出版业市场营销体制一瞥》发表于《出版经济》。

2000 年 5 月，赴美国参加新闻出版署与美国纽约大学合办的出版管理高级研讨班培训。

2000 年，应聘为宋庆龄基金会“宋庆龄儿童文学奖”终评委。

2000 年，论文《关于二十一世纪儿童文学走向的思考》发表于《中国儿童文学》第 1 期。

2000 年 8 月 20 日，评论文章《充满灵性的世界——读金曾豪动物小说集〈青角〉》发表于台湾地区《民生报》。

2001 年，应聘为北京大学中文系硕士生论文答辩委员会委员。

2001 年，应聘为北京师范大学教育系博士生论文答辩委员会委员。

2001 年，应聘为新闻出版总署国家“十五”规划“重点图书少儿类选题论证委员会”评委。

2001 年，评论文章《轮回与救赎——1999 年美国纽伯瑞奖金奖小说〈洞〉中文版前言》，载入《洞》，由朝花少年儿童出版社出版。

2002 年，任朝花少年儿童出版社副总编辑。

2002 年，由新闻出版总署批准专业技术职称为编审。

2002 年 8 月，应邀参加中国出版协会幼儿读物工作委员会年会，并做发言《产业化的幼儿读物出版运作》。

2003 年，应聘为宋庆龄基金会“宋庆龄儿童文学奖”评委。

2003 年，论文《关于少儿读物的“少儿化”问题》发表于《幼儿读物研究》总第 27 期，及《中国出版》第 12 期。

2003 年 3 月，评论文章《倾听少女内心的吟唱——读陈丹燕少女小说》发表于《中国少年报》。

2004 年，任连环画出版社总编辑。

2004 年，应聘为北京师范大学中文系中国儿童文学研究中心兼职研究员。

2004 年，应聘为北京师范大学中文系儿童文学专业博士生论文答辩委员会委员。

2004 年 11 月，应邀参加深圳“全国儿童文学创作会议”，并做发言《市场经济时代的中国儿童文学》。

2005 年，应聘为北京师范大学中文系儿童文学专业博士生论文答辩委员会委员。

2005 年 1 月，评论文章《太空时代的文明之梦——评长篇科幻小说〈移民世纪〉》发表于《中国图书商报》。

2005 年 1 月，采访文章《儿童文学：对话精彩童年》发表于《父母必读》。

2005 年 4 月，论文《与安徒生童话的世纪情缘》发表于《新京报》。

2005 年 5 月，应邀参加中国海洋大学“中国原创儿童文学的现状及发展趋势”研讨会，并做发言《商业化趋势中的儿童文学建设》，成文后发表于《中国儿童文学》第 4 期。

2005 年 5 月 22 日，应邀参加北京“曹文轩儿童小说《青铜葵花》研讨会”，并做发言《美的坚守》。

2005 年 7 月，评论文章《一个健康自由的精灵——关于〈绿山墙的安妮〉》发表于《中国教育报》。

2005 年 8 月 5 日，评论文章《抓住儿童眼球的秘密——谈谈〈淘气包马小跳〉现象》发表于《中国图书商报》。

2006 年，出席中国作家协会第七次全国代表大会。

2006 年，论文《进入 21 世纪的中国儿童文学》英译文发表于国际儿童读物联盟（IBBY）刊物《书鸟》。

2006 年 7 月，应邀参加少年儿童读物工作委员会文学编辑学会成都年会，并做发言《儿童文学的发展需要健康的环境》。

2006 年 7 月，任中国美术出版总社总编辑助理。

2006 年 9 月，应邀参加在澳门举办的国际儿童读物联盟（IBBY）第 30 届世界大会，并做发言《儿童文学与道德规范——坚守儿童文学的精神高度》。

2006 年，评论文章《机智而又温暖的〈奖赏〉——评张之路儿童小说集〈奖赏〉》发表于台湾地区《民生报》。

2006 年 9 月 4 日，应邀参加张品成“十五岁的长征”研讨会，并做发言《读张品成新作“十五岁的长征”系列》。

2007 年 5 月 25 日，评论文章《古为今用　幽默当家——读周锐“魔法三国”系列》发表于《文汇读书周报》。

2007 年 6 月 25 日，应邀参加“郑春华新作《马鸣加系列儿童小说》研讨会”，并做发言《呼唤纯正的儿童本位艺术》。

2007 年 10 月 16 日，评论文章《葛竞系列丛书〈猫眼小子包达达〉：一个引人入胜的故事》发表于《中国图书商报》。

2007 年 11 月 27 日，评论文章《哲理与童心之间的幻想小径——写在宗璞童话创作五十周年》发表于《中国图书商报》。

2008 年 3 月，序文《折射人性的寓言》载入牧铃动物小说《艰难的归程》，由中国少年儿童出版社出版。

2008 年 6 月，应邀参加香港“寻找赤心国图画书研讨会”，并做发言《图画书出版中编辑的作用》。

2008 年 6 月 14 日，应邀参加“黄蓓佳儿童小说新作研讨会”，并做发言《生命的尊严和价值之歌——评黄蓓佳新作〈你是我的宝贝〉》。

2008 年 6 月 28 日，评论文章《戴红围巾的永远的女孩——评程玮儿童小说〈少女的红围巾〉》发表于《文艺报》。

2009 年，“汤锐儿童文学理论文集”四卷（《现代儿童文学本体论》《比较儿童文学初探》《北欧儿童文学述略》《复调时代》）由明天出版社出版。

2009 年，任中国出版协会少年儿童读物工作委员会副主任委员。

2009 年 4 月，应邀在桂林参加接力出版社主办的全国儿童文学理论会议，并做发言《双刃剑下的中国儿童文学》，成文后发表于《中国新闻出版广电报》。

2009 年 10 月，应邀参加中国少年儿童出版社主办的“天籁之韵 • 幼儿文学 60 年研讨会”，并做发言《成人的图画书和孩子的图画书》。

2009 年 11 月，应邀参加在海南博鳌举办的第 24 届全国少年儿童出版社社长年会。

2010 年 6 月，应邀参加“党兴昶儿童散文研讨会”，并做发言《读党兴昶的儿童散文有感》。

2011 年，文论集《浮躁与坚守》由接力出版社出版。

2011 年 3 月 9 日，评论文章《〈大卫之星〉：屠戮终将过去，生命盛开原野》

发表于《中华读书报》。

2011 年 3 月 11 日，评论文章《流淌在血液中的激情与使命——评董宏猷的儿童文学创作》发表于《文艺报》。

2011 年 5 月 10 日，评论文章《白冰：创作是他的定海神针》发表于《中国图书商报》。

2011 年 5 月 19 日，评论文章《天上下雨　稀里哗啦——读白冰新作“小老鼠稀里哗啦系列”》发表于《文学报》。

2011 年 5 月 23 日，评论文章《童心童趣　美景美情——读桂文亚散文有感》发表于《文艺报》。

2011 年 6 月，评论文章《刘海栖：精彩独创的华丽转身——评“扁镇的秘密”三部曲》发表于《文艺报》。

2011 年 8 月 16 日，应邀参加束沛德先生八十寿诞座谈会，并做发言《站在中国儿童文学的制高点上——读束沛德同志理论新著〈束沛德谈儿童文学〉》。

2011 年 12 月 15 日，应邀参加“儿童文学作品研讨会——金波先生从事儿童文学创作五十五周年”并发言。

2012 年 2 月 24 日，评论文章《诗人中的诗人——写在金波先生文学创作五十五周年之际》发表于《文艺报》。

2012 年，专著《童话应该这样读》由接力出版社出版。

2013 年，文论集《呵护人间诗意——汤锐文论集》由接力出版社出版。

2013 年 1 月 16 日，应邀参加“翌平作品研讨会”，并做发言《谈谈翌平短篇小说创作特色》。

2013 年 3 月 11 日，评论文章《幻想如何诠释……——读彭懿幻想文学新作“我是夏蛋蛋”系列》发表于《新华书目报》。

2013 年 4 月 13 日，评论文章《天使在人间——评曹文轩儿童小说新作“丁丁当当”系列》发表于《中国新闻出版报》。

2013 年 5 月 30 日，评论文章《像风一样自由地歌唱——评王立春儿童诗集〈贪吃的月光〉》发表于上海《文学报》第 9 版。

2014 年 1 月 8 日，应邀参加“赵丽宏儿童小说《童年河》研讨会”并做发言《永恒的人性之美——读赵丽宏小说〈童年河〉》。

2014 年 1 月 22 日，评论文章《汤锐谈常新港：作家的变与不变》发表于《中华读书报》。

2014 年，出席中国作家协会儿童文学委员会年会并做大会发言。

2014 年，评论文章《乡思中的史诗情怀——读邓湘子小说〈蓼花鼎罐〉》发表于《出版人》第 4 期。

2014 年 6 月 30 日，应邀参加“黑鹤动物文学研讨会”，并做发言《为生命注入血性——当代少儿阅读视野中的黑鹤动物文学》。

2014 年 8 月 6 日，评论文章《这个世界拥抱理想——读王一梅的纪实小说〈一片小树林〉》发表于《文艺报》。

2014 年至 2016 年，任《儿童文学》第十届擂台赛评审。

2014 年、2017 年、2018 年，任《儿童文学》“金近奖”终评委。

2014 年至 2019 年，任“大白鲸世界杯原创幻想儿童文学奖”终评委。

2015 年，学术专著《北欧儿童文学述略》由湖南少年儿童出版社重版出版。

2015 年 3 月，应邀参加韩国“坡州儿童书盛辉”文化论坛并做主题演讲。

2015 年 3 月 27 日，应邀参加“苏醒的儿童诗歌”——《诗流双汇集》新书发布会暨当代儿童诗歌研讨会并发言。

2015 年 3 月，评论文章《金波，中国儿童诗理论与实践的双重贡献者——〈金波论儿童诗〉前言》发表于《文艺报》。

2015 年，应邀撰写《中国百年幼儿文学 • 幼儿诗歌卷》前言，由重庆出版社出版。

2015 年 8 月，应邀参加在浙江省衢州市召开的“毛芦芦儿童小说《如菊如月》研讨会”并做发言。

2015 年 11 月，应邀参加“沈石溪与西顿——中西动物小说大王金品共读系列”发布会，发言并撰写系列评论文章。

2016 年 1 月 6 日，应邀参加浙江少年儿童出版社《狼王梦》发行 400 万册发布会并做发言。

2016 年 1 月，作为终评委参加“大白鲸世界杯原创幻想儿童文学奖”举办的“幻想儿童文学的国际视野、中国经验与地方性叙事”论坛，并做发言《兼收并蓄的幻想儿童文学新生代》。

2016 年 3 月，任“华语儿童文学中国故事短篇创作邀请赛”评委。

2016 年 4 月 18 日，评论文章《纯美的伊甸园：曹文轩的艺术世界——写在〈草房子〉第 100 次印刷之际》发表于《光明日报》。

2016 年 5 月，应邀参加马来西亚儿童文学学会年会，并做主题发言《中西比较儿童文学》。

2016 年 12 月，论文《关于好绘本的标准》载入《图画书的秘密》一书，由中国少年儿童出版社出版。

2016 年 12 月 27 日，应邀参加“曹文芳儿童文学创作研讨会”并做发言。

2017 年，文论集《轮回与救赎》收入方卫平主编的“中国儿童文学名家论集”

丛书，由青岛出版社出版。

2017 年，任中国作家协会第十届“全国优秀儿童文学奖”评审。

2017 年，任第二届“华语儿童文学中国故事短篇创作邀请赛”终评委。

2017 年 1 月，作为终评委参加“大白鲸世界杯原创幻想儿童文学奖”颁奖，并做发言《传统与现代的融合》；参加作者座谈会，并做发言《童话创新的破与立》。

2017 年 1 月 11 日，应邀参加“朱奎作品推介会”并做发言。

2017 年 3 月 11 日，应邀参加“深圳儿童文学作家群创作研讨会”并做发言《陈诗哥的童话观和童话创作——谈谈陈诗哥〈童话之书〉兼其他》。

2017 年，应邀参加“周静《一千朵跳跃的花蕾》研讨会”并做发言。

2017 年 8 月 21 日，评论文章《金波——“一本读不完的书”》发表于《光明日报》第 16 版。

2017 年 9 月 11 日，应邀参加《文艺报》“儿童文学五年创作成就”研讨会，并做发言《拓展儿童文学的艺术空间和思想空间》。

2017 年 11 月 25 日，应邀参加北京少年儿童出版社“曹文芳新书发布会”并做发言。

2018 年，任第十四届亚洲儿童文学大会学术顾问。

2018 年 5 月，应邀担任“接力杯金波幼儿文学奖”“接力杯曹文轩儿童小说奖”终评审。

2018 年 6 月 27 日，评论文章《常新港小说〈尼克代表我〉：他执着书写少年的精神蜕变》发表于《中华读书报》。

2018 年 9 月 11 日，应邀参加“曹文轩现实主义儿童文学创作研讨会”并做发言《初心　底色》。

2018 年 10 月 11 日，应邀参加“叶广芩首部儿童文学作品《耗子大爷起晚了》

新书发布会”并做发言《2018 年闯入儿童文坛的一匹黑马》。

2018 年 10 月 12 日，论文《儿童本位与大道至简——漫谈儿童文学的边界与文学性》发表于《文艺报》。

2019 年 2 月 27 日，应邀参加“白冰幼儿文学创作研讨会”并做发言《关于白冰的儿童图画书创作》。

2019 年 4 月 23 日，应邀参加“汤素兰童话新作《犇向绿心》研讨会”并做发言。

2019 年 4 月 25 日，应邀参加“福建少年儿童出版社《深蓝色的七千米》研讨会”并做发言。

2019 年 5 月 12 日，应邀参加“李东华《焰火》研讨会”并做发言。

2019 年 5 月 23 日，应邀参加天天出版社“曹文轩新小说《草鞋湾》新书发布会”并做发言。

2019 年 7 月 7 日，应邀参加“周晓枫童话新作《星鱼》研讨会”并做发言。

2019 年 7 月 18 日，评论文章《刘海栖〈小兵雄赳赳〉：隐藏的文采》发表于中国作家网。

2019 年 7 月 31 日，应邀参加中国作家协会儿童文学委员会、中国现代文学馆、中国少年儿童新闻出版总社联合主办的“呵护童心纯美 60 年——金波儿童诗创作交流活动”，并做发言《向儿童传递中国的诗文化》。

2019 年 10 月 11 日，应邀参加接力出版社“幼儿文学的边界与特征——中国原创幼儿文学理论研讨会”并做发言《关于幼儿文学的艺术边界的思考》。

2019 年 10 月 17 日，应邀参加“叶广芩京味儿童文学作品《花猫三丫上房了》新书发布会”并做发言《老北京风情长卷中的童心童趣》。

2019 年 11 月 11 日，评论文章《世上没有白吃的午餐——评童话〈时间超市〉》

发表于《文艺报》。

2020年10月14日，论文《现实主义儿童文学书写的几个问题》发表于《文艺报》。

2021年3月，评论文章《〈童话庄子〉：讲给儿童的奇幻“逍遥游”》发表于《中华读书报》。

2022年8月19日，评论文章《童心浸染的睿智笑声》（同年3月写成）发表于《中国出版传媒商报》。

2023年，学术专著《现代儿童文学本体论》收入方卫平主编的“中国当代儿童文学理论文库”丛书，由河北少年儿童出版社出版。

陈方歌整理

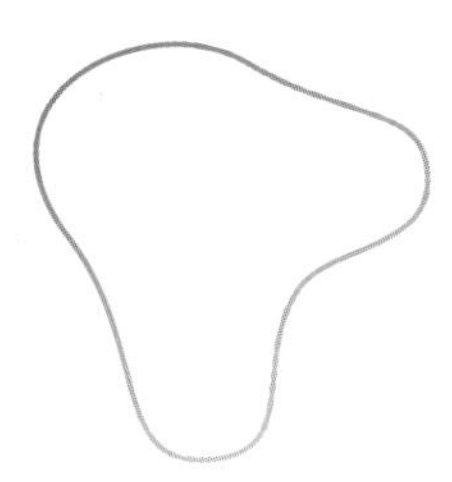

照片

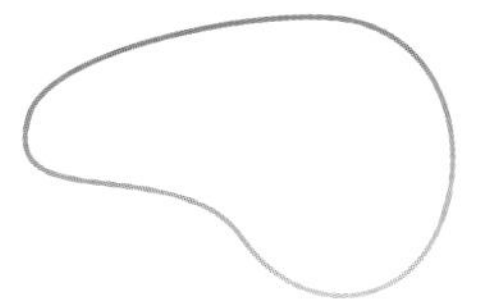

二十世纪六十年代初于北京家中，与二哥杨浩、父亲杨厚泰、母亲汤玉霜。

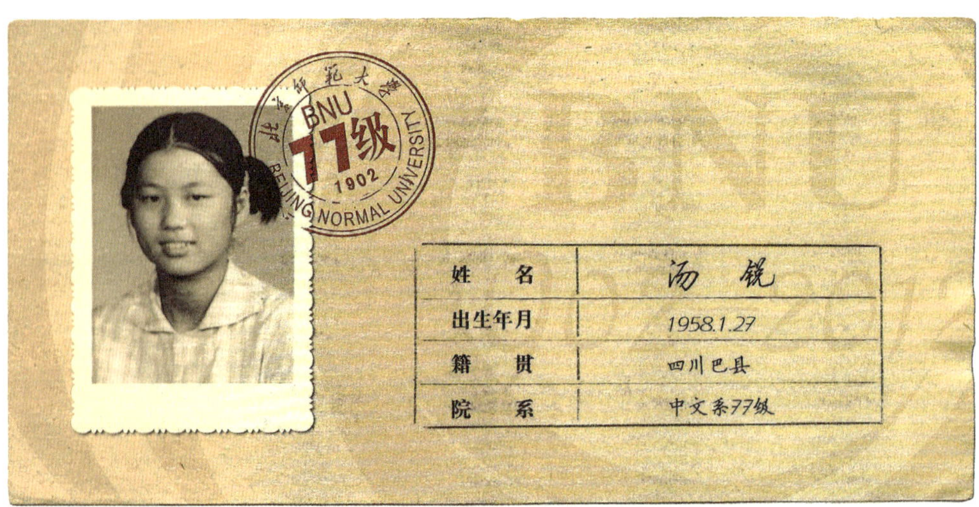

姓名	汤锐
出生年月	1958.1.27
籍贯	四川巴县
院系	中文系77级

1977 年，考入北京师范大学中文系。

北京师范大学本科读书期间，与同学卜卫。

大学校园竹林照（具体日期、地点不详）。

1981 年 12 月于北京，北师大中文系七七级毕业留念（汤锐：四排左三）。

1982 年 10 月 16 日于浙江金华，浙江师范大学全国儿童文学教师进修班学员、教师与陈伯吹先生（二排左七）合影（汤锐：二排右四）。

1983 年秋，于浙江师范大学与研究生导师蒋风教授（中）、同学王泉根。

二十世纪九十年代初，任教于北京师范大学中文系。

1992年左右，与北京师范大学的同事（后排左起：赵静、郑媛、张美妮老师、杨咏梅、汤锐；前排左二：汤锐女儿陈方歌）。

1993年8月29日于日本福冈，参加宗像市第二届亚洲儿童文学大会（左起：孙幼军、爱薇、汤锐、秦文君）。

1993 年 8 月，在日本福冈宗像市第二届亚洲儿童文学大会上发言。

1996 年海峡两岸作家江南散文之旅（左起：李建树、方卫平、管家琪、桂文亚、汤锐、王泉根、孙建江、班马）。

1997 年夏，于内蒙古锡林郭勒大草原。

1998 年 3 月 23 日于台北，应邀参加海峡两岸童话学术研讨会。

1998 年 3 月于台北《民生报》办公室，参与“好书大家读”年度最佳少儿读物奖的评选（左起：王泉根、方卫平、汤锐、孙建江、葛竞、张秋生、金燕玉、孙晴峰、桂文亚、林文宝、冰波）。

2000 年于美国纽约，参加新闻出版署与美国纽约大学合办的出版管理高级研讨班培训。

2003 年 10 月，与朋友于北京八达岭长城（左起：曹文轩、汤锐、林芳萍、桂文亚。方卫平摄）

2003 年 10 月，于第六届宋庆龄儿童文学奖颁奖典礼。

2006 年 11 月，与束沛德先生、张洁在中国作家协会第七次全国代表大会上。

2006 年 11 月，与儿童文学作家朋友在中国作家协会第七次全国代表大会上（左起：庞旸、汤锐、保冬妮、金波、秦文君）。

2006年11月，在中国作家协会第七次全国代表大会期间与老朋友相见甚欢（左起：刘海栖、董宏猷、孙云晓、汤锐、陈丹燕）。

2007年10月4日，在友人聚会中与张之路（中）、曹文轩（右）。

2007 年 10 月 15 日，在友人聚会中观看金波先生题词。

2008 年 7 月 22 日，出席香港儿童图画书国际论坛暨第一届丰子恺儿童图画书奖发布会（左起：朱自强、孙建江、汤锐、徐鲁、方卫平）。

2011 年 3 月 6 日，于“这样读”系列创作研讨会（左起：吴岩、曹文轩、汤锐、金波、白冰、彭懿、徐鲁、黄集伟）。

2011 年 12 月 15 日，应邀参加“儿童文学作品研讨会——金波先生从事儿童文学创作五十五周年”并发言。

2014 年 4 月 27 日，于美国纽约为女儿庆祝生日。

2015 年 3 月 27 日，在“苏醒的儿童诗歌”——《诗流双汇集》新书发布会暨当代儿童诗歌研讨会上发言。

2015 年 8 月，应邀参加在浙江省衢州市召开的“毛芦芦儿童小说《如菊如月》研讨会”并做发言。

2018 年 5 月，应邀担任首届“接力杯金波幼儿文学奖”“接力杯曹文轩儿童小说奖”终评审。

2019 年 4 月 21 日，于大连。

2022 年 8 月 14 日，于美丽的瑞士苏黎世郊外（女儿陈方歌摄）。

汤锐手稿与书信

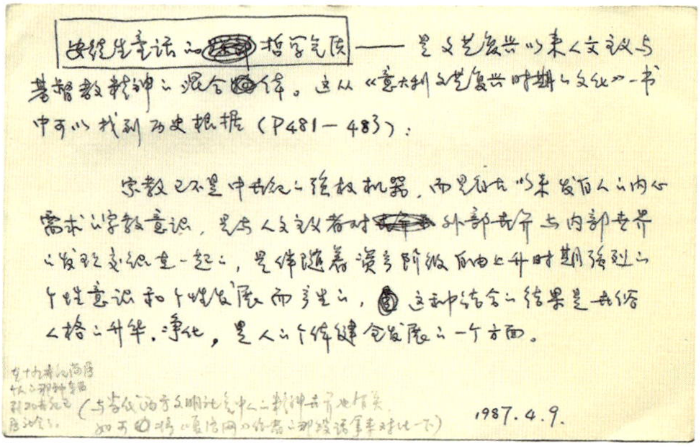

文艺复兴的哲学气质——是文艺复兴以来人文主义与基督教精神的混合体。这从《意大利文艺复兴时期的文化》一书中可以找到历史根据（P481—483）：

宗教已不是中世纪的强权机器，而是存在于发自人的内心需求的宗教意识，是与人文主义者对外部世界与内部世界的发现交织在一起的，是伴随着资产阶级在由上升时期强烈的个性意识和个性发展而产生的，这种结合的结果是使人格的升华、净化，是人的个体健全发展的一个方面。

1987.4.9.

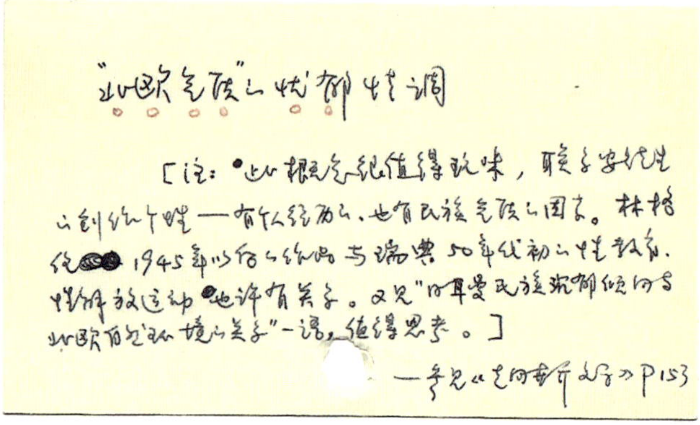

"北欧气质"的忧郁情调

［注：北欧根深蒂固值得玩味，联系到作家的创作个性——有个人经历的，也有民族气质的因素。林格伦1945年以后的作品与瑞典50年代初的性教育、性解放运动也许有关系。又见"日本受民族宗教影响的北欧有忧郁境的关系"一语，值得思考。］

——参见《儿童文学》P153

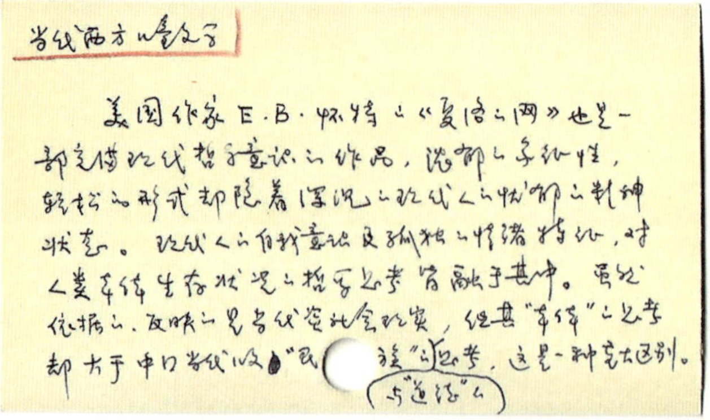

当代西方儿童文学

美国作家E·B·怀特的《夏洛的网》也是一部充满现代哲学意识的作品，浅显的手法性，轻松的形式却隐藏着深沉的现代人的忧郁的精神状态。现代人的自我意识及孤独的情绪特征，对人类未来生存状况的思考皆融于其中。要说依据的、反映的是当代资本主义现实，但其"未来"的思考却大于中国当代的"民族"的思考，这是一种重大区别。

（与道德）

1987年左右，汤锐成百上千张关于比较文学的笔记、索引卡中的三张。

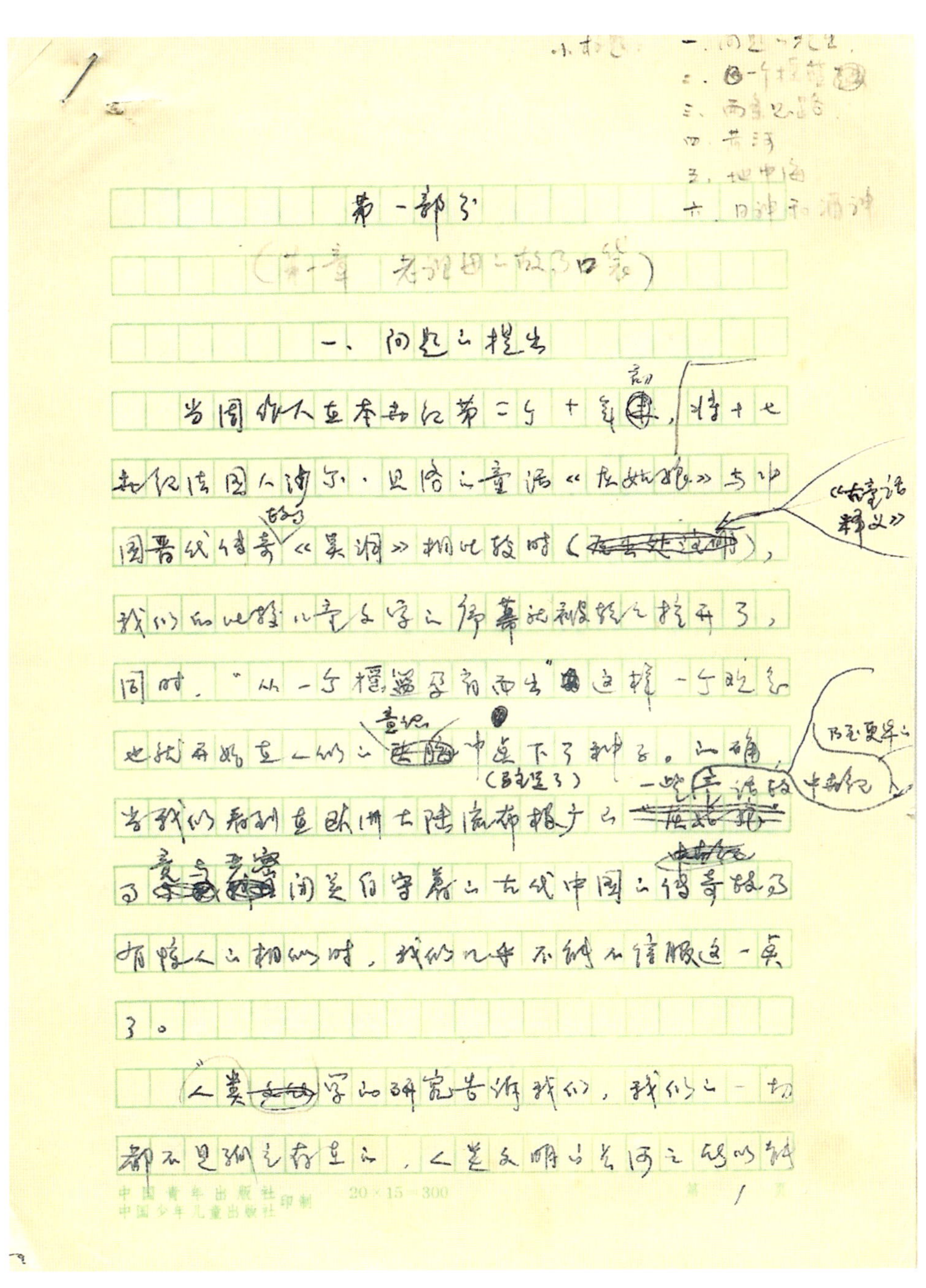

汤锐著作《比较儿童文学初探》手稿一页。

汤锐著作《现代儿童文学本体论》手稿一页。

以笔会友

（汤锐几百封珍藏书信中的三例）

少年儿童出版社

汤锐同志：

您好！

非常高兴，读到手书。是的，我十分愿意与儿童文学作家、理论家研究工作，相互促进；特别是对青年作者和编辑，向他们学习，也向他们提意见，目的在于繁荣儿童文学创作与理论。

作为文学工作者，为下一代服务，提供美好而又丰富的精神粮食，是责无旁贷的。所以我们应该要求有一支素质优良的队伍，而您就是其中的一员。遗憾的是虽然在昆明、烟台，也在北京见面，却未有机会好好交谈，但我知道您是能者！

您要协助编《文艺报》的"儿童文学评论版"，我当然为《文艺报》高兴，也为您祝贺，我们在这方面的理论报刊实在太少了。而今有您在，定会有起色。

"年轻幼稚，缺乏经验。"不要紧，能锻炼成长的！确乎从"五四"时代起，出现了许多好编辑，那也可以后来居上的——有为者，亦若是。

嘱写评论文章，写出了，当寄请评论。时间要晚些。

祝体健并笔健！

陈伯吹 1987，12，28.

地址：上海延安西路1538号 电话：522519 电报挂号：5801

1987 年 12 月 28 日，来自陈伯吹先生。

汤锐 女士

新年愉快！预祝您在新的一年里，各方面取得更大的进步。

来信早已收到，怪我懒于动笔，未及时复信，请原谅。《数学儿童文学》第二辑一份，随信给您寄去，请收下。

最近准备的日中儿童文学交流的组织，日中儿童文学交流中心（案）改名为日中儿童文学美术交流中心，因为儿童文学、儿童图书的美术很重要。

日中儿童文学美术交流中心准备会，两个月一次的会议，将今年四月时候正式成立。我们想正式成立时，要联系有关中国儿童文学界、出版社和机关。汤锐先生，请介绍我们那方面的事情，机关等等。虽我们虽然知道中国的少年儿童出版社地址，可其他机关——大学的儿童文学研究所、中国儿童文学研究会等等的一些情况不太清楚，请多提供宝贵意见。

日中儿童文学美术交流中心的通讯地址如下。（正式成立是今年四月）

日本国东京都新宿区市谷台町6

小峰书店 気付

日中児童文学美術交流センター

谨致

1989.1.12 河野孝之

字和文章写得太潦草，请原谅。

1989年1月12日，来自日本儿童文学界的朋友河野孝之先生。

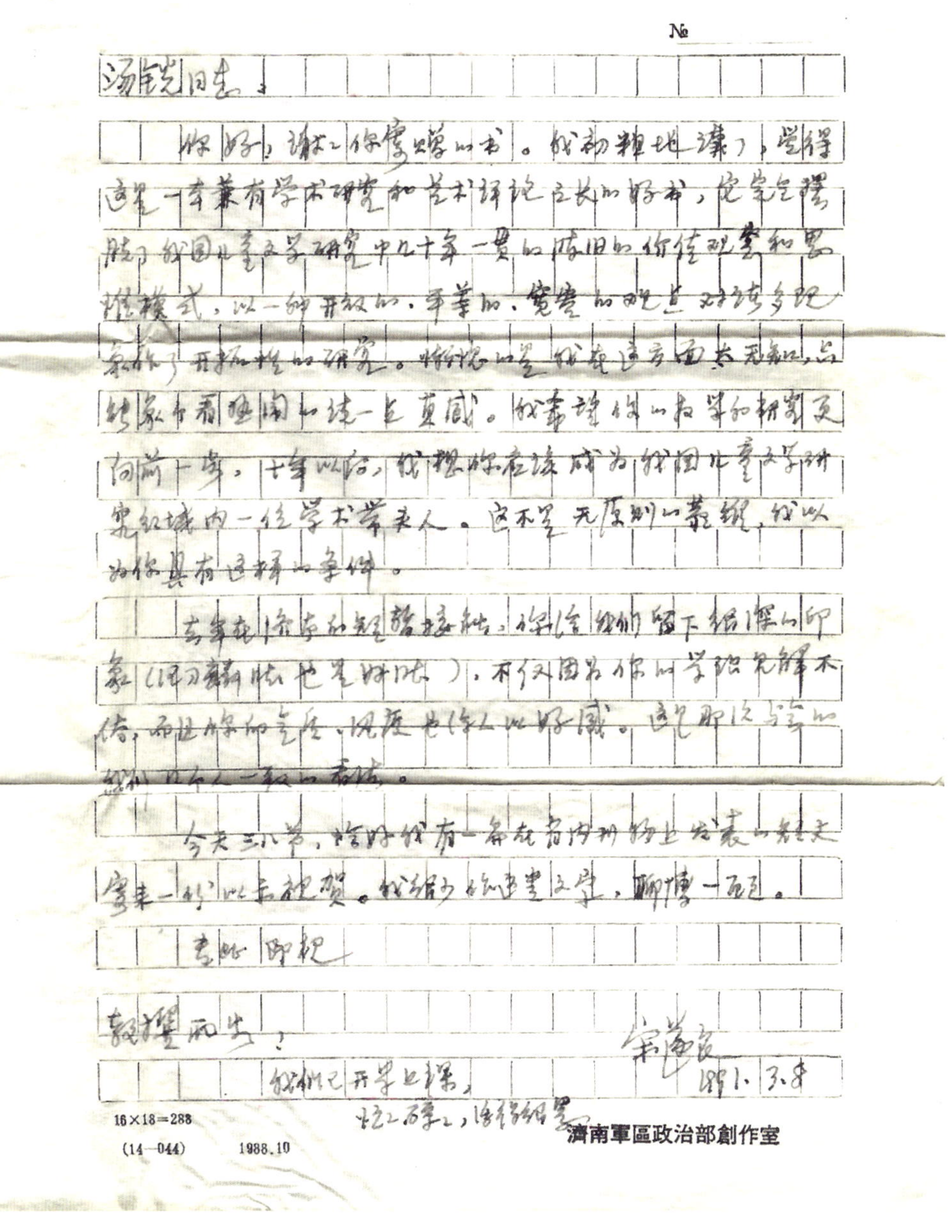

№

汤锐同志：

你好！谢谢你寄赠的书。我初粗地读了，觉得这是一本兼有学术研究和艺术评论之长的好书，它突破了我国儿童文学研究中几十年一贯的陈旧的价值观念和思维模式，以一种开放的、辛辣的、宽容的眼光对诸多现象作了开拓性的研究。惭愧的是我在这方面太无知，总像个看热闹的谈一点直感。我希望你的治学和研究更向前一步。十年以后，我想你应该成为我国儿童文学研究领域内一位学术带头人。这不是无原则的恭维，我以为你具有这样的条件。

去年在你家的短暂接触，你给我们留下很深的印象（同刁嘉林也是如此），不仅因为你的学识见解不俗，而且你的气质、风度也给人以好感。这是那次与会的我们几个人一致的看法。

今天三八节，恰好我有一篇在省内刊物上发表的散文寄来一份以示祝贺。我给你这篇文字，聊博一笑。

专此 即祝

教撰两安！

宋遂良
1991.3.8

我们已开学上课，忙忙碌碌，[illegible]

16×18=288

(14—044) 1988.10

济南军区政治部创作室

1991 年 3 月 8 日，来自宋遂良先生。